U0579076

本书受国家社科基金项目

"资源要素价格改革背景下潜在通货膨胀风险与居民承受能力研究"

（项目批准号：14BJY013)资助

on
Inflation Risk
in China

苏梽芳 等 著

From the Perspective of Resource
and Factor Price

基于资源要素价格的视角

中国通货膨胀风险研究

Inflation
Risk

社会科学文献出版社
SOCIAL SCIENCES ACADEMIC PRESS (CHINA)

序

苏梽芳教授在国家社科基金项目结题报告的基础上，经过修改与整理形成本书。值此著作即将出版之际，我应邀欣然为之作序。

通货膨胀发生，是一个复杂的形成过程。不同经济体，不同历史时期，通货膨胀产生的根源不同，治理策略也需要因地、因时制宜，因而是一个值得长期关注的研究问题。中国自1978年改革开放以来，取得了举世瞩目的成就。但是长期以来资源要素价格市场化滞后，以长期压低资源要素价格为代价的粗放型经济增长方式已不可持续。2013年以来，中国进入经济新常态，生产者价格指数曾经一度进入通缩阶段，通货膨胀治理似乎不再是需要优先考虑的问题，但是这并不意味着未来没有潜在通货膨胀压力。2015年出台的《中共中央国务院关于推进价格机制改革的若干意见》明确了农产品价格、能源价格、环境服务价格、医疗服务价格、交通运输价格、公用事业和公益性服务价格6大重点领域价格改革方向。2020年4月9日，中共中央、国务院发布了《关于构建更加完善的要素市场化配置体制机制的意见》。2022年1月6日，国务院办公厅印发了《要素市场化配置综合改革试点总体方案》。要素市场改革是统一大市场建设的一项核心内容。随着要素市场改革的深入，要素市场价格改革也势在必行，要素价格重估可能是一个潜在通货膨胀风险。本书立足我国资源要素价格改革背景，从国际资源要素、产业结构升级、劳动力工资上涨等不同角度研究了资源要素价格改革背景下的潜在通货膨胀风险，对居民承受能力进行定量评估，并提出了监测短期通货膨胀与判断长期趋势的模型方法用于央行的货币政策实践，最后从多个方面提出防范潜在通货膨胀风险的应对策略，本书研究具有较强的学术价值与现实意义。具体来说，我认为本书有三个方面的特色。

第一，本书的研究角度较为新颖。从资源要素价格改革角度切入研究潜在通货膨胀风险，特别是在中国经济结构服务化趋势下，重点探讨服务价格上涨对潜在通货膨胀的影响，以及服务品价格通胀与消费品价格通胀的双向传导，选题角度比较新颖。本书不仅有助于为政府深化资源要素价格改革及避免通货膨胀长期化制定正确的应对策略组合，而且有助于为政府确定合理的通货膨胀警戒线和收入分配政策提供科学的依据，避免资源要素价格改革带来社会不稳定的问题。同时，本书对于预期管理与供给侧结构性改革具有重要的政策借鉴意义，也一定程度上丰富了中国通货膨胀理论研究成果。

第二，本书应用新近发展的模型方法，研究结论具有较强的可靠性和创新性。本书大量应用了计量分析模型与方法，如全局向量自回归模型、门槛协整模型、混频数据模型、Logit 回归分析、投入产出分析、广义有序 Logit 模型、多元阶层回归分析、生存分析、经验模态分解等方法，研究方法恰当、科学，特别是应用了一些新近发展的计量模型，得到了传统模型无法得到的新颖结论。

第三，本书的政策建议具有较强的针对性和可操作性。本书从资源要素价格改革时机把握、价格改革与保障性政策有效配合、价格改革的预期管理、国际大宗商品价格变动带来的通货膨胀风险管控、商品价格与服务价格通胀双向传导风险防范等多个方面提出了具有较强针对性和可操作性的政策建议，对政府部门在推进资源要素价格改革的同时防范通货膨胀风险具有重要的政策启示意义。

当然，本书研究还存在一定的不足，如对资源要素价格变化如何影响通货膨胀机理的理论阐述还不够深入，资源要素价格改革预期管理的研究还不够具体，对要素价格改革给不同类型企业、居民的福利带来的影响还缺乏比较细致的分析，建议未来进一步加强这几个方面的研究。

苏梽芳教授自博士阶段就开始从事中国通货膨胀问题的研究，10 余年积累了不少研究成果。继 2011 年、2014 年分别主持两个关于通货膨胀研究的国家社科基金项目，2021 年又获得国家社科基金重点项目立项，研究主题聚焦在经济数字化对通货膨胀的影响及其货币政策应对策略，希望他以此为新的起点，继续深耕通货膨胀理论与政策研究，力争取得更多、更高质量的研究成果。

李拉亚

2022 年 9 月 30 日

目　录

1　绪论 ……………………………………………………………… 001
　1.1　研究背景与意义 …………………………………………… 001
　1.2　研究内容 …………………………………………………… 003
　1.3　研究方法 …………………………………………………… 005

2　资源要素价格改革与价格变化趋势分析 ………………………… 007
　2.1　我国资源要素价格改革历程 ……………………………… 007
　2.2　资源要素价格影响物价水平的理论分析 ………………… 012
　2.3　资源要素价格变化趋势分析 ……………………………… 015
　2.4　通货膨胀形势分析 ………………………………………… 028
　2.5　本章小结 …………………………………………………… 031

3　国际资源价格冲击与工业部门 PPI 上涨风险 ………………… 033
　3.1　引言 ………………………………………………………… 033
　3.2　全局向量自回归模型构建 ………………………………… 036
　3.3　工业部门产业关联权重计算 ……………………………… 037
　3.4　国际资源价格冲击的动态效应 …………………………… 039
　3.5　国际资源价格冲击的产业部门传导路径 ………………… 046
　3.6　稳健性检验 ………………………………………………… 049
　3.7　本章小结 …………………………………………………… 051

4　中国产业结构升级的通货膨胀效应 ……………………………… 053
　4.1　引言 ………………………………………………………… 053

4.2 研究假设 ………………………………………………………… 055

4.3 产业结构升级对通货膨胀的贡献分解 ……………………… 056

4.4 产业结构升级速度对通货膨胀的非线性影响 ……………… 060

4.5 本章小结 …………………………………………………………… 070

5 服务价格黏性、长期结构性上涨与潜在通货膨胀压力 …………… 072

5.1 引言 ………………………………………………………………… 072

5.2 服务价格黏性测度 ……………………………………………… 073

5.3 我国服务价格长期结构变动趋势 ……………………………… 083

5.4 服务价格通胀与消费价格通胀非线性传导 ………………… 091

5.5 劳动力工资水平上涨的情景模拟分析 ……………………… 101

5.6 本章小结 …………………………………………………………… 109

6 中国服务消费价格上涨的福利效应 …………………………………… 110

6.1 引言 ………………………………………………………………… 110

6.2 服务价格上涨对城乡居民幸福感的影响 …………………… 115

6.3 服务价格上涨对城乡居民福利的影响 ……………………… 123

6.4 本章小结 …………………………………………………………… 143

7 房价预期、按揭负担与居民主观幸福感 …………………………… 145

7.1 引言 ………………………………………………………………… 145

7.2 文献回顾 …………………………………………………………… 147

7.3 计量模型设定 ……………………………………………………… 149

7.4 数据说明 …………………………………………………………… 152

7.5 实证结果 …………………………………………………………… 155

7.6 本章小结 …………………………………………………………… 162

8 城乡居民通胀承受能力微观调查分析 ……………………………… 164

8.1 引言 ………………………………………………………………… 164

8.2 通货膨胀承受能力影响因素 …………………………………… 165

8.3 城乡居民通货膨胀承受能力测定与比较 …………………… 177

8.4 本章小结 …………………………………………………………… 183

9　基于混频数据抽样模型的通货膨胀实时预报与短期预测　⋯⋯⋯　184

　　9.1　引言　⋯⋯⋯⋯⋯⋯⋯⋯⋯⋯⋯⋯⋯⋯⋯⋯⋯⋯⋯　184

　　9.2　混频数据模型介绍　⋯⋯⋯⋯⋯⋯⋯⋯⋯⋯⋯⋯⋯⋯　186

　　9.3　基于 SSVS 方法的 CPI 预测变量选择　⋯⋯⋯⋯⋯　194

　　9.4　基于 MIDAS 模型的通货膨胀预测　⋯⋯⋯⋯⋯⋯　204

　　9.5　本章小结　⋯⋯⋯⋯⋯⋯⋯⋯⋯⋯⋯⋯⋯⋯⋯⋯⋯　217

10　通货膨胀结构性因素分解与长期趋势分析　⋯⋯⋯⋯⋯　219

　　10.1　引言　⋯⋯⋯⋯⋯⋯⋯⋯⋯⋯⋯⋯⋯⋯⋯⋯⋯⋯⋯　219

　　10.2　集成经验模态分解方法　⋯⋯⋯⋯⋯⋯⋯⋯⋯⋯⋯　221

　　10.3　CPI 结构特征分解结果　⋯⋯⋯⋯⋯⋯⋯⋯⋯⋯⋯　222

　　10.4　通货膨胀长期趋势分析　⋯⋯⋯⋯⋯⋯⋯⋯⋯⋯⋯　227

　　10.5　本章小结　⋯⋯⋯⋯⋯⋯⋯⋯⋯⋯⋯⋯⋯⋯⋯⋯⋯　230

11　结论与对策建议　⋯⋯⋯⋯⋯⋯⋯⋯⋯⋯⋯⋯⋯⋯⋯⋯　231

　　11.1　主要结论　⋯⋯⋯⋯⋯⋯⋯⋯⋯⋯⋯⋯⋯⋯⋯⋯⋯　231

　　11.2　政策建议　⋯⋯⋯⋯⋯⋯⋯⋯⋯⋯⋯⋯⋯⋯⋯⋯⋯　234

参考文献　⋯⋯⋯⋯⋯⋯⋯⋯⋯⋯⋯⋯⋯⋯⋯⋯⋯⋯⋯⋯⋯　240

后　记　⋯⋯⋯⋯⋯⋯⋯⋯⋯⋯⋯⋯⋯⋯⋯⋯⋯⋯⋯⋯⋯⋯　267

1

绪论

1.1 研究背景与意义

自改革开放以来，中国经济经历了长达40余年的飞跃式发展，其中一个重要的成功经验就是市场化改革，让市场在资源配置中起到基础性作用。价格改革是我国经济体制改革的重要内容，同所有制改革一起构成中国经济改革的两条主线。改革开放以来价格改革取得了很大的成就：彻底废除了计划体制，建立起由市场形成价格的市场经济价格体制。在价格体制转型与价格机制形成的过程中，中国经济基本保持平稳、快速、健康的发展。价格管理机制实现了以定价为主到维持正常价格秩序，进而维持价格公平的制度转型。适应市场经济发展的与价格相关的法律法规也逐渐确立。总体来讲，40余年来我国的价格改革是富有成效的。

我国的价格改革采取的是先农业后工业、先易后难、先双轨后并轨、先消费品后生产品的方式，改革较为平缓、稳定。然而，这种改革方式也遗留了尚未完全解决的问题，即资源价格改革和要素价格改革尚未完成。资源主要是指自然资源，如水、煤、电、油、气等。要素包括投入生产中的一切要素，主要有土地、资本、劳动力。由于要素价格还没有在制度上得到彻底改革，造成能源、劳动工资、利率等要素定价机制扭曲，如果不理顺价格机制，则容易导致产品短缺进而引发通胀（樊纲，2008）。

党的十八届三中全会通过的《中共中央关于全面深化改革若干重大问题的决定》，首次提出"经济体制改革是全面深化改革的重点，核心问题是处理好政府和市场的关系，使市场在资源配置中起决定性作用和更好发挥政府作用"的重大理论观点。这一论述既是我国改革开放以来的经验总结，也是未来进一步深化改革的方向。2015年中共中央、国务院发布了《关于推进价格机制改革的若干意见》（以下简称《意见》）。《意见》明确指出："到2017年，竞争性领域和环节价格基本放开，政府定价范围主要限定在重要公用事业、公益性服务、网络型自然垄断环节。到2020年，市场决定价格机制基本完善，科学、规范、透明的价格监管制度和反垄断执法体系基本建立，价格调控机制基本健全。"《意见》同时明确了六大重点领域价格改革方向：完善农产品价格形成机制；加快推进能源价格市场化；完善环境服务价格政策；理顺医疗服务价格；健全交通运输价格机制；创新公用事业和公益性服务价格管理。这表明包括资源要素价格在内的广义价格都将由市场来决定。

2013年以来，中国经济进入新常态。物价上涨变得平和、缓慢，一段时间内PPI甚至进入通缩阶段，通货膨胀治理不再是政策制定者需要优先考虑的问题，政策上反而需要警惕通缩风险，但是这并不意味着未来没有潜在通货膨胀压力。尤其是自2018年以来中美贸易摩擦不断升级，导致我国进口价格上涨。同时由于"猪周期"，包括猪肉价格在内的食品价格上涨速度明显加快，也构成了一定的通货膨胀压力。在此背景之下，可能更加需要关注物价上涨的压力，特别是，随着市场化改革的加快推进，资源要素价格面临重估，中国经济需要警惕中长期通胀中枢整体抬升带来的潜在风险。在此背景下，研究潜在通货膨胀风险以及居民通胀承受能力无疑具有重要的理论价值与现实意义。

首先，本书从资源要素价格角度研究潜在通胀风险，有助于为政府深化资源要素价格改革、避免通胀长期化提供应对策略组合参考。其次，在新的改革形势下，全面认识居民、企业面临的通胀压力，定量估计其通胀承受能力，从而最大限度地降低价格改革带来的社会成本，避免价格改革带来社会不稳定问题，为政府制定合理通胀警戒线和收入分配政策提供科学依据。最后，要素价格改革短期内可能产生成本压力，本书从要素价格结构性上涨、产业结构升级角度切入研究潜在通胀压力，为深化成本推动通胀理论、预期管理与供给侧结构性改革提供新的经验证据，在一定程度上也推动了中国通胀理论研究的发展。

1.2　研究内容

本书研究的核心概念是潜在通货膨胀压力。潜在通货膨胀压力，是指已经存在于经济现实中，由于一些经济条件的限制尚未显露但在未来可能导致一般物价水平持续上涨的因素，并由这些因素带来的可能发生通货膨胀的压力，理解潜在通货膨胀压力概念要从两方面出发。第一，现实中已经存在，并且是在未来能够导致通货膨胀发生的因素，才有可能带来潜在通货膨胀压力。第二，由于经济现实中的某些原因，这些能够造成通货膨胀的因素在目前并没有释放出来，而是潜伏下来了。如果这些因素已经导致通货膨胀完全发生，将不构成潜在通货膨胀压力。

迄今为止，关于通货膨胀承受能力或者通货膨胀容忍度，学术界还没有一个明确的定义。由于通货膨胀承受能力是一个因人而异的问题，而且不仅仅是一个经济问题，在很大程度上也可能是心理问题，因此学术界针对这一问题往往是从通货膨胀的福利成本角度来分析。Lucas（2000）构建了 MIU 模型，利用变异补偿法分析发生通货膨胀的时期使家庭效用水平不变的收入补偿，将收入补偿与通货膨胀的比例定义为通货膨胀的福利成本。吴军和陈丽萍（2017）认为通货膨胀的社会承受能力是整个社会的各种具体的人各自从不同角度对通货膨胀带来的经济利益与造成的经济损失的对比和判断的总和。但是，由于居民的通货膨胀承受能力本身既体现在居民的经济能力层面，也体现在心理能力层面，因此也有学者不但关注经济成本，也关注心理变化，如陈刚（2013）提出依据幸福感的变化来研究通货膨胀承受能力。

通货膨胀承受能力既包含经济上的承受能力，也包含心理上的承受能力。这种承受能力不仅包含物价持续上涨带来的生活压力，也对应物价上涨预期带来的心理恐慌，总结起来就是客观经济因素与心理因素的综合评价指标。依据心理因素去衡量通货膨胀承受力是不现实的，但从客观经济因素的角度去度量通货膨胀承受力相对可取。基于此，本书一方面从客观经济因素角度去度量通货膨胀承受力；另一方面将居民的主观幸福感等在心理方面有一定代表性的指标用于衡量居民的通货膨胀承受能力。

本书的主要研究内容分为四个部分，具体安排如下。

第一部分为概论，由第 1 章和第 2 章组成。第 1 章主要提出研究的背景与研究意义，对研究内容、研究方法进行简要介绍。第 2 章首先概括了我国资源要素价格改革的历程；其次对资源要素价格变动对通货膨胀产生影响的机理进行简要的理论分析；最后对近 20 年的资源要素价格、物价总水平变化趋势进行分析。第一部分主要是界定本书所要研究的问题，对资源价格改革背景、资源要素价格与一般物价水平的变化进行基本的梳理，为后续研究奠定基础。

第二部分包含第 3 章、第 4 章和第 5 章，主要从国际资源价格变化、产业结构升级、劳动力要素价格与服务价格上涨驱动等多个层面对潜在通胀风险进行实证研究。具体地，第 3 章应用全局向量自回归模型（GVAR），研究国际资源价格冲击对中国工业部门生产价格指数（PPI）的长短期影响与影响程度，以及冲击的主要传导渠道与传导模式，定量分解给定某一部门 PPI 冲击的国内与国外冲击因素的贡献，从而揭示面临外部资源价格冲击的工业部门的潜在价格压力。第 4 章提出关于产业结构升级的通货膨胀效应的两个假说，应用偏离份额分析方法（Share-shift Analysis）将产业结构升级的通胀效应定量分解为货币因素与结构因素，然后应用门槛面板数据模型分析产业结构转换速度对通胀的影响，估计产业结构转换速度不引致通胀的最优区间，从而验证假说。第 5 章首先利用生存分析方法定量估计服务价格的黏性程度，为成本驱动的通胀治理提供治理依据；其次基于中国投入产出表，引入特征价格分析方法，分析长期服务价格结构的合理性；最后模拟在劳动力价格变化的情景下，各部门价格乃至物价总水平变化的情况。这 3 章主要研究在当前资源要素价格改革的背景之下，在面临国际资源价格冲击、产业结构转型升级、劳动力成本上涨冲击的情况下存在的潜在通货膨胀风险。

第三部分从不同角度对居民通货膨胀承受能力进行研究，主要包括第 6 章、第 7 章和第 8 章。第 6 章主要从主观幸福感、福利成本角度研究服务价格上涨带来的福利影响。首先以居民的主观幸福感为被解释变量，以服务通胀率为核心解释变量，构建计量回归模型，研究服务价格上涨对居民主观幸福感的影响。其次，明确服务消费品的范畴，并对服务类消费进行细分，以 QUAIDS 模型为基础构建居民的服务消费需求模型，并结合福利效应模型分别研究各类服务消费品价格的变动给城乡居民带来的福利影响。第 7 章在土地价格持续上涨、房价不断攀升的背景下，研究房价预期、按揭负担如何影响居民的主观幸福感。第 8 章基于微观调查问卷，实证分析影响通货膨胀承受力的因素，并对城乡居民通货膨胀承受力进行测定。

第四部分为通货膨胀短期预测、未来趋势分析及应对策略，包括第 9 章、第 10 章和第 11 章。第 9 章旨在应用新近发展的混频数据抽样模型对中国 CPI 进行实时预报与短期预测。首先利用随机搜索变量选择方法对 20 多个预测变量进行筛选，建立简化的混频数据抽样模型，从而利用多种混频数据抽样模型进行 CPI 样本外的实时预报和短期预测，探讨国际大宗商品价格变化对总体 CPI 的影响。第 10 章应用集成经验模态分解法（EE-MD）将 CPI、服务项 CPI 分解成高频分量、低频分量和趋势项，并将趋势项作为核心 CPI 的衡量，分析其长期变化趋势，研究总体 CPI、服务项 CPI 各分量的相关性，对服务项 CPI 驱动总体 CPI 进行实证研究。第 11 章是结论与对策建议，本章一方面对本书的研究结论进行总结；另一方面提出应对资源要素价格进程中的通货膨胀潜在风险的政策建议。

1.3　研究方法

本书主要采用理论分析结合实证分析、定性分析结合定量分析的研究方法，以实证分析为主，以文献研究与理论分析为辅，突出定量分析。具体研究方法如下。

文献研究法：首先对国内外相关文献进行梳理，了解当前相关研究的进展；其次借鉴已有研究成果，应用多种计量经济模型与方法，从多个角度研究潜在通货膨胀风险，从而对现有研究形成有益的补充，推动研究进一步深入。

问卷调查法：在国内外学者研究的基础上，结合研究目的和实际情况，不断进行修改调试，最终设计出正式的通货膨胀承受能力调查问卷。同时进行相关回收问卷的录入、遴选工作，收集真正有效的问卷。

定量分析法：本书大量应用计量经济模型与统计方法进行实证分析，诸如全局向量自回归模型、门槛协整模型、混频数据抽样模型、Logit 回归分析、投入产出分析方法、广义有序 Logit 模型和多元阶层回归分析、情景分析、经验模态分解方法等。

本书技术路线如图 1 - 1 所示。

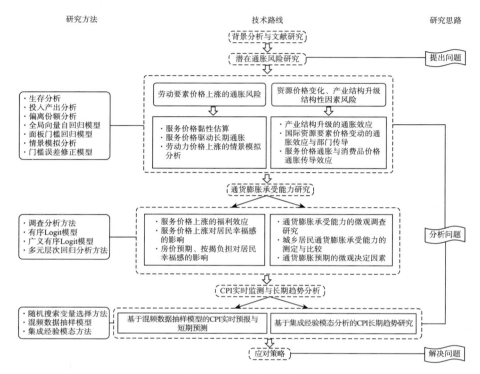

图 1 - 1　研究技术路线

2

资源要素价格改革与价格变化趋势分析

本书的研究背景是资源要素价格改革。资源价格改革主要是指由国家定价的石油、天然气、煤炭、电力、水等价格的改革。而要素价格改革主要是指生产要素的价格改革，包括利率市场化改革、工资改革和土地价格改革等方面。众所周知，资源和要素是生产商品和服务的投入品，其价格正是商品和服务的生产成本，也是消费品和服务价格的形成基础。当前我国的价格结构中，大部分的商品价格已经完全实现市场化，但公共服务领域的服务价格还面临诸多管制，资源要素价格改革面临的挑战就更大一些，包括土地市场、金融市场等还没有完全实现价格的市场决定。资源要素价格改革的目标就是改变人为压低资源要素使用价格的状况，实现资源要素价格由市场决定，这势必将影响各类商品和服务的价格，进而对总体物价水平产生基础性的、深远的影响。本章首先对资源要素价格改革的历程进行回顾和展望，其次对资源要素价格对通货膨胀影响的机理进行分析，最后对当前的资源要素价格和总体物价的水平和未来变化趋势进行分析，从而完成对"资源要素价格改革对物价水平的影响"这一问题的探讨。

2.1 我国资源要素价格改革历程

我国自改革开放以来，便一直致力于对资源和要素的价格进行改革，一些领域起步早，一些领域起步晚，总体上稳步推进，从而逐步解决深层次的矛盾。每次涉及资源要素价格的改革，对于资源要素价格形成机制和价格本身乃至物价总水平都产生了重要的影响。本章主要从资金要素、劳动力要素、土地要素、资源要素四个方面简要介绍我国资源要素价格改革历程与实践经验，对这一背景的了解与认识，有助于为潜在通胀风险分析与通胀治理提供借鉴。

2.1.1 利率市场化改革

第一阶段（1996～1999年）。1996年元旦，中国人民银行建立了全国统一的银行间同业拆借市场，形成银行间同业拆借市场利率，标志着正式开始利率市场化进程。同年，财政部实现了国债的市场化发行，全国共发行国债1952亿元，是中国债券发行利率市场化的开端。1998年8月，国家开发银行在银行间债券市场首次进行了市场化发债，到1999年，国债发行也开始使用市场化招标形式，实现了银行间市场利率、国债和政策性金融债券发行利率的市场化。

第二阶段（2000～2008年）。这一阶段，放开外币利率和300万美元及以上的大额外币存款利率，统一了中外资金融机构外币利率管理政策，放开了英镑、瑞士法郎和加拿大元的外币小额存款利率管理。中国人民银行先后扩大金融机构贷款利率浮动区间，贷款上浮取消封顶，下浮幅度为基准利率的0.9倍，并且允许银行的存款利率可以下浮，下不设底。2008年，汶川地震后，为了支持灾后重建工作，央行将商业性个人住房贷款利率下限扩大到基准利率的0.7倍。

第三阶段（2012～2013年）。中国人民银行进一步扩大利率区间，存款利率浮动区间扩大为基准利率的1.1倍，贷款利率浮动区间扩大为基准利率的0.7倍。到2013年7月，中国人民银行取消金融机构贷款利率0.7倍的下限，由金融机构自主确定贷款利率水平，标志着贷款利率实现市场化。

第四阶段（2014年至今）。这段时间主要是对人民币存款利率进行市场化改革，中国人民银行下调金融机构存款基准利率，将存款利率下调0.25个百分点，同时其他各档次存款基准利率个人住房公积金存贷款利率随之做出相应调整。2015年10月23日，央行宣布，对商业银行和农村合作金融机构等不再设置存款利率浮动上限，并抓紧完善利率的市场化形成和调控机制，加强央行对利率体系的调控和监督指导，提高货币政策传导效率。2016年3月，在"新五年规划时期的中国"论坛上，中国人民银行行长周小川表示：中国利率市场化改革已经基本完成，存贷款利率管制都已经取消，金融机构都有自主确定利率的权力。2019年8月，央行发布公告："为深化利率市场化改革，提高利率传导效率，推动降低实体经济融资成本，决定改革完善贷款市场报价利率（LPR）形成机制。"这是继2015年10月完全放开存贷款利率限制后我国利率市场化改革向前迈进的又一重要举措。

2.1.2　工资价格改革

第一阶段（1978～1984年），恢复按劳分配原则，是工资分配制度改革的起步阶段。为了对企业放权让利，国家先后五次提高机关、企业和事业单位的工资。对企业恢复了奖金和计件工资制度，批准有条件的企业归并简化工资标准，这一阶段主要是弥补以前工资制度的不足和遗留的问题，并未打破旧的分配体制。

第二阶段（1985～1991年），调整分配关系。随着经济体制改革的深化，国营企业实行承包经营责任制，工资分配进行了大的改革，在全国推进企业工资总额同经济效益挂钩，与机关和事业单位工资分配脱钩，实行分级分类工资分配制度。国家制定供国营企业参考的工资标准，打破八级工资制度，企业内部工资分配逐渐多样化。国家机关、事业单位改等级工资制为结构工资制，国家开征工资调节税。这一阶段的改革仍然体现出计划经济的特征。

第三阶段（1992～1999年），培育新的分配机制。党的十四大确立了建立社会主义市场经济体制的目标，计划经济开始全面向市场经济转轨，确定"市场机制决定、企业自主分配、职工民主参与、政府监控指导"的企业工资分配制度改革目标。进一步改革企业内部工资分配制度，改革工资总量管理方式，完善工资总额与经济效益挂钩的办法，改革机关和事业单位的工资制度，针对事业单位的不同行业制定与本行业相符的工资制度。加大运用法律和经济等手段调节工资分配的力度，确定最低工资线，进一步完善个人所得税制度。

第四阶段（2000年至今），这是全面深化改革工资分配制度的阶段。提出各种生产要素按贡献参与分配的原则，把按劳分配与按生产要素分配有效结合起来。加大对经营管理人员的激励力度，在企业经营者实行年薪制的基础上，部分企业实行股权激励办法。建立健全科技人员收入分配激励制度，实行按任务、按业绩确定工资收入的办法，改变企业内部工资分配制度，建立以岗位工资为主的工资制度。继续扩大工资指导线和劳动力工资指导价位，全面建立最低工资制度。2006 年开始实施事业单位工作人员收入分配制度改革，公务员开始实施新的工资制度，并且完善机关工作人员岗位技术等级工资制。进一步修订津贴补贴制度，健全工资制度，使工资制度增长机制健康发展。

2.1.3　土地价格改革

地价是土地要素市场的核心，从改革开放至今，我国地价管理从无到有，制度建设取得了重大进展，主要有以下几方面的改革。

第一，建立了以市场机制形成土地价格的制度体系。颁布了《划拨用地目录》，明确有偿和划拨供地的范围，转变土地利用方式；颁布了《招标拍卖挂牌出让国有土地使用权规定》和《协议出让国有土地使用权规定》，用招标、拍卖、挂牌等竞争方式规定经营性土地使用权出让，形成协议出让；发布了《关于建立土地有形市场促进土地使用权规范交易的通知》，对土地市场进行治理调整，制约违规交易行为，建立专业评估、集体做出决策以及结果公开的工作制度。

第二，形成一套合乎我国国情的土地估价的管理和技术标准。颁布了《城镇土地估价规程》和《城镇土地分等定级规程》两个国家标准规程，《农用地质量分等规程》《农用地估价规程》《农用地定级规程》三个行业标准规程，这五个规程成为地价管理和土地估价遵循的技术规范。

第三，建立了具有中国特色的标定地价和协议出让最低价的低价体系。建立了城市地价动态监测系统，全面系统地对城市地价进行动态监控、收集和调整，及时掌握市场地价的动态变化。

2.1.4　资源价格改革

党的十七大报告明确指出，完善反映市场供求关系、资源稀缺程度、环境损害成本的生产要素和资源价格形成机制。国家发改委 2016 年初表示，要推进电力、石油、天然气、盐业等改革；继续深化电力、天然气、医疗服务等重点领域价格改革，完善价格形成机制，疏导价格矛盾，减轻企业和居民负担。自 2011 年 11 月起，我国陆续实施了原油、天然气、煤炭等资源税从价计征改革；自 2016 年 7 月起，我国又对包括盐矿在内的绝大部分矿产资源全面实施从价计征方式改革。2017年11月20日，财政部和国家税务总局公布了《中华人民共和国资源税法（征求意见稿）》。其中明确规定了资源税一般实行从价计征的原则，同时规定了各类资源税税目税率。

水资源价格改革。2013年1月，国家发改委会同财政部、水利部联合印发《关于水资源费征收标准有关问题的通知》。2013年12月，国家发改委会同住建部印发了《关于加快建立完善城镇居民用水阶梯价格制度的指导意见》。2014年9月，印发了《关于调整部分中央直属水利工程供水价格及有关事项的通知》。2014年10月，印发《深化农业水价综合改革试点方案》。2015年1月，国家发改委会同财政部、住建部印发《关于制定和调整污水处理收费标准等有关问题的通知》。2016年1月，国务院办公厅印发《关于推进农业水价综合改革的意见》。总的来说，我国在近年来对水资源价格进行了广泛而全面的改革。改革的目的在于节约水资源，促进可持续发展，要点在于对不同来源的水进行不同的定价，对用水进行阶梯水价改革，完善污水处理收费制度。

电力价格改革。2014年10月起，国家发改委会同国家能源局研究制定了《输配电定价成本监审办法》和《省级电网输配电价定价办法》，指导完成了省级电网输配电价改革。2014年11月15日，国务院常务会议审议通过《近期加快推进价格改革工作方案》，对包括电力价格改革在内的价格改革做出了重要部署。2016年12月正式发布了《省级电网输配电价定价办法》。2017年7月，全面完成了省级电网输配电价核定工作。电力价格改革的重点在于通过竞争激发市场活力，通过价格改革使电网企业成本收益更加合理、消除不合理成分，如不同电压等级、不同类别用户之间的交叉补贴。

油气价格改革。油气改革的总体方向可概括为：放开垄断性领域的竞争性业务、实行全产业链的公平准入。2006年实施石油价格综合配套改革，2008年实施成品油价格和税费改革，理顺成品油价格。2013年3月，国家进一步完善成品油价格机制，核心内容是缩短调价周期，将汽、柴油价格调整周期由22个工作日缩短至10个工作日，同时取消了国际市场油价波动4%才能调价的幅度限制。2016年初，国家再次完善国内成品油价格机制，并进一步推进市场化改革。一是综合考虑国内原油开采成本、国际市场油价长期走势，以及我国能源政策等因素，设定成品油价格调控下限。二是设立油价调控风险准备金。国家发改委陆续发布《关于加强地方天然气输配价格监管降低企业用气成本的通知》《天然气管道运输价格管理办法（试行）》《天然气管道运输定价成本监审办法（试行）》《关于明确储气设施相关价格政策的通知》《关于做好 2016 年天然气迎峰度冬工作的通知》《关于推进化肥用气价格市场化改革的通知》等一系列政策。

2.2 资源要素价格影响物价水平的理论分析

我国资源要素价格改革将朝着党和国家提出的"使市场在资源配置中起决定性作用"的方向进行。但是，资源要素价格改革必然会带来通货膨胀压力。关于资源要素价格变化对于物价水平影响的研究，可以追溯到成本推动型通货膨胀和结构性通货膨胀理论。很多学者认为，虽然通货膨胀始终是一种货币现象，但是资源要素价格，如石油价格、劳动力价格等这些结构性因素的变化同样会导致总体上不可忽视的物价压力。这些分析形成了结构性通货膨胀、成本推动型通货膨胀、巴拉萨 – 萨缪尔森效应等理论。本节将简要阐述资源要素价格影响物价水平的机理。

2.2.1 结构性通货膨胀理论

结构性通货膨胀可以分为几类：需求转移型、部门差异型和小国贸易型。但无论哪一种，实际上引致通货膨胀的主要原因还是部门之间的劳动生产率增长的差异。这一概念和内涵可以追溯到保罗·斯特里坦和威廉·鲍莫尔的著述。威廉·鲍莫尔 1967 年在其论文《非均衡增长的宏观经济：城市危机的剖析》中发现，制造业部门劳动生产率是不断提高的，即所谓的"进步部门"（Progressive Sector）；而服务业部门的劳动生产率为零，即所谓的"停滞部门"（Stagnant Sector），显然停滞部门劳动生产率增长率落后于进步部门，从而形成一个生产率增长内在非均衡的经济体，发展成为"非均衡增长模型"。同时，假若两部门工资水平同比例上涨，则停滞部门的单位成本将无限增大，而进步部门保持相对不变，也就是说服务业部门的相对成本（或相对价格）将不断上涨。这种部门价格的不断上涨，将导致总体物价水平的不断上涨。而服务业部门的比重越大，则通货膨胀率将越高。这就是所谓的结构性通货膨胀。概括来说，部门劳动生产率增长率差异的存在，引发停滞部门出现工资增长的要求，而这将使物价水平发生结构性的上涨。这种结构性的物价上涨同样会导致总体物价水平的持续上涨，进而引发通货膨胀。

在中国，这一问题尤其明显地体现在农业和非农部门的差异上。吴军和田娟（2008）在《结构性通货膨胀解析——基于当前中国通货膨胀问题的思考》一文中，将中国的产业结构划分为农业和非农业，并揭示了农业部门生产率水平提高速度落后于非农业部门，因此导致的收入水平上涨的要求将促使农产品价格提高和结构性通货膨胀的发生，由此造成总体物价水平的持续上涨。同时，他们也指出，我国政府已经启动了提高工资的计划，包括在各城市提高工资指导线、提高城镇居民最低保障水平等。因此，通货膨胀绝不是一时一地的现象。从他们的分析中可以看到，工资改革是我国过去通货膨胀发生的一个重要原因。

2.2.2　成本推动型通货膨胀理论

成本推动型通货膨胀是通货膨胀理论中一种比较经典的理论，主要是指在没有超额需求的条件下，由供给方面成本的提高所引起的价格水平的普遍持续上涨。具体可以分为工资推动型、利润推动型和进口（出口）推动型通货膨胀。

具体而言，工资、利润和原材料价格都可以视为生产厂商的成本。当垄断性集团，如工会、垄断资本和国外原材料市场（如原油市场）通过减少供给或其他方式提高其价格水平（工资、利润率或原材料）时，企业的成本上升，从而导致其短期供给曲线向左位移。此时，经济的短期均衡点与之前的均衡点相比，物价更高、产出更低，经济位于潜在产出水平之下，失业率上升。这是成本上升导致的短期经济结果。此时，若政府不采取任何宏观经济政策应对，在失业率上升的背景下，工资水平将经历缓慢的调整：工人竞争加剧将导致工资水平下降、原材料的需求减少可能导致原材料价格下降。这种效应又会使企业的短期供给曲线在短期内向右发生位移，进而使经济不断恢复到潜在产出水平和较低的物价水平之上。但由于这种调整是漫长而痛苦的，政府往往会采取扩张性的政策（如增加货币供给）以帮助经济尽快恢复到潜在产出水平。这种政策带来的负面结果是物价将随着扩张性需求政策而进一步上升，即通货膨胀发生了。如果在此基础上，工资水平或原材料价格进一步上涨，则物价水平将呈现螺旋式不断上升的状态，这就是成本推动型通货膨胀的形成。

根据成本推动型通货膨胀理论的描述，导致通货膨胀发生的根源是扩张性货币政策，但政府采取此种政策的起因却是成本的上涨。而这种成本上涨的原因可能是多方面的，有可能是资源价格的上涨，有可能是要素价格的上涨，也有可能是利润率的上涨。当政府对资源要素价格进行改革时，根据我国过去的经验，结果往往会造成资源要素价格上涨。而这种价格上涨，根据成本推动型通货膨胀理论的预测，将引发一般物价水平的上升，即通货膨胀的发生。

2.2.3　巴拉萨－萨缪尔森效应理论

巴拉萨－萨缪尔森效应理论实际上是研究生产率因素对实际汇率的影响，但由于该理论同样对物价水平的变化进行了一定的预测，因此在探讨资源要素价格变动与通货膨胀的关系时，该理论也可以为我们提供一定的理论依据。巴拉萨 1964 年发表了一篇名为 The Purchasing-Power Parity Doctrine：A Reappraisal 的文章，来探寻实际汇率偏离购买力平价的原因，他认为这种偏离是一种系统性的偏差，而经济发展的水平决定了其偏离程度。萨缪尔森在同年发表了一篇名为 Theoretical Notes on Trade Problems 的论文，其分析该现象的观点、角度、方法等与巴拉萨相仿，后人把他们的成果合称为"巴拉萨－萨缪尔森效应理论"。

巴拉萨－萨缪尔森效应理论假设一国经济可划分成贸易部门和非贸易部门，购买力平价只适用于两国的贸易部门，两国贸易部门不同的工资水平取决于两国贸易部门的生产率差异；劳动力在一国内部的自由流动，确保一国内两部门的工资相等；非贸易部门的价格水平由均等化的工资和非贸易部门的生产率两者共同决定，而两国非贸易部门的生产率差距不大，因此，两国之间非贸易部门价格的差异就表现在工资的差异上；一国的总价格水平由贸易与非贸易部门的价格水平共同决定，两国价格水平的差异就体现为两国非贸易品价格的差异，进而反映为两国工资的差异，这个差异最终是由两国贸易部门的生产率差异所引起的。当本国贸易部门的生产率增长速度比非贸易部门快时，贸易部门工资的提高在劳动力自由流动的条件下将使非贸易部门的工资也相应得到提高，因此，国内非贸易品相对于贸易品价格上升，一方面会使实际汇率下降，本币出现实际升值；另一方面会使总体物价水平上涨，非贸易部门比例越大，则物价总水平上涨得越多。

巴拉萨－萨缪尔森效应理论所揭示的事实与中国改革开放以来的现实十分吻合。由于我国贸易部门劳动生产率的快速提高，非贸易部门，如农产品、服务价格上涨也较快。这也导致中国在近二十年内，通货膨胀的形式通常都表现为结构性通货膨胀。而如果贸易部门的劳动生产率进一步上升，根据该理论的预测，中国的服务价格水平也可能进一步上涨，从而引发潜在通货膨胀压力。

综上所述，结构性通货膨胀理论、成本推动型通货膨胀理论和巴拉萨－萨缪尔森效应理论从不同的角度描述了资源要素价格上涨带来的通货膨胀压力。总结而言，上述理论都支持以下结论：当资源要素价格上涨时，由于稳定经济的扩张性政策出台，总体物价水平将上涨。这种价格上涨可以说根源于货币扩张，但起因主要还是资源要素价格的上涨。因此，资源要素价格上涨将引起潜在通货膨胀压力，是本节分析的基本结论。

2.3　资源要素价格变化趋势分析

由于资源要素种类众多，本节选择土地价格、能源价格和劳动力工资三种具有代表性的资源要素价格，分析其变化趋势。

2.3.1　土地价格

改革开放以来，我国城市化进程不断加快，迅速带动城市社会经济发展。城市人口迅速增加、土地需求激增等因素，导致地价不断上涨。城市地价增长过快则会引起房地产市场价格的增长，房价的增长又会间接导致通货膨胀，不利于我国经济健康、可持续发展。因此，研究土地价格乃至房地产价格、房租价格对通货膨胀的影响对于厘清通货膨胀发生的原因至关重要。

城市土地主要分为三大类，分别是工业用地、居住用地以及商业用地，本书采用国家统计局公布的全国一、二、三线城市地价数据（2013～

2019 年）对土地价格变化趋势进行分析。图 2 - 1 至图 2 - 3 给出了一、二、三线各 105 个重点城市 2013 年 12 月至 2019 年 6 月地价变化情况。

由图 2 - 1 至图 2 - 3 可知，2013 ~ 2019 年，一、二、三线城市季度土地价格呈增长趋势，但是城市间存在差异。三线城市发展水平较低，因此地价较一、二线城市低，平均地价约为 1824 元/平方米，最高地价为 2049.29/平方米，不足一线城市最低地价的 1/3，且增长缓慢，平均增长率为 0.92%。二线城市总体地价介于一线与三线城市之间，平均地价约为 4751 元/平方米，增长速度较三线城市稍快，平均增长率为 1.19%，尤其在 2010 年后增长速度加快。一线城市平均地价约为 10437 元/平方米，最高达 12804 元/平方米，增长速度也远超二、三线城市，平均增长率为 2.32%。在三大用地类型中，商业地价最高，居住地价次之，工业地价最低。整体看来，一线城市商业和居住的地价较高，商业地价平均增长率为 1.36%，居住地价为 2.79%，从中可以看出居住地价平均增长速率是商业地价的 2 倍多。2013 年 12 月至 2019 年 6 月，商业地价从 20651 元/平方米增长到 27790 元/平方米，居住地价从 14796 元/平方米增长到 27077 元/平方米，而工业地价增长较缓，仅从 1134 元/平方米增长到 1930 元/平方米，并且一线城市的工业地价低于二、三线城市的商业以及居住地价。对于二线城市来说，商业最高地价为 11944 元/平方米，约为一线城市商业最低地

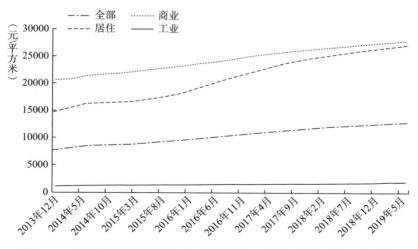

图 2 - 1　2013 年 12 月至 2019 年 6 月 105 个一线城市地价水平变化趋势

价的 1/2；工业地价最高仅为 798.79 元/平方米。三线城市三类地价都最低且增长速度较缓。综上所述，一线城市地价最高，二、三线次之；一、二、三线城市商业地价最高，居住地价和工业地价次之，且商业地价和居住地价总体增长速度快于工业地价增长速度。

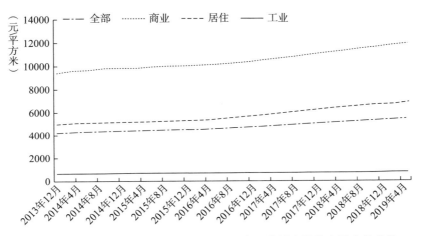

图 2 - 2 2013 年 12 月至 2019 年 6 月 105 个二线城市地价水平变化趋势

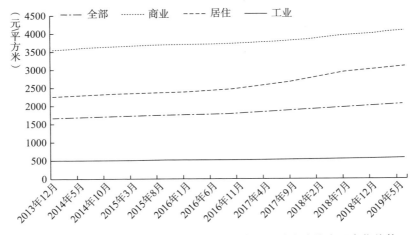

图 2 - 3 2013 年 12 月至 2019 年 6 月 105 个三线城市地价水平变化趋势

地价是房价基础成本之一，两者存在联动关系。土地价格的持续上涨，推动房地产价格不断攀升，反过来，房价上涨也带动土地价格进一步上涨。图 2 - 4 是 2010 年 6 月至 2019 年 6 月百城房地产价格水平变化趋势，该图反映了全国100个重点城市房地产价格变化情况。从图2-4中不难发现，百城房价水平总体呈现不断上升趋势。房价上涨一方面给购房者带来压力，另一方面也产生消费挤出效应，影响居民生活幸福感。

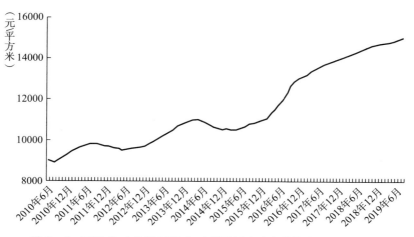

图 2-4 　2010 年 6 月至 2019 年 6 月百城房地产价格水平变化趋势

由于居住类 CPI 占 CPI 权重逐步提高，房价的持续上行将带动房租及家庭装修等相关居住类 CPI 上升。图 2-5 给出了租金核心指数变化趋势，租金核心指数可作为分析中国租房市场变化的重要参照，它是以 2018 年 1 月为租金基期、以各城市 2016 年在岗职工工资总额为指数权重进行综合计算得到的，数据来源于纬房大数据与人工智能研究院。22 个核心城市分别为北京、成都、大连、东莞、广州、杭州、济南、南京、青岛、厦门、上海、深圳、沈阳、苏州、天津、武汉、长沙、重庆、福州、南通、宁波、无锡，其中包含一线城市 4 个，准一线城市 4 个，二线城市 14 个。由图 2-5 可知这一指数有增有减，但总体呈上升趋势。2018 年 1 ~ 2 月、2018 年 4 ~ 7 月、2018 年 12 月至 2019 年 2 月、2019 年 4 ~ 6 月呈上升趋势，其余月份皆呈下降趋势。其中，2018 年 1 ~ 2 月涨幅最大，为 2.76；2019 年 4 ~ 6 月涨幅最小，为 0.63%。2018 年 2 ~ 3 月下降幅度最大，为 1.53%，2019 年 3 ~ 4 月下降幅度最小，为 0.08%，平均值为 103.42。总体上，房屋租金呈现逐步上升的态势。

房屋租赁的消费属性使租金成为 CPI 统计的重要组成部分。对于城市中的租房家庭而言，租金支出是家庭消费支出的重要部分。租金过快上涨会引发潜在的通胀风险，威胁经济社会稳定。而流动人口和新市民收入相对较低，支付能力有限，租金过快上涨会使他们无法获得正常的生活保障。一旦大批外来人员回流到农村，将对大城市的服务成本产生巨大的供给冲击，影响城市发展。可以说，租金稳定是民生稳定和社会稳定的重要基础。稳定房租价格对于通胀管理非常重要，其重要性甚至不亚于房价的稳定。

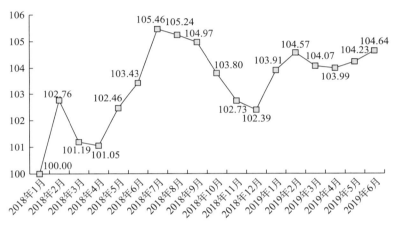

图 2-5　2018 年 1 月至 2019 年 6 月百城租金核心指数变化趋势
（定基，2018 年 1 月租金 = 100）

2.3.2　能源价格

能源是一个国家社会经济发展的战略性资源，是最重要的生产资料之一。能源价格的波动会直接影响上下游企业的生产成本，在生产链中间接影响 CPI、PPI 乃至广义价格水平。能源价格的形成包括市场定价、政策定价、成本定价、黏滞性定价等，其中市场定价和政策定价对能源价格形成机制起主导作用。在我国，能源定价机制是国家进行宏观调控的重要政策工具之一。我国的能源价格形成机制在不同历史发展阶段呈现不同的特征。本书主要从用电价格、乙醇价格、甲醇价格、天然气价格、汽油价格、柴油价格以及原油价格几个维度来反映能源价格的变动对下游价格的影响，数据均来源于国家发改委价格监测中心。

图 2-6 反映了 1982 年 1 月至 2019 年 8 月 WTI 原油价格的变化趋势。

其间最低价格为 9.1 美元/桶，最高为 143.95 美元/桶。1980 年 9 月两伊战争爆发，国际原油价格被拉升到 30 美元/桶以上，导致第二次石油危机。在 2003 年以前，WTI 原油价格都在 40 美元/桶以内，虽然其间发生小幅波动，但波动幅度远远没有随后几年剧烈。自 2003 年开始，WTI 原油价格进入上涨区间，特别是从 2007 年 1 月到 2008 年 7 月，原油价格急剧飙升，从 54.34 美元/桶上涨到 143.95 美元/桶，突破 130 美元/桶的关口，较 2002 年约 18 美元/桶疯狂上涨近 7 倍。随后 WTI 原油价格再次发生回调，降至 40 美元/桶。此后再次触底反弹至 100 美元/桶附近波动，但在随后两年内再次下跌至 30 美元/桶，结束此轮上涨周期。从 1987 年 2 月到 2019 年 5 月，整体平均值为 46.33 美元/桶，变异系数为 0.71，说明原油价格波动性较大。由于 WTI 原油价格是以美元进行标价和交易的，因此美元价格的波动会对原油价格产生直接的影响。若美元指数走高，意味着美元升值，用美元标价的原油价格存在走势下降的可能。因此，在美元升值区间，WTI 原油价格可能下降。2001 年，美国为防止互联网泡沫的快速膨胀推出的信贷扩张政策，以及 2008 年美国金融危机爆发导致美联储推出的量化宽松政策，均使美元大幅贬值，成为拉升原油价格的重要因素。随着 2014 年美国退出量化宽松政策并进入加息周期，油价结束一轮牛市开始下跌。美元汇率的波动往往成为原油价格进入上涨或下跌周期的导火索。从供需角度来看，原油是重要的战略物资储备和工业原料，原油储备以及产量会影响原油库存，从而影响价格。同时，新兴经济体石油消费的快速增长，也成为推动油价上涨的重要因素。1983 年美国纽约商品交易所开始原油期货交易、1986 年伦敦国际石油交易所推出布伦特原油期货合约。这一系列金融产品的推出，使原油价格的定价权从欧佩克转移到西方国家手中。原油期货交易市场集中大量投资者、投机者以及避险者，他们对市场的不同预期会影响原油期货价格，从而推动原油价格波动。此外，突发事件也是影响原油价格波动的重要扰动因素，但其影响主要都是短暂且剧烈的，随着时间的推移其影响效果会逐渐消失。原油价格的变动将会导致成品油等商品价格和运输费用的变动，从而影响以原油为生产原料进行生产的电、乙醇、甲醇、天然气、汽油、柴油等资源类价格。

图 2 - 7 给出 2001 年 1 月至 2019 年 7 月居民用电价格的变化趋势。2001 年 1 月至 2007 年 9 月，用电价格呈上涨的趋势，从 45.33 元/百千瓦

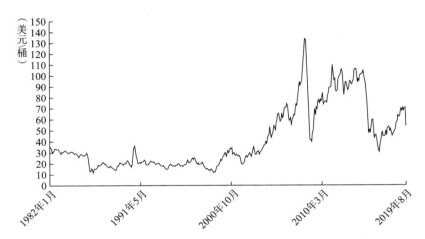

图 2 – 6　1982 年 1 月至 2019 年 8 月 WTI 原油价格变化趋势

时涨至 52 元/百千瓦时。2007 年 9 月至 2009 年 10 月，居民用电价格保持不变，为 52 元/百千瓦时。2009 年 10 月至 2012 年 9 月，用电价格基本在52 元/百千瓦时上下波动，最低降至 51 元/百千瓦时，最高涨至 53 元/百千瓦时。2012 年 10 月至 2016 年 10 月，用电价格保持在 53 元/百千瓦时不变。2016 年 11 月，用电价格下降至 52 元/百千瓦时，这个价格一直维持至 2019 年 7 月。总体上，居民用电价格因为存在价格管制，呈现缓慢上涨的态势。

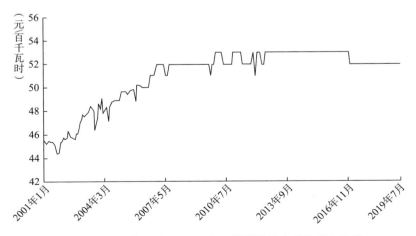

图 2 – 7　2001 年 1 月至 2019 年 7 月居民用电价格变化趋势

图 2 - 8 给出 2001 年 1 月至 2019 年 7 月乙醇价格的变化趋势。总的来说，36 个城市的月平均乙醇价格呈上涨的趋势，从 2001 年 1 月大约 4100元/吨上涨至 2019 年 7 月大约 6100 元/吨，每吨上涨了将近 2000 元。其中，2009 年 10 月至 2011 年 12 月，上涨的势头很迅猛，从大约 4800 元/吨上涨至大约 6100 元/吨，每吨上涨了近 1300 元。

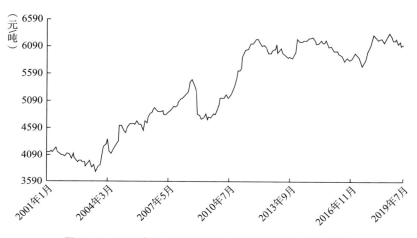

图 2 - 8　2001 年 1 月至 2019 年 7 月乙醇价格变化趋势

图 2 - 9 给出 2006 年 1 月至 2019 年 7 月甲醇价格的变化趋势。2008 年6 月，甲醇价格达到最大值，为 4118 元/吨；2016 年 9 月，甲醇价格达到最小值，为 2264 元/吨。2008 年 6 月至 2009 年 2 月，下降幅度最大，2009年 2 月的甲醇价格为 2479 元/吨，每吨大约下降了 1700 元。2011 年 1 月至2013 年 8 月基本保持在 3100 ~ 3200 元/吨。2014 年 1 月至 2016 年 9 月，甲醇价格总体呈下降的趋势。2016 年 9 月至 2018 年 10 月，总体呈上升的趋势。而进入 2019 年，开始逐月下降。

图 2 - 10 给出 2001 年 1 月至 2019 年 7 月天然气价格的变化趋势。2001 年 1 月至 2003 年 3 月，天然气价格基本维持在 1.65 ~ 1.72 元/立方米，变动幅度不大。2003 年 3 月从 1.65 元/立方米猛增至 2003 年 6 月的2.62 元/立方米，而且 2.62 元/立方米为最大值，而在 2003 年 7 月又下降至 1.98 元/立方米。2006 年 1 月至 2019 年 7 月，天然气价格总体呈上涨的趋势，而且上涨的幅度并不大。

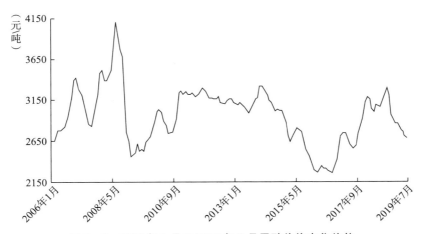

图 2 - 9　2006 年 1 月至 2019 年 7 月甲醇价格变化趋势

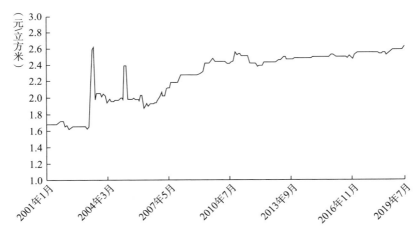

图 2 - 10　2001 年 1 月至 2019 年 7 月天然气价格变化趋势

　　图 2 - 11 给出 2007 年 1 月至 2019 年 7 月汽油的变化趋势。2009 年 2 月之前，汽油价格呈现先下降再上升再下降的趋势，而 2009 年 2 月至 2014 年 1 月，汽油价格呈上涨的趋势，从 6663 元/吨上涨至 10358 元/吨。2014 年 7 月至 2016 年 4 月，汽油价格呈下降趋势，2016 年 4 月为 7313 元/吨。2016 年 4 月至 2018 年 10 月总体呈上升的趋势。

　　图 2 - 12 给出 2007 年 1 月至 2019 年 7 月柴油价格的变化趋势。柴油价格的变动与汽油极其相似。其中，2018 年 10 月，柴油价格达到最大值，

为 11976 元/吨。

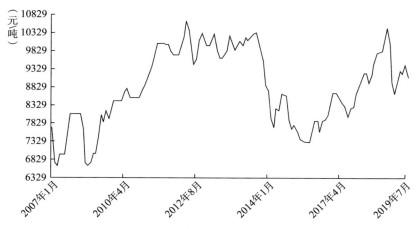

图 2 - 11 2007 年 1 月至 2019 年 7 月汽油价格变化趋势

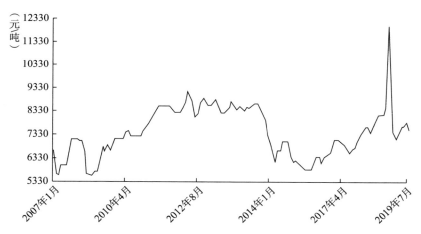

图 2 - 12 2007 年 1 月至 2019 年 7 月柴油价格变化趋势

2.3.3 劳动力工资

图 2 - 13 给出了 1978 ~ 2017 年三次产业价格指数和总价格指数趋势。价格指数将 1978 年作为基期，基期价格指数为 100，随后各年份指数反映了相应时期价格相对于 1978 年的变化程度。各个产业价格指数反映了相应产业供给的商品和服务价格水平的变化方向和程度。总价格指数根据 GDP

平减指数计算而来，2017 年总价格指数为 651.32。分产业来看，农业价格指数 2016 年为 1209.17，2017 年为 1196.55，农业产品价格上涨幅度最大，相比 1978 年的价格，大约上涨了 12 倍。其次是服务业价格指数，在 2017 年达到 975.73，而同期工业价格指数为 357.76。三次产业中，工业品价格上涨幅度最小。由图 2-13 不难发现，服务业价格上涨幅度仅次于农业产品价格，与农业产品价格经历上涨、下跌的波动模式不同，服务业价格呈现不断上涨趋势，这种态势促使我们需要重视服务业价格上涨驱动的通货膨胀风险。由于劳动力工资是服务业价格最主要的成本，本部分基于国家统计局数据，聚焦服务业工资水平，从服务业平均工资、部分第二产业平均工资以及行业平均工资的角度，对 2013~2018 年各行业部门平均工资水平进行比较分析。

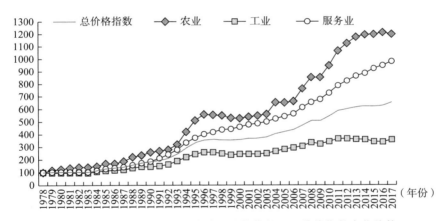

图 2-13　1978~2017 年三次产业价格指数和总价格指数变化趋势

图 2-14 给出了 2013~2018 年各行业年均工资价格变化趋势，从中可以看出，2013~2018 年，在平均工资水平方面，各行业的工资水平基本保持增长，只有采矿业在 2014~2015 年平均工资从 56929 元略微下降至 55914 元，下降了 1000 元左右。行业平均工资从 2013 年的 45676 元增长至 2018 年的 68380 元，增长了大约 0.5 倍。其中，信息传输、软件和信息技术服务业平均工资在各行业中始终处于第一位，从 93044 元增长至 141962 元，各年几乎是行业平均和制造业工资水平的 2 倍。工资水平排在第二位的是科学研究和技术服务业，从 86059 元增长至 122040 元。两个服务部门位于第一梯队，不难发现这些行业具有较高的技术性要求，远远领先于第

三位的电力、热力、燃气及水的生产和供应业。同时，高工资率意味着这两个部门的成本也很高，又由于需求弹性较低（软件、科学技术这些服务难以替代），结果是产品即服务消费的成本越来越高，服务价格日益高涨，即出现"成本病"现象。近年来，人工智能等新兴科技的兴起，也造成了信息传输、软件和信息技术服务业及科学研究和技术服务业的高工资、高报酬现象。文化、体育和娱乐业，交通运输、仓储及邮政业，租赁和商务服务业，卫生和社会工作，教育，批发和零售业，以及房地产业等服务行业，也具有相对较高的平均工资水平，其中，租赁和商务服务业以及文化、体育和娱乐业等行业具有一定的垄断性质。服务业在国民经济中的地位不断提高，对国民经济发展的影响也不断增大。由于制造业，建筑业，水利、环境和公共设施管理，居民服务、修理和其他服务业，住宿和餐饮业主要依靠简单劳动且应用技术水平不高，其平均工资水平要低于行业平均工资水平，其中，制造业的平均工资水平仅从 2013 年的 42911 元上涨至 2018 年的 64643 元。但是，我们仍然可以看到服务业间的工资差距非常

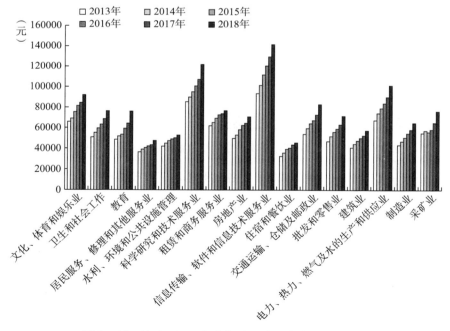

图 2-14　2013～2018 年各行业平均工资价格变化趋势

大，平均工资水平最低的为住宿和餐饮业，从 2013 年的 32236 元增长至 2018 年的 45305 元，其年平均工资仅相当于信息传输、软件和信息技术服务业的 30% 左右，行业间的工资差异非常明显。

图 2 - 15 给出了 2014 年至 2018 年行业平均工资增长率变化趋势。在平均工资增长率方面，虽然信息传输、软件和信息技术服务业及科学研究和技术服务业的平均工资水平很高，但其增长率甚至低于较多行业。信息传输、软件和信息技术服务业的平均工资增长率在 2014 年为 9.41%，而在 2018 年却为 8.89%，中间有略微的上涨和下降，但基本变化不大。而科学研究和技术服务业在 2016 年之前增长率的变化幅度不大，从 2016 年以后开始急剧上升，从 2016 年的 4.68% 增加至 2017 年的 8.34%，几乎是 2 倍的增长速度，而 2018 年更是出现了 13.10% 的增长率。但是仍然可以看到，2014～2017 年，各行业的平均工资增长率除了个别年份有略微的上涨，几乎呈现下降的趋势，但教育行业和采矿业的平均工资增长率从 2015 年开始是持续增加的，其中，2015 年采矿业的增长率为 -1.78%，到了 2018 年转负为正达到 17.10%。教育行业的平均工资增长率从 2015 年的

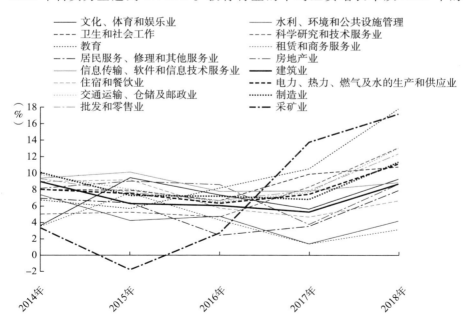

图 2 - 15　2014～2018 年行业平均工资增长率变化趋势

5.71% 上涨至 2018 年的 17.80%。有理由相信，未来教育行业工资水平仍然会保持更加强劲的增长势头。

2.4 通货膨胀形势分析

目前我国经济正处于"三期叠加"的特定阶段，经济发展进入高质量发展阶段。在"三期叠加"的影响之下，中国经济增长速度中枢在不断下移。与此同时，通货膨胀压力也逐年下降。2008 年以来，我国 CPI 首先经历了国际金融危机时期的大幅下跌，CPI 同比增长率从之前最高的 8.7% 下降到了最低的 -1.8%。随着经济刺激政策的不断出台并产生效果，经济增长恢复到金融危机发生前的较高水平，并且通货膨胀率不断攀升，达到最高点 6.5%。可以说，这一期间的主要特点是大开大合。一方面，金融危机使物价承受了较大的下行压力，通货膨胀率从近 20 年来的最高值下跌到近 20 年来的最低值；另一方面，宏观经济政策从相反的一面抵消金融危机带来的直接挑战，使通货膨胀率又重新回到高点。

在刺激政策作用发生边际递减后，中国经济进入新常态。在增长速度换挡期、结构调整阵痛期和前期刺激政策消化期三层影响之下，中国经济增速开始持续下行，同时物价水平也呈现了明显的稳定特点：通货膨胀率自 2013 年开始至 2019 年的 6 年多时间内，一直保持在 1% ~3% 的稳定区间内小幅波动。总体来说，物价上涨的压力随着中国经济增长速度放缓而基本缓解，主流观点也认为中国在短期内不太可能面临通货膨胀问题，更多的学者和专家关心的是经济增速不断下降的风险。

2019 年上半年，我国通货膨胀水平开始出现了一定程度的上涨。8 月，CPI 同比上涨 2.8%，是近年来的高位。学者们对 CPI 上涨趋势的看法基本一致，认为主要是食品价格特别是猪肉价格上涨导致的。由于我国近年以来的货币供应量增长率保持在较低的水平，因此出现较大程度的通货膨胀的可能性并不大。进一步观察 CPI、食品 CPI、非食品 CPI 的变动，如图 2-16 所示。近年来我国通货膨胀的发生基本上是以食品价格上涨的形式出现的，如 2008 年、2011 年和 2019 年，食品 CPI 的上涨速度均远远快于总体 CPI。同时也可以观察到，2013 年以来，中国经济进入新常态后，尽管食品 CPI 上涨速度也出现了一定的峰值，但是这种食品价格上涨的短期供给冲击并未传导到其他商品（服务），并未引发严重的通货膨胀。这可能与我国经济增速下行、消费和投资需求疲弱、货币增长速度放缓有关。因此，尽管 2019 年食品 CPI 处于快速上涨的阶段，但引起较高的通货膨胀的可能性并不大。

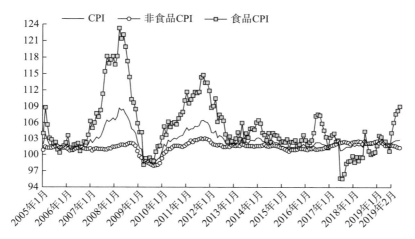

图 2－16　2005 年 1 月至 2019 年 2 月 CPI、非食品 CPI 与食品 CPI 走势

非食品 CPI 一般被视为核心通货膨胀指标之一。图 2－16 显示，非食品 CPI 的走势相对平稳。2010 年以来，非食品 CPI 已经保持了近十年的平衡态势。总体来看，非食品 CPI 的波动范围集中在 100～103，平均值为 101.7，方差为 0.31。在近十年的时间内，有 80% 的月度非食品 CPI 集中在 101～102.5 这个区间范围。非食品 CPI 构成了总体 CPI 的主要部分，因此非食品 CPI 的走势也基本决定了总体 CPI 的走势。从非食品 CPI 2019 年后趋于下降的态势来看，未来非食品 CPI 上涨空间并不是很大，因此总体 CPI 应该也会保持在一定的范围之内，而不太可能发生剧烈上涨的情况。

图 2－17 给出了 2017 年和 2018 年非食品类 CPI 及其子类涨幅情况。2018 年非食品价格同比上涨 2.3%，略低于 2017 年同期 0.08 个百分点，而其上涨仍是由医疗保健类和居住类价格提高所致。

从总体 CPI 与服务项目 CPI 的走势看，近年来我国的服务项目 CPI 与总体 CPI 基本呈现一致的趋势（见图 2－18）。在发生较为严重的通货膨胀的时期，如 2006～2008 年、2010～2012 年，服务项目 CPI 的上涨率均是

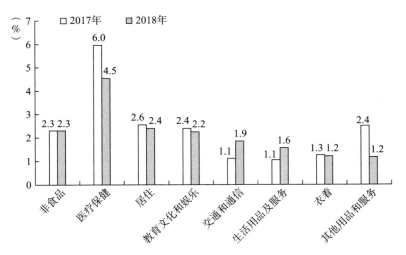

图 2 - 17 2017 年和 2018 年非食品类 CPI 及其子类涨幅

低于总体 CPI 的。这也意味着，服务项目价格上涨滞后，在一定程度上缓解了通货膨胀压力。但是到 2013 年之后，中国经济进入新常态，服务项目 CPI 与总体 CPI 的走势也发生了一定的转变。过去往往是总体 CPI 更高，2013 年之后，服务项目 CPI 在大部分时间内是高于总体 CPI 的。所以服务项目的价格上涨在近年来拉高了通货膨胀率。但是同时也要看到，虽然服务项目 CPI 是上涨的，但其增长速度并不是特别快，而且 2019 年服务项目 CPI 的走势呈现逐渐下降的态势，在一定程度上缓解了通货膨胀的压力。

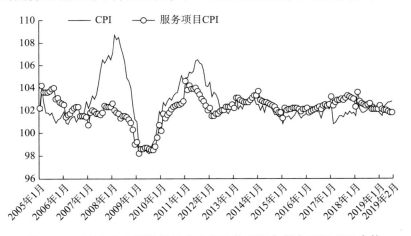

图 2 - 18 2005 年 1 月至 2019 年 2 月总体 CPI 与服务项目 CPI 走势

居民消费价格指数中与资源要素价格密切相关的主要有服务项目 CPI
和水电燃料等项目 CPI。下文将根据水电燃料类 CPI 与总体 CPI 走势，对
这二者进行分析。图 2 - 19 给出了 2005 年 1 月至 2019 年 2 月水电燃料 CPI
与总体 CPI 的走势。相较于服务项目而言，水电燃料的价格走势与总体
CPI 的走势背离的情况更多一些，也就是说，水电燃料价格的走势受到总
体 CPI 的影响，不如服务项目价格受到总体 CPI 的影响大。这也是符合经
济学原理的。水电燃料作为资源和要素，其价格变化更多的是由供给变动
导致，因此其波动情况可能略有差异。从走势上看，国际金融危机发生前
和发生时期，水电燃料价格走势与通货膨胀的走势十分接近。但是经济进入
新常态之后，这种紧密的联系变得模糊起来。尤其是水电燃料价格 2015 ~
2017 年出现了较大幅度的下降。这种资源要素价格的下行也缓解了通货膨
胀，并在一定程度上带来了通货紧缩的风险。随着供给侧改革的推进，水
电燃料价格也逐渐恢复正增长，缓解了通货紧缩的风险。而 2019 年以来，
水电燃料价格又出现了下行的趋势。这种下行趋势显然对缓解通货膨胀有
一定的积极意义，但其影响还需要再进一步深入观察。

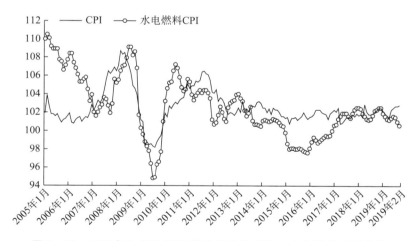

图 2 - 19　2005 年 1 月至 2019 年 2 月总体 CPI 与水电燃料 CPI 走势

2.5　本章小结

本章首先分析了资源要素价格改革的历程，其次分析了资源要素价格

对总体通货膨胀影响的机理，最后分析了各类资源要素价格的当前水平和变动趋势，以及总体通货膨胀的水平和变动趋势。自改革开放以来，我国在利率市场化、工资价格和资源价格等各个领域、各个方面都进行了广泛而深入的改革。党的十九大党章修正案在总纲部分将"发挥市场在资源配置中的基础性作用"修改为"发挥市场在资源配置中的决定性作用，更好发挥政府作用"。价格改革的核心目标是让市场定价。这一目标在各个领域已经不同程度地实现或正在实现。未来，中国仍然将在资源和要素价格改革方面坚持这一方向，以市场定价。

结构性通货膨胀理论、成本推动型通货膨胀理论和巴拉萨－萨缪尔森效应理论，从不同的侧面印证了资源要素价格包括工资在内的变化对通货膨胀将产生重要的影响。结构性通货膨胀理论主要探讨了工资的部门差异对总体物价的正向影响，成本推动型通货膨胀理论主要探讨了资源价格以及适应性的货币政策对总体物价水平的影响；而巴拉萨－萨缪尔森效应理论则讨论了劳动生产率的提高和工资变动对总体物价的影响。这一系列理论基本证明，当资源要素价格上涨或劳动生产率存在差异化提高时，经济将面临通货膨胀的压力。

本章还分析了各类资源和要素价格，以及总体通货膨胀水平的未来走势。可以看到，价格改革对我国的资源要素价格产生了一定的影响，这种影响将持续地对通货膨胀水平产生作用。因此，未来若要进一步推进资源要素价格改革，物价水平是否会受到影响、将受到多大程度的影响都是非常值得深入研究的问题。本书接下来的内容，就将围绕这一系列问题具体展开分析。

3

国际资源价格冲击与工业部门
PPI 上涨风险

3.1 引言

随着工业化和城市化进程的不断加快，我国能源、原材料等资源类大宗商品的进口规模也在快速扩张，已逐步成为全球主要资源进口国。海关总署公布的数据显示，2018 年我国原油进口 4.62 亿吨，对外依存度达70.9%。2018 年铁矿石进口 10.64 亿吨，约占全球铁矿石贸易总量的65%，对外依存度超过80%。对外依存度的持续扩大导致我国经济经常受到国际资源市场价格激烈波动的影响。特别是近年来以石油为代表的国际市场资源价格波动频繁，价格居高不下（见图 3 - 1）。Mishkin（2007）认为，1987~2002 年能源价格存在短暂冲击，冲击过后，价格回落速度非常

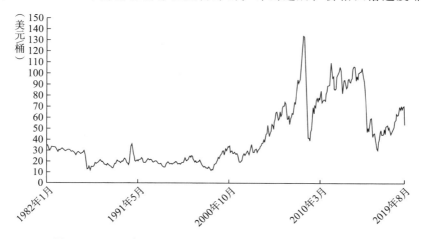

图 3 - 1　1982 年 1 月至 2019 年 8 月 WTI 原油价格变化趋势

快，用计量术语来说，能源价格一直向均值回归。但 2002 年以来，能源价格冲击的影响更具持久性。在经历美国金融危机后的快速下滑后，石油价格很快重拾升势，这再一次提醒我们，能源价格冲击持续的时间可能比我们最初预期的要长。这表明，我们不能忽视石油价格惯性上涨的影响。

从国际范围来看，期货交易所是资源交易的主要平台。20 世纪 80 年代，纽约期货交易所（The New York Board of Trade，NYBT）和伦敦国际石油交易所（International Petroleum Exchange，IPE）相继引进原油、天然气期货等资源交易品种，推动原油等资源产品的金融市场交易量逐步超过了实体现货市场交易量。同时，在金融创新的推动下，资源领域的金融衍生品蓬勃发展，期货市场等金融市场价格开始替代传统的现货贸易价格成为资源市场的定价基础，加剧了资源价格的波动，并使其易受各国货币政策、贸易摩擦及政治纠纷的影响。特别是 2008 年国际金融危机爆发后，为刺激经济复苏，美联储先后推出数轮量化宽松货币政策（QE），向市场注入了逾万亿美元的流动性，造成美元贬值，并推动以美元计价的大宗商品价格飙升。美国政府的宽松货币政策也引发日本、韩国等国相继模仿，"汇率战争"的呼声甚嚣尘上，国际市场资源价格波动愈加激烈。

作为工业部门的主要生产要素，资源类大宗商品价格波动直接影响的是相关行业中间产品的生产成本。然而，这种影响并非均匀地作用于工业体系中的各个部门，而是首先作用于某个或某几个部门，再通过部门相互间投入产出关系逐步传导到其他部门，并最终影响总产出和整体价格水平。当前，我国经济增速放缓，央行货币政策将面临如何协调好经济增长与总价格水平波动的两难问题，深入分析资源类大宗商品价格冲击对我国工业部门的影响，特别是厘清产业部门价格之间的内在关联和传导路径，并在此基础上提出减少外部资源价格冲击对工业部门消极影响的具体措施，对我国稳定物价、优化产业结构和稳定经济增长具有非常重要的现实意义。

国内外有大量关于国际大宗商品（特别是石油）价格波动对经济运行影响的文献，总结这些文献，我们发现运用的模型方法主要集中在协整理论和 VAR 模型、一般均衡模型以及投入产出模型等。然而，由于研究方法与所选取样本的不同，实证结果并不一致。

协整理论和 VAR 模型。Cuñado 等（2003）运用协整方法分析石油价格冲击是否具有通货膨胀效应，发现石油价格对产出在短期具有非对称效应，对通货膨胀率的影响时间更长。Lescaroux 和 Mignon（2008）运用 VAR 模型实证检验石油价格冲击的短期和长期效应，研究发现石油价格冲击会直接引起 CPI 和 PPI 的上升。段继红（2010）运用 SVAR 模型研究发现国际油价上涨对 CPI 有正向影响，但影响并不显著，有相当长的滞后期。胡援成和张朝洋（2012）结合有向无环图方法和 SVAR 模型对我国通货膨胀的传导途径及效应进行实证分析，研究发现我国承受着较大的输入型通货膨胀压力，国际大宗商品价格上涨对我国通货膨胀的影响更侧重于生产领域。

林伯强和王锋（2009）运用 CGE 方法研究能源价格上涨的影响，认为能源价格上涨对中国经济具有紧缩作用，但不同产业的紧缩程度不一致，结果表明能源价格能推动产业结构变化。任若恩和樊茂清（2010）建立了跨时优化一般均衡模型，研究发现国际油价对我国产出和通货膨胀以及各部门产出和价格有一定影响，且具有时间滞后效应。另外，有不少学者通过构建动态随机一般均衡模型（DSGE）研究石油冲击对中国经济的影响（孙宁华、江学迪，2012；魏巍贤等，2012），均发现能源价格冲击对宏观经济的影响大于其他冲击的影响。

投入产出模型。Berument 和 Tasci（2002）以 1990 年土耳其投入产出表为基础数据，研究了石油价格上涨的通货膨胀效应，发现只有当名义工资、利润、利息和租金跟随包含石油价格的一般价格水平调整时，石油价格才具有显著的通货膨胀效应。任泽平等（2007）基于 2002 年中国 122 个部门投入产出表，采用投入产出价格影响模型，模拟测算了原油价格变动对我国总体物价水平和各部门产品价格的影响。林伯强和王锋（2009）运用投入产出价格影响模型，在能源价格不受管制和受管制两种情景下，模拟了能源价格上涨导致一般价格水平上涨的幅度。

选择合适的模型方法对于结论的可靠性相当重要。尽管上述文献具有重要的参考价值，但其仍存在一些值得商榷的地方。首先，过往文献主要研究大宗商品价格波动对宏观经济的冲击，而对经济系统内的细分行业关注较少。各行业产业结构、生产技术、消费习惯等存在差异，决定了外部冲击对各行业的影响不一，忽视行业层面难以全面地把握经济系统的反应。其次，以上三类研究模型也有各自的缺陷。如 VAR 模型、SVAR 模型对变量的排序和对约束条件的设置缺乏理论支撑；CGE 模型的参数设置过于主观，且模型本身并不能提供有价值的预测工具，结果说服力不强；等等。最后，最为重要的是，外部冲击效应和传导机制研究大多需要借助VAR 模型配合其他模型才能完成，已有研究大多无法涵盖这两个问题。应用 Pesaran 等（2004）、Dees 等（2007）提出的全局向量自回归模型（Global VAR，GVAR）将有助于解决上述问题。GVAR 模型的核心思想是先建立各国或者各部门的 VARX* 模型，每个 VARX* 模型均包含能够描述单个经济系统的核心内生变量和刻画外部因素影响的弱外生变量；在此基础上，利用贸易矩阵、资本流量或者产业关联矩阵将各个 VARX* 模型连接成一个 GVAR 模型，从而分析多个国家、地区或部门经济结构系统之间的相互联系。据我们所掌握的文献，国内尚未有学者借助 GVAR 模型分析外部价格冲击对工业部门层面的影响。本书通过分析多种国际资源价格外部冲击对我国工业部门产出和价格的影响，比较原油、原材料两种资源性大宗商品价格冲击范围、持久程度和主要传导渠道，力求在研究方法和技术处理上做一个新的尝试，为后续研究提供借鉴。

3.2　全局向量自回归模型构建

GVAR 模型目前广泛应用于多个国家、多个部门的经济互动关系研究。GVAR 模型构建一个由单个个体 VAR 模型构成的全局系统，通过考虑不同个体的内在联系，分析全局变量冲击对各个个体内生变量的影响以及不同个体之间的溢出效应。

设定我国工业经济系统内有 N 个工业部门。对于第 i 个部门，内生变量为 $k_i \times 1$ 阶的向量 $X_{i,t}$。对应于 $X_{i,t}$，其余 $N-1$ 个部门的加权平均用 X_{it}^* 表示。单个部门的 VARX*（1,1）模型可表示为：

$$X_{i,t} = a_{i0} + a_{i1}t + \Phi_{i1}X_{i,t-1} + \Lambda_{i0}X_{i,t}^* + \Lambda_{i1}X_{i,t-1}^* + \varepsilon_{it} \qquad (3.1)$$

其中，Φ_{i1} 是一个 $k_i \times k_i$ 阶滞后系数矩阵，Λ_{i0} 和 Λ_{i1} 表示其他部门影响系数的 $k_i \times k_i^*$ 阶矩阵，ε_{it} 为 $k_i \times 1$ 阶随机扰动项，表示部门层面的异质性冲击。假定各部门的自发冲击是不相关的，均值为零，即 $\varepsilon_{it} \sim i.i.d.$（0，$\Sigma_{ii}$），$i = 0, 1, \cdots, N$，$\Sigma_{ii}$ 为 ε_{it} 的协方差矩阵。部门外变量可由 $X_{i,t}^* = \sum w_{ij}X_{jt}$（$j = 1, \cdots, N$，$w_{ii} = 0$）构建，权重矩阵 W 反映不同部门

的影响（关联）程度。将部门内生变量 $X_{i,t}$ 和部门外变量 $X_{i,t}^*$ 相结合，令 $Z_{i,t} = (X_{i,t}', X_{i,t}^{*\prime})'$，可将式（3.1）转化为：

$$A_i Z_{i,t} = a_{i0} + a_{i1} t + B_i Z_{i,t-1} + \varepsilon_{it} \tag{3.2}$$

其中，$A_i = (I_{k_i}, -\Lambda_{i0})$，$B_i = (\Phi_{i1}, \Lambda_{i1})$，且 A_i 和 B_i 均为 $k_i \times (k_i + k_i^*)$ 阶矩阵，且 A_i 为行满秩的矩阵，即 $rank(A_i) = k_i$。将所有的部门联系到一起，得到一个 $k \times 1$ 阶向量，$k = \sum_{i=1}^{N} k_i$ 为全局模型里所有部门的内生变量个数之和，各个部门的内生变量可设为 X_t，则 $Z_{i,t} = W_i X_t$，$X_t = (X_{1t}', X_{2t}', \cdots, X_{Nt}',)'$，代入式（3.2），写成上下叠加的形式，得到：

$$GX_t = a_0 + a_1 t + HX_{t-1} + \varepsilon_t \tag{3.3}$$

其中，$G = \begin{pmatrix} A_1 W_1 \\ A_2 W_2 \\ \vdots \\ A_N W_N \end{pmatrix}$，$H = \begin{pmatrix} B_1 W_1 \\ B_2 W_2 \\ \vdots \\ B_N W_N \end{pmatrix}$，$a_j = \begin{pmatrix} a_{1j} \\ a_{2j} \\ \vdots \\ a_{Nj} \end{pmatrix}$，$\varepsilon_t = \begin{pmatrix} \varepsilon_{1t} \\ \varepsilon_{2t} \\ \vdots \\ \varepsilon_{Nt} \end{pmatrix}$

W_i 为 $(k_i + k_i^*) \times k_i$ 阶矩阵，是一个将各个部门的 VARX* 模型连接成为 GVAR 模型的产业关联权重矩阵。G 是 $k \times k$ 的满秩矩阵，式（3.3）两边乘 G^{-1}，得到 GVAR 模型：

$$X_t = b_1 + G^{-1} a_1 + b_1 t + DX_{t-1} + e_t \tag{3.4}$$

其中，$b_1 = G^{-1} a_1$，$D = G^{-1} H$，$e_t = G^{-1} \varepsilon_t$。进一步将式（3.4）一般化，使得 GVAR 模型不仅包含产业部门的主要核心经济变量，而且纳入全局共同变量 d_t（石油价格、国际原材料价格）。通过对单个部门的 VARX* 模型进行估计，再通过计算产业关联矩阵计算 W 中的系数，这样能够构造出已知的系数矩阵 G，避免了直接估计 GVAR 模型众多参数而导致自由度不足的问题，使得在 GVAR 模型内可以进行类似 VAR 模型的分析。

3.3　工业部门产业关联权重计算

根据《国民经济行业分类标准（2002）》（GB/T4754 – 2002），工业门类分为 39 个部门。由于"其他采矿业""工艺品及其他制造业""废品材料""文教体育""印刷业和记录媒介的复制业""水的生产和供应业"6个工业部门数据缺失较为严重,我们选择除上述 6 个工业部门外的其余 33个工业部门作为研究对象,样本区间为 2003 年 1 月至 2011 年 12 月。

GVAR 模型包含 3 个部门内生变量和 2 个外生变量。3 个部门内生变量分别为部门产量同比增长率、部门 PPI 和部门核心 PPI,2 个外生变量分别为国际原油价格增长率(Poil)和国际工业原材料价格增长率(Praw)。对于产出增长的度量,学者们通常选择实际增加值增长率(Dedola and Lippi,2005;刘建、卢波,2016)。然而由于国家统计局自 2005 年起才陆续公布工业部门增加值月度同比增长率数据,且每年 1 ~ 2 月数据合并公布,这造成了样本数据不完整的问题,因此我们选择各部门代表性产品产量同比增长率(Pro)衡量部门产出增长水平。用工业品出厂价格指数(PPI)来表示各部门产出价格水平变化情况。对于核心 PPI 的度量,参照Vega-Croissier 和 Wynne(2003)的研究,将 PPI 进行 HP 滤波后得到的长期趋势作为部门产出价格变化的长期趋势,即核心 PPI(CPPI)。国际原油价格增长率用北海布伦特原油、西德克萨斯原油和迪拜原油的加权平均价格计算所得,而国际工业原材料价格增长率来自美国商品调查局编制的期货价格指数(CRB 指数)中的原材料分指数(CRB raw)。[①]

为得到各部门对应的其余所有部门的加权平均变量 X_{it}^{*},需要先确定部门间关联权重 w_{ij}。本书借鉴 Hiebert 等(2007)、耿鹏和赵昕东(2009)的方法,根据国家统计局 2007 年公布的投入产出基本流量表数据构造产业部门间的关联权重。用 j 部门对 i 部门的投入表示部门 i 与部门 j 的关联程度,即权重 $w_{ij} = m_{ij}/\sum_{j=1}^{N} m_{ij}$($i \neq j$)且 $w_{ii} = 0$(计算结果见表 3 - 1)。其中,m_{ij} 表示 i 部门生产中使用 j 部门产品的价值,即部门 j 对部门 i 在生产中的投入,而 $\sum_{j=1}^{N} m_{ij}$($i \neq j$)表示 i 部门生产中使用的除本部门外的中间产品总价值,即其他部门对 i 部门在生产中的总投入。由此,借助 $X_{it}^{*} = \sum_{j=1}^{N} w_{ij}x_{jt}$ 可得到各部门对应的其余所有部门的加权平均变量。

---

① 以上涉及的部门产出和价格数据均来自中经网统计数据库,国际原油价格数据来自美国能源信息署,国际工业原材料价格指数数据来自 CRB 官网。

表 3 - 1　产业部门关联权重

部门代码	06	08	25	26	32	35	36	37	39	40	41
06	0.000	0.037	0.806	0.080	0.009	0.002	0.001	0.002	0.001	0.002	0.000
08	0.000	0.000	0.000	0.000	0.360	0.006	0.002	0.000	0.001	0.000	0.000
25	0.121	0.115	0.000	0.277	0.161	0.024	0.016	0.011	0.008	0.012	0.005
26	0.074	0.066	0.024	0.000	0.013	0.019	0.030	0.047	0.064	0.140	0.055
32	0.160	0.025	0.001	0.004	0.000	0.344	0.309	0.224	0.087	0.020	0.030
35	0.081	0.084	0.018	0.034	0.065	0.000	0.197	0.235	0.076	0.050	0.041
36	0.112	0.072	0.006	0.013	0.033	0.008	0.000	0.006	0.010	0.004	0.005
37	0.024	0.037	0.004	0.009	0.019	0.034	0.027	0.000	0.005	0.016	0.010
39	0.034	0.033	0.002	0.007	0.010	0.131	0.079	0.093	0.000	0.148	0.100
40	0.006	0.005	0.000	0.002	0.001	0.049	0.048	0.029	0.106	0.000	0.437
41	0.045	0.007	0.003	0.013	0.007	0.011	0.010	0.026	0.009	0.024	0.000

注：本表仅列出部分工业部门的关联权重；第一列为部门代码，具体含义参见《国民经济行业分类标准（2002）》。

3.4　国际资源价格冲击的动态效应

建立工业部门 GVAR 模型需要对 33 个产业部门 VARX* 模型进行必要的统计检验。[①] 首先，对所有变量进行 ADF 单位根检验，检验结果表明所有变量在 5% 水平下均为一阶单整。其次，检验各个产业部门模型中各变量可能存在的协整关系。借助 Johansen 协整关系的迹检验，可发现除有色金属、非金属矿采选业、石油加工业、化学纤维制造业这 4 个产业部门模型中各变量不存在协整关系外，其余 29 个产业部门均至少有一个协整关系。对存在协整关系的产业部门 VARX* 模型，通过 VECMX* 进行估计即可；而对于没有协整关系的 4 个产业部门，则进行一阶差分后重新估计。最后，对单个 VARX* 模型进行估计后，还需对每个产业部门的外部变量和全局变量进行弱外生性检验。通过对各个产业部门 x_{it}^* 和 d_t 进行 163 个

---

①　由于所采用的样本容量并不大，如果 VARX* 模型的滞后阶数较长时，将满足模型平稳性条件，所以均使用 VARX*（1，1）模型进行估计。

弱外生性检验，我们发现只有21个检验拒绝弱外生性的原假设，这个结果在可接受范围内。[①] 表3-2列出了各产业部门模型中变量Poil和Praw弱外生性检验结果，检验结果表明只有黑色金属矿采选业部门模型中的原油价格、农副食品加工业部门模型中的工业原材料价格和黑色金属冶炼及压延加工业部门模型中的工业原材料价格这3个外生变量不是弱外生性变量。为了使检验结果更具稳健性，我们通过不断改变模型滞后阶数进行反复检验，发现拒绝原假设个数均控制在很小的范围内，由此我们认为各个产业部门模型均符合弱外生性条件，可以构建GVAR模型进行动态分析。

表3-2　GVAR模型的弱外生性检验结果

部门代码	F统计值	5%临界值	Poil	Praw	部门代码	F统计值	5%临界值	Poil	Praw
06	F (2, 84)	3.11	0.20	0.02	27	F (2, 79)	3.11	2.81	0.98
07	F (2, 84)	3.11	—	2.91	28	F (2, 79)	3.11	0.09	1.27
08	F (2, 84)	3.11	4.00*	—	29	F (2, 79)	3.11	2.41	0.73
09	F (2, 79)	3.11	2.48	0.42	30	F (2, 90)	3.10	0.15	2.82
10	F (2, 79)	3.11	2.07	0.89	31	F (2, 79)	3.11	0.44	0.47
13	F (2, 79)	3.11	0.24	3.52*	32	F (2, 84)	3.11	2.65	7.87*
14	F (2, 84)	3.11	0.35	1.05	33	F (2, 85)	3.10	2.13	1.47
15	F (2, 84)	3.11	2.42	0.57	34	F (2, 84)	3.11	0.13	1.23
16	F (2, 79)	3.11	0.37	0.44	35	F (2, 90)	3.10	1.57	0.17
17	F (2, 79)	3.11	1.04	0.52	36	F (2, 79)	3.11	0.32	0.85
18	F (2, 84)	3.11	0.02	2.37	37	F (1, 85)	3.95	0.18	0.31
19	F (2, 90)	3.10	0.18	0.05	39	F (2, 79)	3.11	0.89	0.36
20	F (2, 79)	3.11	0.33	0.53	40	F (1, 85)	3.95	1.24	0.01
21	F (2, 84)	3.11	0.76	0.26	41	F (2, 84)	3.11	0.20	0.63
22	F (2, 84)	3.11	0.39	0.20	43	F (2, 84)	3.11	0.55	1.60
25	F (2, 79)	3.11	2.06	3.03	44	F (2, 84)	3.11	1.63	0.15
26	F (2, 79)	3.11	0.68	0.42					

GVAR模型通过上述相关统计与计量检验后，再应用广义脉冲响应分析方法进行检验，得到受到资源价格冲击后各工业部门通货膨胀和产出的

[①] Galesi和Lombardi在做弱外生性检验时也发现，130个检验有8个拒绝弱外生性的原假设，而Galesi和Sgherri发现108个检验有8个拒绝弱外生性的原假设，他们都认为这样的结果在可接受范围内，模型可以通过外生性检验。

动态反应，研究将回答两个问题：（1）在两种不同类型资源价格冲击下，各产业部门是否具有不同的通货膨胀和产出效应；（2）外部冲击是否会传递到各产业部门核心 PPI，即冲击是否具有"第二轮效应"。脉冲响应函数是分析动态系统的重要工具之一，它刻画了在未来不同的时期里，模型中变量受冲击后的动态系统反应。一般 VAR 模型的动态分析主要借助正交化脉冲响应函数实现。正交化脉冲响应分析需要对 VAR 模型的协方差矩阵进行 Cholesky 分解，但是 Cholesky 分解严重依赖模型中变量的排序。然而，在各产业部门 GVAR 模型中，对为数众多的变量进行排序缺乏先验性理论依据，我们借助 Pesaran 和 Shin 提出的广义脉冲响应函数方法（GIRF）较好地解决了该问题，可以保证产业部门和变量的排序不会影响脉冲响应结果。图 3 - 2 至图 3 - 8 是外部冲击下的各产业部门产出和 PPI、核心 PPI 的脉冲反应结果。

3.4.1　外部资源价格冲击对产业部门通货膨胀的影响

一般而言，学术界将由能源、食品或原材料价格上涨而直接导致的通货膨胀定义为第一轮通货膨胀效应。作为初级产品，原油和原材料覆盖的下游产业链较长，诸多部门会受到不同程度的影响。各部门 PPI 受到外部资源价格冲击的脉冲响应，可以为判断受到外部冲击的第一轮通货膨胀效应提供依据。如图 3 - 2 所示，一单位正的国际石油价格标准差冲击对石油和天然气开采业以及石油加工部门的 PPI 影响较大。石油和天然气开采业部门 PPI 在滞后第 1 期上升 5.6%，第 2 期上升到 8.9% 的极值，而后影响逐步降低，到第 6 期时影响消失。而受到同样程度的冲击，石油加工业部门 PPI 滞后 1 期上升 2.0%，第 2 期上升到 3.3%，随后逐步下降。由于我国一半以上的原油依赖进口，当国际油价上涨时，国内市场原油价格在市场的自发调整下将会与国外接轨，而这种自发调整期一般在 1 期左右。当市场的自发调整完成时，国内油价与国际油价接轨，推动石油和天然气开采业部门 PPI 快速提高。而对于石油加工业，国际原油价格上涨使得以其为原材料的生产部门成本上升，利润空间缩小，炼油企业会提升产品出厂价格。然而，现行的成品油价格调整机制是国家发改委根据新加坡、纽约和鹿特丹三地的油价，以 22 个工作日为周期进行评估，当其加权平均价格变动超过 4% 时，便向社会发布调整成品油价格。因此，我国市场的成品油价格在一段时间内呈现黏性，价格增长速度较原油价格增长速度慢，石油加工业部门 PPI 上涨幅度比石油和天然气开采业部门小很多。

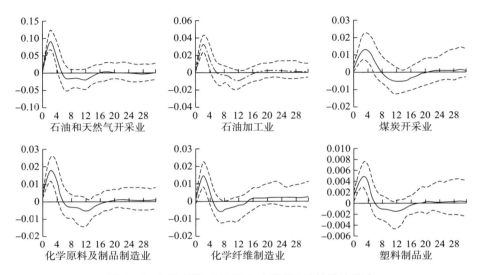

图 3 - 2 石化煤炭部门 PPI 对国际油价的脉冲反应

注：实线为脉冲值；两虚线为 90% 置信区间；横轴为滞后期数。下同。

在原油价格一单位标准差正向冲击下，化学原料及制品制造业、化学纤维制造业、塑料制品业的 PPI 最高升至 1.8%、1.1%、0.36%。化工部门以原油及附属加工产品煤炭为原材料，国际原油价格上涨直接导致合成橡胶、高密度聚乙烯、聚丙烯、乙醇等化学中间产品成本上升，进而推动下游化学纤维制造业、塑料制品业等工业通货膨胀水平上升。然而，由于原油成本占化学工业成本比重要低于石油加工业，因此其 PPI 上升幅度也相对较低。

煤炭是原油的能源替代品，国际油价冲击对煤炭部门也有一定影响，煤炭部门 PPI 在冲击滞后 3 期后上升至 1.3%，随后逐步下降。一方面，石油价格上涨拉动了企业对其替代品煤炭的消费需求，从而也推动了煤价上涨。另一方面，我国煤炭储备市场和消费市场分离，从开采到消费运输距离较长，货运成本在煤炭开采的总成本中占比较大。而燃油成本又是货运成本的重要构成部分，油价上扬会使得煤炭运输成本上升，间接推动煤炭价格上涨。

由图 3 - 3 可知，相比之下，国际工业原材料价格冲击对各产业部门价格的影响幅度小于国际油价的影响，且主要集中在采掘类和金属冶炼及加工业，但影响时间更为持久。在国际工业原材料价格一单位标准差正向冲击下，黑色金属、有色金属和非金属矿采选业部门 PPI 在滞后 1 期就分别上升 3.1%、1.8% 和 0.34%，滞后 2 期上升幅度达 3.5%、2.5% 和 0.62%，而后逐步下降，滞后 12 期后影响消失，可见冲击影响时间比较长。受国际工业原材料价格上涨冲击后，国内原材料价格提高导致加工业生产成本提高，对工业原材料有直接需求的黑色金属、有色金属冶炼及加工业和金属制品业等部门的 PPI 受到了较大影响，滞后 2 期后分别上升 2.1%、2.7% 和 0.51%。

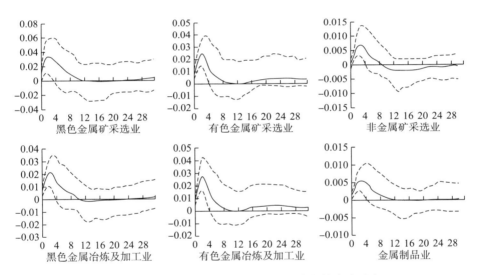

图 3-3　冶金部门 PPI 对原材料价格冲击的脉冲反应

国际油价和国际工业原材料价格波动也会对机械制造业造成一定冲击，但影响程度不及上游的石化和冶金部门。经过国际工业原材料价格一单位标准差冲击后，通用设备制造业、专用设备制造业、交通运输设备制造业部门的 PPI 分别上升 0.23%、0.15%、0.073%，而国际石油价格冲击的反应分别为 0.25%、0.12%、0.07%。两者对机械制造业的影响较为相近。

外部冲击造成第一轮通货膨胀效应可能导致公众通货膨胀预期上升，劳动者要求上涨工资，从而导致劳动力成本提高，部分企业因转嫁劳动力成本而进一步提高产品的价格，这种因石油、原材料价格上涨而间接引起的通货膨胀被称为第二轮通货膨胀效应。检验是否存在"第二轮效应"，一般考察原油和原材料价格冲击对工业部门核心 PPI 的影响。由图3－4和图3－5可以发现，机械制造业中的若干部门核心 PPI 脉冲反应并不显著，这表明原油和工业原材料价格上涨的"第二轮效应"并不大。在国际原油价格冲击下，对核心 PPI 反应最大的是通用设备制造业，其在 36 期（3 年）后下降0.016%。而在国际工业原材料价格冲击下，对核心 PPI 反应最大的是电气机械制造业，其在 36 期（3 年）后下降0.16%。对其他产业部门进行脉冲分析后有相同的发现，这表明虽然国际原油、原材料价格上升会引起短暂的通货膨胀，但对各部门核心通货膨胀的影响是温和的，这种短期的输入型通货膨胀不会影响通货膨胀的长期走势，其他产业部门的脉冲函数均呈现相似的特征。这表明国际原油、工业原材料价格上涨的"第二轮效应"非常微弱。究其原因，我国工业部门普遍存在过度竞争和产能过剩的问题，下游企业依托提升产品价格来转移生产成本压力变得越来越难，这迫使企业只能依靠降低价格、压缩自身利润空间来消化原油等原料成本上涨的压力，以此保住已有的市场份额。工业部门劳动生产率上升也化解了成本压力。综上所述，虽然资源类大宗商品价格上涨对工业经济的影响是广泛的，

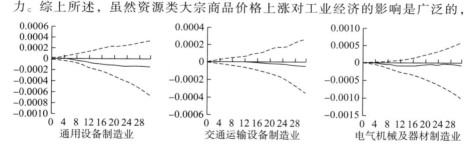

图 3－4　机械制造部门核心 PPI 对国际油价冲击的脉冲反应

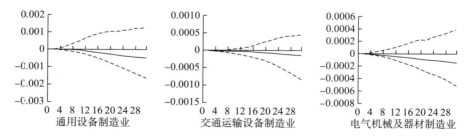

图 3－5　机械制造部门核心 PPI 对国际原材料价格冲击的脉冲反应

但对工业品价格长期趋势的影响并没有预期的那么严重，这为政府在恰当的时机对资源价格形成机制进行进一步改革提供了理论和实证支持。

3.4.2　外部资源价格冲击对各产业部门产出的影响

国际原油价格冲击对各部门产出的影响不同，煤炭、石油等能源部门产出增加，而石化煤炭部门产出减少（见图 3－6）。煤炭开采业产出先升后降，滞后 1 期产出增长率为 1.9%，滞后 2 期为 0.79%，此后逐步下降，至滞后 5 期最低降至 -2.1%，随后稳步恢复到 0。可见，作为石油的主要替代能源之一，煤炭业能从国际原油价格上升中获取短期收益，但总体上较为有限。当煤炭价格随着原油同步上涨后，煤炭市场需求亦会降低，导致部门产出增长率反而变为负值。石油开采业和石油加工业产出增长率在受冲击后小幅度上升，而后迅速恢复至平稳状态。化工部门和机械制造业产出水平也有不同程度的下降，化学原料及制品制造业、化学纤维制造业和塑料制品业等化工部门产出增长率最大降幅分别达 2.3%、2.2% 和 2.7%。可见，对石油依赖程度较高的化学工业，最容易受外部冲击影响。

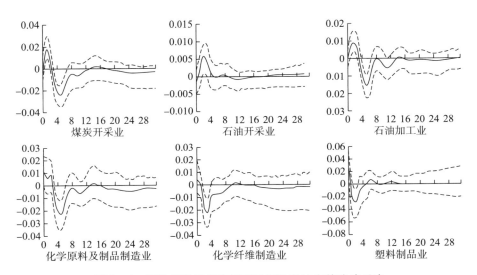

图 3－6　石化煤炭部门产出对国际油价冲击的脉冲反应

国际工业原材料价格冲击对能源和金属矿采选类部门产出产生正面影响，其中黑色、有色金属矿采选业在滞后 2 期后产出增长率分别上升

3.3% 和 2.4%。除部分与原材料不相关的部门如服装制造业、皮革制品业和纺织业和医药制造业等反应不显著外，其余中下游部门产出对国际工业原材料均产生负的影响。机械制造部门产出对外部冲击反应迅速，滞后 1 期就达到最大降幅。在国际原油价格上涨冲击下，通用设备制造业、交通运输设备制造业、电气机械及器材制造业在滞后 1 期产出增长率分别下降 2.5%、2.0%、0.4%（见图 3-7）。相对而言，通用设备制造业尽管反应不显著，但也下降了 1.7%。受国际工业原材料价格上涨冲击后这 3 个部门产出增长率分别下降 2.3%、0.74% 和 4.1%。国际工业原材料对机械制造部门的价格输入传导效应要强于国际油价的影响，这与机械制造部门是工业原材料的直接下游产业相关（见图 3-8）。

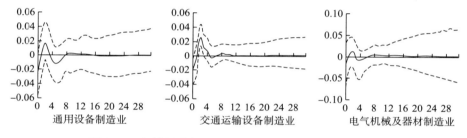

图 3-7　机械制造部门产出对国际油价冲击的脉冲反应

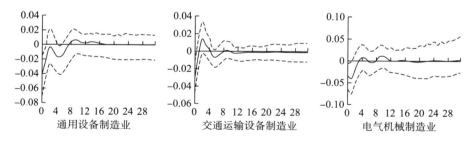

图 3-8　机械制造部门产出对国际工业原材料价格冲击的脉冲反应

3.5　国际资源价格冲击的产业部门传导路径

前文的广义脉冲响应函数分析描绘了外生变量一单位标准差的扰动对整个 GVAR 系统各部门变量的影响，是一种绝对效果的考察。然而，为了分析每个冲击对各部门内生变量变化的贡献度，评价不同冲击的相对重要性，从而厘清产业部门的内生通货膨胀关联和通货膨胀的传导渠道，还需要借助广义预测方差分解方法（GFEVDs）。我们运用 GVAR 模型对各个产业部门 PPI 进行一个单位标准差模拟冲击，然后用广义预测方差分解方法展示国际油价、国际工业原材料价格冲击对各部门 PPI 的贡献率①（部分计算结果见表 3-3），进而厘清外部价格冲击的产业部门传导途径。

表 3-3　国际油价、国际工业原材料价格冲击对各部门 PPI 的贡献率

单位：%

部门代码	国际油价冲击的贡献率			国际工业原材料价格冲击的贡献率		
	第 1 期	第 12 期	第 36 期	第 1 期	第 12 期	第 36 期
06	7.8	7.8	7.5	4.1	11.5	11.7
07	52.7	33.7	22.3	16.3	16.1	12.3
08	17.4	14.2	11.3	16.9	25.5	22.5
09	17.9	15.9	12.4	32.7	34.1	28.2
25	30.3	26.0	15.9	22.3	21.5	14.5
26	27.5	21.4	15.8	17.8	16.6	14.2
28	14.9	17.3	13.9	18.2	22.4	18.8
29	1.1	10.5	9.0	1.4	15.4	15.1
30	11.5	12.9	8.4	8.9	10.8	10.7
32	10.8	9.0	8.6	16.7	17.3	15.3
33	18.6	14.6	11.7	31.5	28.6	22.6
34	10.3	7.0	5.6	14.3	14.9	11.5
35	6.0	5.0	5.0	4.6	10.7	10.6
36	1.5	5.3	5.3	1.0	11.6	8.7
37	1.6	2.7	1.6	3.0	4.2	3.2
39	14.3	11.4	9.5	24.4	22.7	18.7
40	1.3	8.3	3.7	1.3	7.5	6.9
41	6.5	6.1	4.1	7.4	8.6	7.0
42	1.3	3.0	2.2	7.5	3.4	5.6
44	9.4	8.4	8.8	1.5	2.6	3.1

由表 3-3 可见，国际油价和国际工业原材料价格冲击对各部门 PPI 的贡献率不尽相同，两类冲击对石化煤炭和冶金部门价格波动的贡献率较

---

① 上文提到国际油价和工业原材料对食品、纺织等部门影响不大或者不显著，同样在方差分解中国际石油和国际工业原材料对这些部门的贡献率亦不明显，在这里就不列出。

高。国际油价对石油和天然气开采业 PPI 第 1 期的贡献率高达 52.7%，对石油加工业以及化学原料及制品制造业（26）PPI 第一期的贡献率也达 30.3% 和 27.5%。国际工业原材料价格则对金属类开采和冶炼的贡献率较高且较为稳定，36 期后对黑色金属、有色金属开采和冶炼业 PPI 的贡献率均大于 15%。而在机械制造部门，国际工业原材料价格冲击除对电气机械及器材制造业贡献率较高外，对其余行业贡献率均小于 10%。机械制造部门受外部冲击影响明显要小于石化煤炭和冶金部门。

根据外部资源价格冲击对各部门 PPI 预测方差贡献的排序，我们可以发现冲击的传导路径。国际油价冲击对石油和天然气开采业（07）、石油加工业（25）、化学原料及制品制造业（26）、化学纤维制造业（28）、塑料制品业（30）、通用设备制造业（35）、专用设备制造业（36）PPI 的贡献率呈下降趋势，第 1 期分别为 52.7%、30.3%、27.5%、14.9%、11.5%、6.0%、1.5%，第 36 期的贡献率分别为 22.3%、15.9%、15.8%、13.9%、8.6%、5.0%、5.3%。国际油价冲击对各部门 PPI 贡献率按大小排序，形成国际油价波动的传导路径，国际油价波动的传导路径首先影响石油开采、石油加工和化学工业等上游部门，然后再随价值链转移传导到下游的制造业等部门。上游这些部门对原油有较强的依赖性和较高的直接消耗，致使价格、产出随国际油价波动较大。而在传导到下游部门的过程中，由于原油和原材料占成本比重不断下降，同时加上黏性的成品油定价机制和过度竞争的制造业市场影响，下游产品价格上涨速度明显低于上游，其产出受油价冲击波动幅度也低于上游。

国际工业原材料价格冲击对金属采选业（08、09）、金属冶炼业（32、33）、金属制品业（34）、通用设备制造业（35）、专用设备制造业（36）等部门 PPI 的贡献率亦呈下降趋势，第 1 期分别为 49.6%、48.2%、14.3%、4.6%、1.0%，第 36 期分别为 50.7%、37.9%、11.5%、10.6%、8.7%。表明国际工业原材料价格波动的传导路径在于其先影响上游的金属开采、冶炼及压延加工业，然后再传导到下游的机械制造、化学工业等部门。很多工业原材料产品尤其是矿物产品的投资周期很长，在短期内企业对其需求刚性较强，再加上我国工业原材料有较大的对外贸易依存度，国际工业原材料价格波动很快就由上游传导至下游，且最终影响国民经济的重点产业，使得机械工业（通用设备制造业）、汽车和船舶（交通运输设备制造业）、电气机械及器材制造业产品价格上涨，产出下降。总之，国际原油价格、国际工业原材料价格冲击对我国工业部门 PPI 的影响有两条不同的传导路径，且在各自路径中，冲击影响减弱速度不同。

3.6   稳健性检验

构建一个反映经济系统内各个个体相互联系、相互作用的加权权重矩阵，对于 GVAR 模型实证结论有着重要影响。现有的基于 GVAR 模型进行的稳健性检验往往会选择新的关联权重（Dees and Mauro，2007）。我们所使用的是产业部门关联权重，根据 2007 年《中国投入产出表》中的基本流量表计算所得的结果反映的是产业部门之间的需求影响关系，但不体现部门间供给影响关系。另外，随着我国经济结构的逐步转型，各产业部门之间的关联度也在不断发生变化，使用固定不变的需求关联权重进行测算所得到的结论可能会有偏差。为此，我们使用两种不同的方法计算产业部门关联权重，重新构建 GVAR 模型检验结论的稳健性。

第一种方法是使用 2002 年投入产出表基本流量表重新计算权重，以不同年度的投入产出关系表示经济结构的变化，计算方法如前文所述。第二种方法是使用部门供给关联权重。通过基本流量表计算得到的关联权重反映的是各部门的中间需求关系，而基于完全消化系数表可以得到各部门间的供给关系。每个完全消耗系数 b_{ij} 表示生产单位 j 产业产品对 i 产业产品的直接消耗量与间接消耗量之和。矩阵每一行 i 则表示生产其他产业产品对 i 产业产品的完全需求量，即反映 i 产业对其他产业的供给关系，通过计算 $w_{ij}' = b_{ij} / \sum\limits_{j \neq i}^{N} b_{ij}$，可反映部门 j 对部门 i 的供给关联强度。表3－4 给出了用这两种方法计算得到的部分产业部门的关联权重。

通过以上两种不同的部门关联权重对模型进行重新构建，并对各个模型进行协整关系检验发现：使用 2002 年基本流量表时，除有色金属矿采选业、石油加工业、化学纤维制造业 3 个部门模型内变量不存在协整关系外，其他部门均存在协整关系；而使用 2007 年完全消耗系数表时，有 4 个部门不存在协整关系，分别是非金属矿物制品业、黑色金属冶炼及加工业、通用设备制造业和专用设备制造业。对各个部门的外部变量进行弱外生性检验，发现利用两种新权重构造的模型都只有少数变量拒绝弱外生性假设。利用广义脉冲响应函数和广义预测方差分解方法分析的结果数值大小略微有些差异，但基本结论不变：原油主要影响能源、化工和基础原材料部门，国际工业原材料价格冲击的影响集中于冶金和国民经济的重点产业，这两类外部价格冲击均无第二轮通货膨胀效应。这表明分析结论具有稳健性。

表 3 - 4　利用两种方法计算所得的产业部门关联权重

部门代码	06	08	25	26	32	35	36	37	39	40	41
06	0.000	0.008	0.837	0.072	0.010	0.003	0.001	0.002	0.000	0.000	0.000
	0.000	0.007	0.010	0.006	0.012	0.010	0.023	0.009	0.009	0.007	0.017
C8	0.000	0.000	0.000	0.000	0.201	0.007	0.005	0.003	0.008	0.000	0.000
	0.015	0.000	0.015	0.008	0.010	0.016	0.026	0.018	0.014	0.008	0.013
25	0.111	0.080	0.000	0.200	0.141	0.021	0.010	0.012	0.011	0.010	0.004
	0.108	0.011	0.000	0.012	0.018	0.023	0.032	0.021	0.018	0.013	0.026
26	0.059	0.063	0.023	0.000	0.023	0.035	0.032	0.057	0.077	0.084	0.110
	0.154	0.032	0.160	0.000	0.049	0.075	0.092	0.087	0.067	0.053	0.107
32	0.088	0.045	0.009	0.008	0.000	0.351	0.329	0.266	0.107	0.025	0.099
	0.036	0.352	0.079	0.040	0.000	0.051	0.078	0.056	0.040	0.025	0.043
35	0.058	0.071	0.014	0.031	0.071	0.000	0.206	0.241	0.081	0.052	0.045
	0.038	0.115	0.057	0.038	0.175	0.000	0.064	0.101	0.134	0.093	0.072
36	0.075	0.052	0.004	0.017	0.030	0.011	0.000	0.013	0.006	0.004	0.010
	0.033	0.093	0.048	0.038	0.149	0.145	0.000	0.093	0.083	0.068	0.058
37	0.046	0.092	0.004	0.009	0.028	0.028	0.026	0.000	0.010	0.013	0.010
	0.032	0.073	0.043	0.042	0.117	0.153	0.049	0.000	0.120	0.081	0.088
39	0.079	0.019	0.009	0.014	0.021	0.112	0.072	0.066	0.000	0.295	0.101
	0.048	0.065	0.060	0.071	0.092	0.100	0.067	0.062	0.000	0.170	0.076
40	0.020	0.010	0.004	0.009	0.004	0.044	0.048	0.018	0.063	0.000	0.348
	0.050	0.036	0.060	0.099	0.053	0.061	0.054	0.078	0.130	0.000	0.107
41	0.054	0.008	0.003	0.015	0.007	0.014	0.006	0.014	0.010	0.011	0.000
	0.019	0.015	0.023	0.037	0.023	0.026	0.021	0.025	0.054	0.232	0.000

注：每个单元格内都有两行数据，上行表示用 2002 年基本流量表计算所得的权重，下行表示使用 2007 年完全消耗系数表计算得到的部门供给关联权重。

3.7　本章小结

我国自加入 WTO 以来，已逐步成为全球主要资源进口国，进口占 GDP 的比重不断上升，2016 年达 14%。因此，国际资源价格的变动对我国的价格水平产生的影响日益扩大。从现实来看，国际原油价格和国际工业原材料价格变化可以通过生产资料 PPI 到生活资料 CPI 的传导，最终影响中国 CPI 的变化，从而导致输入型通货膨胀。这种影响的一个间接传导渠道是，石油价格变动会影响交通运输、餐饮等服务行业成本，最终反映在 CPI 服务项上。除了间接传导渠道外，也存在直接传导渠道。例如国际原油价格变化，直接影响国内成品油价格，从而对交通燃料类项目 CPI 的影响较为显著。但是，交通燃料项在 CPI 中的权重比较小，只有原油价格变化较大时，才可能对 CPI 通胀产生显著影响。而出现下跌时，由于交通服务价格调整的黏性程度较大，对 CPI 通缩影响不大。未来随着资源要素价格改革的不断深化，国内资源价格与国际资源价格联动性更加紧密，需要特别重视资源价格上涨的第一轮通货膨胀效应，防止出现第二轮通货膨胀效应，导致输入型通货膨胀。

为了对潜在通货膨胀风险进行深入的分析和研究，必须对国际资源价格的变动对我国潜在通货膨胀风险的影响进行研究。而外部资源价格的冲击对通货膨胀的影响，主要是通过对工业部门的通货膨胀产生影响而实现的。本章构造了一个包含 33 个工业部门的 GVAR 模型，借助广义脉冲响应函数和广义预测方差分解方法，研究国际资源价格冲击对我国工业各部门价格和产出的影响与冲击的传导路径，主要得出以下结论。

第一，国际原油价格和国际工业原材料价格冲击对我国工业部门影响有两条沿着产业链单向传导的路径，且在各自路径传输过程中，价格冲击影响逐步减弱。原油价格冲击影响集中在能源、化工和基础原材料部门，国际工业原材料价格冲击影响集中于冶金和国民经济的重点产业。

第二，外部资源价格冲击对各部门核心 PPI 均无显著影响。虽然国际原油、国际工业原材料价格上升会引起短暂的部门通货膨胀，但对各部门核心 PPI 的影响较为温和，这种短期的输入型通货膨胀不会影响各工业部门价格的中长期趋势，即不存在第二轮通货膨胀效应。

第三，两种外生冲击存在特定的价格传导路径。国际油价波动的传导路径首先影响石油开采业、石油加工业和化学工业等上游部门，然后再随价值链转移传导到下游的制造业等部门。国际工业原材料价格波动的传导路径在于其先影响上游的金属开采、冶炼及压延加工业，然后再传导到下游的机械制造业、化学工业等部门。我们采用反映经济结构变化的 2002 年需求关联权重以及供给关联权重两种新的关联权重矩阵重新进行检验，结果表明上述结论具有稳健性。

4
中国产业结构升级的通货膨胀效应

4.1 引言

产业结构升级在中国经济腾飞的过程中发挥了重要作用，同时也对中国经济产生了深远的影响。在当前的新环境、新形势下，如何实现产业结构升级仍然是中国经济高质量发展需要重点关注的问题。2015年中央经济工作会议对经济新常态进行了详细阐述，其中特别强调了产业结构必须优化升级，提出要"逐步增强战略性新兴产业和服务业的支撑作用，着力推动传统产业向中高端迈进"。

本章关注的问题是：产业结构升级的过程是否会对一般价格水平造成明显的影响？如果它会对通货膨胀造成影响，那么产业结构升级与通货膨胀之间的关系是怎样的，在推动产业结构升级的同时又应该如何防范通货膨胀风险？

厘清产业结构升级对通货膨胀的影响具有重要的理论意义和实际价值。一方面，这一问题可以拓展货币经济学理论中价格变动的决定因素视角，也可以丰富产业经济学与货币经济学理论交叉学科问题研究内容；另一方面，在当前产业结构升级迫在眉睫的背景下，研究该问题对于政府稳定一般价格水平、提高价格变动风险认识能力、制定保持经济稳定健康发展的政策具有较强的现实意义。

国内外关于产业结构升级对通货膨胀的影响的研究散见于一些文献，专门研究还很少见。瑞典学派的结构性通货膨胀理论认为，产业结构升级会导致需求在部门之间发生转移，在短期生产要素缺乏流动性、工资和价格缺乏向下弹性的情况下，即使总需求不发生变化，也会引发结构性通货膨胀。瑞典学派是基于产业结构升级的短期价格效应而得出上述结论的。而产业结构升级明显会对经济产生长期影响，但这种长期影响会不会导致通货膨胀发生变化，瑞典学派以及其他国外学者并未回答。

国内方面，关于产业结构变动对通货膨胀会产生怎样的影响这一议题，学术界当前的研究成果还远远谈不上丰富。20世纪90年代初，经济正处于转型过程中，发生了较为严重的通货膨胀，有一些学者关注到产业结构变化对通货膨胀的影响，并认为产业结构失衡是发生通货膨胀的一个重要原因，应该通过产业结构的调整来治理通货膨胀。然而，相关研究缺乏对产业结构升级影响通货膨胀的理论机制的分析，又囿于研究工具的局限缺乏实证研究，而且当时中国还处于资源约束下的短缺经济阶段，而当前中国的经济均衡方式已经接近需求约束下的过剩经济，这种经济均衡方式的转变使通货膨胀的内涵也发生了扭转性的变化，因此产业结构与通货膨胀关系的理论研究也应当适应新的经济背景。相关研究主要如下：潘敏和缪海斌（2012）采用Blanchard-Quah结构分解方法研究了产业结构调整对通货膨胀持久性的影响，但该研究的重点在于分析产业结构变化对通货膨胀持久性的影响，而对产业结构变化与通货膨胀率的关系并没有做进一步研究；黄荣哲和农丽娜（2012）基于门槛模型研究了产业结构升级速度对通货膨胀的影响，发现产业结构升级速度过快或过慢都会导致通货膨胀率的上升，然而该研究并没阐述产业结构升级非线性影响通货膨胀的机制。

当前，我国正处在产业结构升级的关键时期，产业结构升级会导致需求在部门之间发生转移，生产资源要素流向生产率更高的部门，从而促进整体经济的生产率提高，产品的成本不断降低，从而使产品价格不断下降，通货膨胀率也会因为产业结构升级带来的要素生产率提高而下降。同时，当产业结构升级速度快、多重转化同时发生时，比如"潮涌现象"引起产业的迅速扩张，局部的供求缺口就会成为一种普遍的、经常的现象，由于短期内供给缺口不可能被弥补，价格结构又会发生剧烈变动，从而加剧通货膨胀。因此从理论上讲，产业结构升级导致通货膨胀具有不确定性。

本章首先从理论上系统阐述了产业结构升级对通货膨胀的影响机制；其次采用偏离份额分析方法（Shift Share Analysis），测算了产业结构升级对通胀率的影响份额；最后采用省级面板门槛模型，实证检验产业结构升级影响通胀的非线性效应。

4.2 研究假设

理论上，产业结构升级对宏观经济的长期影响主要来自对要素生产率的影响，即"结构红利"。产业结构升级会使得生产要素流向生产率更高的部门，从而促进整体经济的生产率提高，这一观点在中国得到相当多学者的证实。王德文等（2004）发现随着工业结构的调整，中国的资源禀赋和要素禀赋得到越来越合理的利用，劳动力成本比较优势得到发挥，劳动密集型产业实现较快发展，中国工业的总体效率不断提高。干春晖和郑若谷（2009）发现改革开放以来的工业结构改革使行业间要素进行了重置，提升了中国的工业生产率，并推动了工业发展，即结构红利是显著存在的。姚战琪（2009）发现劳动要素的结构变化会使多部门提高劳动生产率。

产业结构升级引起的要素生产率提高来自两个方面：一是在经济结构不发生变化时要素生产率提高，指的是当要素从落后部门流入先进部门，假定落后部门和先进部门在经济中的占比并未发生变化时要素生产率的提高，可以视为静态的要素生产率提高；二是经济结构发生变化时，整个经济的要素生产率的提高。要素从落后部门流入先进部门，会使落后部门在经济中的占比下降，而先进部门在经济中的占比增加。先进部门在经济中的占比增加，会使整个经济体的要素生产率进一步提高，可以视为动态的要素生产率提高。而随着要素生产率的不断提高，产品的成本也会不断降低。由于产品价格绝大多数情况下是通过成本加成定价法决定的，因此产品成本的不断降低，也会使产品价格不断下降，即通货膨胀率会因为产业结构升级带来的要素生产率提高而下降。鉴于此，提出如下假设。

假设1：产业结构升级会使通货膨胀率下降。

林毅夫（2007）认为现有宏观经济学理论均以国民经济中下一个新的、有前景的产业何在是不可知的为理论模型的暗含前提。发达国家的一个重要特征是相当多的产业已经位于世界产业链的前沿，对于下一个有前景的新产业，企业并没有形成共识，政府也不会比企业的见识更长远，因此，这样的前提条件在发达国家是适用的，但对于快速发展的国家来讲，在产业升级的过程中，由于产品市场存在已久，技术成熟，这些产业位于产业链的内部，企业容易在有前景的新产业方面达成共识，从而出现投资的"潮涌现象"。

"潮涌现象"引起产业的迅速扩张，会使原有各个产业间的再生产关系遭到破坏，各个供需关节间的数量比例关系产生紊乱，需要进一步调整。而产业间的供求以及再生产的接续关系是不可能在短期内构建的，总是在一定程度上存在供给的滞后性，最终会产生局部的供求缺口。当产业结构升级速度快、多重转化同时发生时，局部的供求缺口就会成为一种普遍的、经常的现象，而由于在短期内供给缺口不可能被弥补，只能单纯依靠价格对供求关系进行调节。这种因为产业结构升级速度过快而导致的供求失衡是不可能单纯靠紧缩货币等总量投入政策调控解决的。就此，提出如下研究假设。

假设 2：产业结构升级速度过快致使价格结构剧烈变动，加剧通货膨胀。

结合假设 1 和假设 2，本书认为，产业结构升级会对通货膨胀产生非线性影响，在产业结构升级速度处于较低水平时，升级越快则通货膨胀率越低；在产业结构升级速度较快时，升级越快则导致通货膨胀率越高，即产业结构转换速度与通货膨胀影响之间构成正 U 形的函数形式。

4.3 产业结构升级对通货膨胀的贡献分解

4.3.1 测算方法

对产业结构升级的通货膨胀效应进行分解是一个难题。本书借鉴 Ellis 和 Hare（2008）的研究方法，采用偏离份额分析方法，将产业结构的升级效应从通货膨胀率增长中分解出来。分解式如式（4.1）所示：

$$g_t^y = \frac{Y_t^d - Y_{t-1}^d}{Y_{t-1}^d} = \frac{\sum_i^3 \Delta Y_{i,t}^d x_{i,t-1}}{Y_{t-1}^d} + \frac{\sum_i^3 Y_{i,t-1}^d \Delta x_{i,t}}{Y_{t-1}^d} + \frac{\sum_i^3 \Delta Y_{i,t}^d \Delta x_{i,t}}{Y_{t-1}^d} \quad (4.1)$$

其中，Y_t^d 为以 1990 年为基期第 t 期的 GDP 平减指数，$Y_{i,t}^d$ 指各个产业平减指数，下标 t 表示时期，i 表示不同的产业部门，$i = 1$，2，3 分别代表第一产业、第二产业和第三产业，$x_{i,t}$ 表示各个产业的实际 GDP 占总 GDP 的比重。

4.3.2 测算结果

根据式（4.1），本书计算出了我国 1991～2010 年通货膨胀水平及三次产业的产业内增长效应、静态结构效应和动态结构效应（见表 4 - 1）。由于表 4 - 1 中的数值只具有相对意义，我们将表 4 - 1 换算为百分比形式，将总的通货膨胀率作为分母，可以看出不同产业的各个效应对总和通货膨胀率的影响水平（见表 4 - 2）。可以看出，式（4.1）右侧第一项为各产业的内部增长效应（Interaction Effect），衡量在不存在结构变动的情况下各产业价格水平提高对总体价格水平提高的效应。从理论上说，这一项为无产业结构变换时的通货膨胀，也就是在货币、信贷等总需求不变条件下的通货膨胀。第二项为行业结构的静态转移效应（Static Shift Effect），它指在各行业价格水平保持不变的情况下，生产要素从劳动生产率比较低的产业部门转移到劳动生产率比较高的部门时，所导致的要素生产率提高的增长效应。如果要素生产率水平较高的行业吸收了更多的要素，则该项为正，表明该行业的要素投入份额增加，并称为结构红利（Structural Bonus）。第三项是指生产要素的动态转移效应（Dynamic Shift Effect），指生产要素从要素生产率增长较慢的产业转移到增长较快的产业而引起的要素生产率提高的增长效应，是产业结构变动与要素生产率提高的共同结果。如果某行业的要素生产率迅速上升、要素份额增加，则该项为正；如果要素生产率快速提高，但该行业的劳动份额降低，或者要素生产率缓慢上升但该行业的劳动份额提高，则该项为负（赵超，2009）。第二项和第三项正好对应理论分析中的静态的和动态的要素生产率提高。这两项之和为正，意味着产业结构升级导致的要素生产率提高对通货膨胀有抑制效果。从这两项增长效应来看，第二产业、第三产业的产业结构升级对价格水平的影响全部为正，其中第二产业的影响最大，而第三产业影响最小。产业结构升级在一定程度上降低了通货膨胀水平。

第一产业的结构转换效应抑制了通货膨胀，这是因为随着经济的发展，第一产业在国民经济中的比重和地位逐步下降，而第二、三产业出现依次上升的趋势。由于第二产业和第三产业的生产率较高，显然要素从第一产业流向第二产业和第三产业时，由于生产率的提高通货膨胀被抑制。第二产业的产业结构变化效应显著提升了价格水平，但是低于产业内的增长效应，这意味着第二产业价格水平的上升在更大程度上是由产业内的价格水平变化引起的，较少是由产业结构变化引起的。第三产业的结构转换效应最不明显。

表 4 - 1　应用偏离份额分析方法得出的结构转换效应矩阵

1991～2010 年	加总	产业内增长效应	静态结构转换效应	动态结构转换效应
三次产业之和	1.815	2.018	0.001	-0.204
第一产业	0.039	0.621	-0.165	-0.417
第二产业	0.898	0.529	0.163	0.206
第三产业	0.878	0.868	0.003	0.007

表 4 - 2　应用偏离份额分析方法得出的结构效应矩阵（百分比形式）

1991～2010 年	加总	产业内增长效应	静态结构转换效应	动态结构转换效应
三次产业之和	100	111.174	0.061	-11.235
第一产业	2.155	34.218	-9.078	-22.985
第二产业	49.491	29.124	8.993	11.374
第三产业	48.354	47.832	0.146	0.376

图 4 - 1 选取了四个有代表性的省份，分别是北京、内蒙古、贵州、上海。这四个省份反映了产业结构升级对通货膨胀影响的四种典型情况，基本上可以代表 28 个省份产业结构升级的通货膨胀效应。从图 4 - 1 中我们可以发现，不同省份之间产业结构对通胀的影响在时间、幅度、方向上存在巨大的差异，如 1991～2011 年，北京产业结构升级对通胀的影响几乎全部为正；内蒙古产业结构升级对通货膨胀的影响虽然很小，但几乎全部为负；贵州和上海产业结构升级的通胀效应则呈现周期性规律。

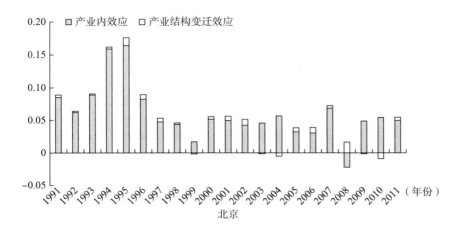

北京

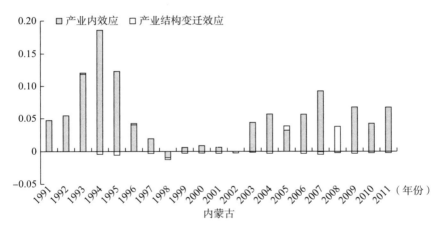

内蒙古

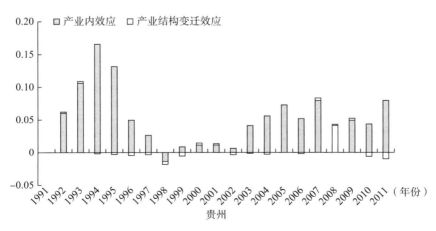

贵州

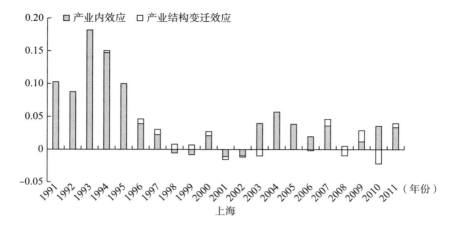

图 4 - 1　1991～2011 年北京、内蒙古、贵州、上海产业结构升级
效应对通货膨胀率贡献

4.4　产业结构升级速度对通货膨胀的非线性影响

4.4.1　产业结构升级速度度量

Kuznets（1973）、Kaldor（1955）认为劳动力在各个产业间的转移是生产效率驱使的结果，可以用劳动力在各个产业间的转移来测定产业转型升级速度。基于此，本书使用 Lilien 指数来衡量产业结构升级的速度：

$$\sigma_t = \Big[\sum_{i=1}^{n} |\Delta \ln N_{i,t} - \Delta \ln N_t| \times \frac{N_{i,t}}{N_t} \Big]^{+} \tag{4.2}$$

其中，$\Delta \ln N_{i,t} = \ln N_{i,t} - \ln N_{i,t-1}$，$\Delta \ln N_t = \ln N_t - \ln N_{t-1}$。$N_{i,t}$ 为产业 i 在 t 期的就业人数，N_t 为三次产业在 t 期的总就业人数。Lilien 指数越大，说明产业结构变化的速度越快。图 4 - 2 给出了利用 Lilien 指数所衡量的中国产业结构升级速度的动态变化。

从图 4 - 2 中可以看出，中国的产业结构升级速度具有明显的周期性。一方面，从中短期波动考察，1979～2010 年全国产业结构升级速度的起伏变化可分为四个阶段：1979～1982 年；1983～1990 年；1991～2001 年；2002～2010 年。另一方面，从长期趋势考察，1979～2010 年全国产业结构升级的速度呈现逐步增大的趋势（见图 4 - 2 中斜线）。分别观察各个省份的 Lilien 指数，可以发现虽然各省份产业结构升级速度的绝对水平或者变化幅度各异，但总体而言，大致同全国的变化趋势一致（见图4-3）。结合1990年至2010年的产业结构升级速度进行纵向比较，我们发现，大部分省份的产业结构升级速度排名经历了非常显著的变化。

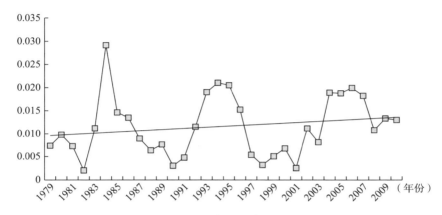

图4-2　1979~2010年中国产业结构升级速度

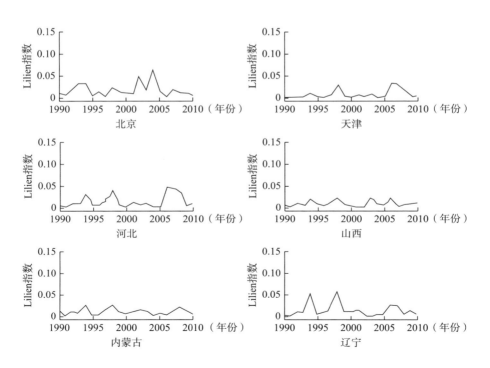

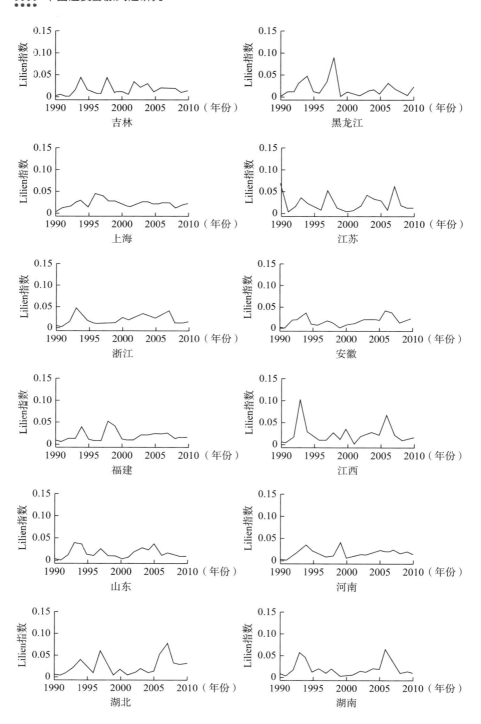

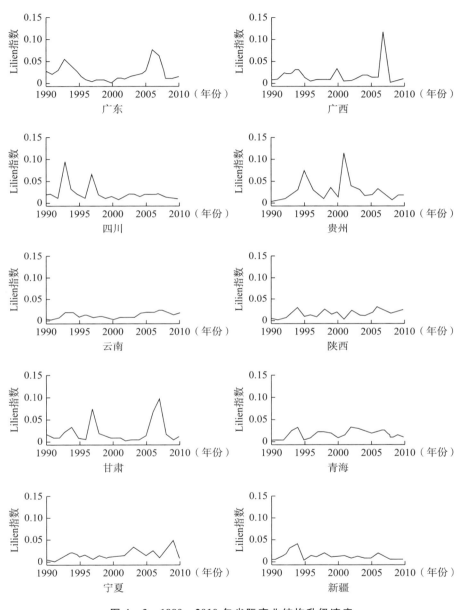

图 4 – 3　1990 ~ 2010 年省际产业结构升级速度

4.4.2　检验模型设定与变量选择

本书采用 Hansen 等（2002）构建的面板门槛回归模型（Panel Threshold Regression）考察产业结构升级速度对通货膨胀的非线性影响。该方法的优点是，不需要给定非线性方程的具体形式，而且门槛值以及门槛个数由样本数据决定。门槛面板回归模型的基本形式如下：

$$Y_{it} = C + \lambda X_{it} + \beta_1 M_{it} \times I(g_{it} \leq \tau) + \beta_2 M_{it} \times I(g_{it} > \tau) + \varepsilon_{it} \qquad (4.3)$$

式（4.3）中，I（·）为示性函数，i 表示个体，t 为时间。Y_{it} 为被解释变量，M_{it} 为受门槛变量影响的解释变量，X_{it} 为除 M_{it} 外对被解释变量有显著影响的一组控制变量，包括文献中已经识别出的影响中国各地区的通货膨胀的主要因素：信贷增长率（credit）、劳动生产率增长率（prod）、经济增长率（growth）、汇率（exchange）、财政支出增长率（finance）。λ 为相应的系数向量，g_{it} 为门槛变量，τ 为特定的门槛值，β_1 和 β_2 则分别为门槛变量在 $g_{it} \leq \tau$ 与 $g_{it} > \tau$ 时解释变量 M_{it} 对被解释变量 Y_{it} 的影响系数。

下文对变量选取及数据来源进行简要介绍。

通货膨胀率（inflation）。当前关于通货膨胀率的度量指标主要有居民消费价格指数和 GDP 平减指数等。为了全面反映生产资料及消费资料的价格水平，本书使用 GDP 平减指数来度量各地区及各产业的通货膨胀率。

财政支出增长率（finance）。财政支出膨胀导致通货膨胀已经被学术界广泛认知。本书中，财政支出增长率用当年财政支出比上年同期财政支出增长的百分比表示。

信贷增长率（credit）。大部分学者认为信贷投放总量对价格水的影响显著，但是对影响的具体强度和影响方向并没有一致的结论。本书使用银行信贷余额同比增长率表示货币增长率。

劳动生产率增长率（prod）。劳动生产率的提高直接使商品的成本下降，而采取成本加成法定价的商品的价格自然会下降。本书中，地区劳动生产率的计算为各地区实际 GDP 同就业人数之比。相关数据来自《新中国六十年统计资料汇编》以及历年《中国统计年鉴》。

人口增长率（pop）。一方面，人口增长速度越快，产生的需求就越大，在产品供应不变的条件下会引起价格上涨，则人口增长和价格水平之间存在正向的关系；另一方面，如果人口增长的供给效应更强，那么人口增长同价格水平之间的关系就可能为负。地区人口增长率的计算为各地区新增人口与上一年总人口之比。

汇率（exchange）。汇率通过直接渠道和间接渠道能够对国内价格水平产生影响。我国历来实行事实钉住汇率制，本书选取人民币名义有效汇率指数（1990 年为 100）作为汇率的代理变量，采用间接标价法计算汇率，指数下降意味着人民币发生实际贬值。

经济增长率（growth）。以 GDP 不变价指数计算各年实际 GDP，然后通过一阶差分得到实际经济增长率。

本书使用的数据样本为中国 28 个省份 1990～2010 年各个变量的数据。原始数据中 1990～2008 年的数据来源于《新中国六十年统计资料汇编》，2009～2010 年的数据取自各省份的统计年鉴。样本包含 28 个省份的数据，这主要是由于西藏自治区、海南省和重庆市的数据不全，我们的样本没有包括这 3 个地区。根据《新中国六十年统计资料汇编》的统计口径，四川省的各年数据均剔除重庆，因此本书的解释变量中四川的数据均不包括重庆。

4.4.3　实证结果

首先，假定存在门槛效应，需要确定门槛个数，然后进一步确定模型的具体形式。本书分别在不存在门槛、单一门槛和双重门槛的模型设定下进行估计，得到的 F 统计值以及通过"自抽样法"得出的 P 值见表 4－3。可以发现，单一门槛非常显著，相应的自抽样 P 值为 0.002，双重门槛和三重门槛的自抽样 P 值分别为 0.108 和 0.058，在 1% 的水平下不显著。因此，接下来将基于单一门槛模型进行分析。

表 4－3　门槛效应检验结果

模型	F 统计值	P 值	临界值		
			1%	5%	10%
单一门槛	14.243***	0.002	500	8.653	6.881
双重门槛	9.582	0.108	500	25.755	19.068
三重门槛	5.970*	0.058	500	7.420	4.912

注：P 值和临界值均为采用 Bootstrap 方法反复抽样 500 次得到的结果；***、**和*分别表示在 1%、5% 和 10% 的水平下显著。

单一门槛值的95%置信区间见表4-4,图4-4则给出了似然比函数图,可以清楚地看到门槛值的估计和置信区间的范围。门槛参数的估计值是在似然比检验统计量 LR 为 0 时得到的 C 的取值,在单一门槛模型中为0.048。由各门槛估计值的95%置信区间所构成的所有 LR 值小于5%的水平下的临界值为7.35的 γ 构成的区间,我们可以根据这单一门槛值将产业转换速度分为低转换速度(Lilien≤0.048)和高转换速度(Lilien>0.048)两种类型。

表4-4　门槛值估计结果

模型	估计值	95%的置信区间	
单一门槛	0.048	0.027	0.048
双重门槛			
Ito1	0.028	0.003	0.034
Ito2	0.054	0.011	0.061
三重门槛	0.011	0.003	0.037

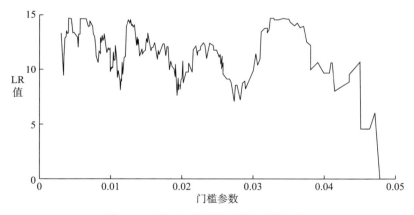

图4-4　单一门槛的估计值和置信区间

表4-5给出了不同时间段各个区间省份的数目。可以看出,绝大部分省份的产业结构升级速度在门槛值以下,大于门槛值的省份在不同时间段有巨大差异,这进一步说明了单纯对产业结构升级速度进行主观的划分是不合理的。需要注意的是,2006~2010年产业结构升级速度大于门槛值的省份约占1/10,说明这一时期各省份产业结构升级的速度在加快,而这同前文中关于全国产业结构升级速度的分析一致。

表 4 – 5　不同时间段各个区间省份数目

	1991 ~ 1995 年	1996 ~ 2000 年	2001 ~ 2005 年	2006 ~ 2010 年
Lilien ≤ 0.048	133	133	137	127
Lilien > 0.048	7	7	3	13
合计	140	140	140	140

从表 4 – 6 的门槛效应检验中可以看出，产业结构升级速度作为影响通货膨胀的一个重要变量，与通货膨胀的影响存在显著的非线性关系：当产业结构升级速度低于 0.048 时，产业结构升级对价格水平的影响不显著；而产业结构升级速度跨越了门槛值 0.048 之后，则会对价格水平产生正的影响。二者之间存在的这种非线性的相关关系，意味着当产业结构升级速度超过 0.048 的门槛值后，升级速度越快，通货膨胀率越高。因此，在制定推动产业结构升级的政策时，需要控制产业结构升级的速度。在控制变量中，信贷增长率、劳动生产率增长率、经济增长率对通货膨胀率的影响显著为正，人民币对美元汇率对经济增长的影响显著为负，财政支出增长率与通胀率正相关但是不显著。这与已有的多数研究的结果基本上是一致的。

表 4 – 6　基于面板数据门槛效应的回归结果

变量	显著程度	
	Lilien ≤ 0.048	Lilien > 0.048
Lilien	0.013 (0.137)	0.808 *** (0.226)
credit	0.096 *** (0.020)	
prod	0.039 *** (0.010)	
growth	0.004 *** (0.001)	
exchange	− 0.008 *** (0.002)	
finance	0.007 (0.022)	

变量	显著程度
常数项	0.026
	(0.023)

注：括号内数字为标准误；***、** 和 * 分别表示在 1%、5% 和 10% 的水平下显著。

4.4.4 稳健性检验

也可用斯托可夫指数（Sto）来衡量产业结构升级的速度，主要通过测度就业变动的离散化程度来体现转换的速度。如果产业间无劳动需求变动，则某个产业的就业增长率将会偏离所有产业的加权平均数而等于 0，即斯托可夫指数为 0。若某产业的就业人口占总就业人口的比重越高，则该产业的就业变动将对整体就业产生较大影响。因此，以各产业的就业比重为权重，求出总的加权平均就业增长率，并与各产业就业增长率进行比较，从而可以观察就业变动的离散程度。产业间的劳动需求相对偏离程度越大，斯托可夫指数也就越大。斯托可夫指数的计算公式为：

$$\text{Sto} = \sum_{j=1}^{n} | g_{jt} - g_t | \times \frac{N_{jt}}{N_t} \qquad (4.4)$$

其中，N_{jt} 为 j 产业在 t 期的就业人数，N_t 为所有产业在 t 期的就业人数，g_{jt} 为 j 产业在 t 期的就业增长率，g_t 为所有产业在 t 期的加权平均就业增长率。

进行门槛面板回归检验，可以发现单一门槛模型在 1% 的水平下显著，回归结果如表 4-7 中的稳健性检验 1 所示。可以看出，当低于门槛值 0.110 时，Sto 对通货膨胀的影响并不显著；当高于门槛值时，Sto 的影响系数则在 1% 的水平下显著为正。

应用交叉模型进行稳健性检验：本节主要讨论产业结构升级速度和通货膨胀之间的非线性关系，因此，本书假设产业结构升级速度与通货膨胀之间有"转折点"，据此所设定的模型中的产业结构升级速度系数包含转换速度变量的二次方项，模型估计形式如下（控制变量含义不变）：

$$\begin{aligned} inflation_{it} = & \alpha_1 credit_{it} + \alpha_2 Lilien_{it}^2 \log(Liline_{it}) + \alpha_3 Lilien_{it} \log(Lilien_{it}) + \\ & \alpha_4 exchange_{it} + \alpha_5 finance_{it} + \alpha_6 production_{it} + \alpha_7 growth_{it} + \varepsilon_{it} \end{aligned} \qquad (4.5)$$

上述模型形式假定产业结构升级速度对通胀的影响受制于转换速度本身，并且该影响是以二次项的形式存在，对式（4.5）中的变量 $Lilien$ 求取偏导数，可得到：

$$\frac{\partial(inflation_{it})}{\partial(Lilien_{it})} = \alpha_2 Lilien^2 + \alpha_3 Lilien \tag{4.6}$$

所以，如果 α_1 和 α_2 通过显著性检验，则认为转换速度对通货膨胀具有非线性影响。事实上，我们推断在估计结构形式上，门槛模型与交叉项模型存在一定的联系，门槛模型强调把模型的数据分成不同区制，从而得出对应关系；本书在设定交叉项模型时给出了二次项形式的交叉效应项，对比二者可得出结论：本质上门槛模型也是对变量 $Lilien$ 的回归系数进行一定变换。

$$\frac{\partial(inflation_{it})}{\partial(Lilien_{it})} = \beta_1 I(Lilien \leqslant \gamma) + \beta_2 I(Lilien > \gamma) \tag{4.7}$$

当然，即使同样得出产业结构升级速度与通货膨胀之间存在非线性关系，但是对应的具体机制不同。我们使用中国省际面板数据进行回归分析，回归结果如表 4-7 中的稳健性检验 2 所示。

从估计结果看，采用交叉项模型回归所得到的结果同门槛模型所估计的结果基本是一致的，二次项系数非常显著，表明产业结构升级速度和通货膨胀之间存在非线性关系。为了保证系数具有稳健性，本书对回归系数进行了 Wald 检验，检验结果显示，二次项系数 α_1 以 0.002 的概率拒绝零假设，α_2 以 0.001 的概率拒绝零假设，以上结果说明回归系数稳健。信贷增长率、劳动生产率增长率、经济增长率对通货膨胀率的影响为正，人民币对美元汇率对经济增长的影响为负，且都能够通过 1% 的水平下的检验，而财政支出增长率的解释能力仍然较弱。

表 4-7 稳健性检验结果

变量	稳健性检验 1 使用反映结构变化速度的新指标		稳健性检验 2 交叉模型	
	$Sto \leqslant 0.110$	$Sto > 0.110$	$Lilien^2 \times \log(Lilien)$	$Lilien \times \log(Lilien)$
	0.002 (0.041)	0.336*** (0.075)	-0.018*** (0.006)	0.017*** (0.005)

续表

变量	稳健性检验1 使用反映结构变化速度的新指标	稳健性检验2 交叉模型
credit	0.079 * （0.015）	0.102 *** （0.0203）
prod	0.430 *** （0.021）	0.039 *** （0.011）
growth	0.0003 （0.001）	0.004 *** （0.001）
exchange	0.002 （0.002）	− 0.008 *** （0.002）
finance	− 0.006 （0.017）	0.005 （0.022）
常数项	− 0.063 *** （0.018）	0.023 （0.023）
R^2	0.5741	0.249

注：*** 、** 和 * 分别表示在1%、5%和10%的水平下显著；括号内为标准误。

4.5 本章小结

如何处理好"调结构、稳物价和保增长"的关系是长久以来的热点问题，已经引起了广泛的关注和讨论。产业结构升级如何影响通货膨胀、影响有多大，全国及各省产业结构升级的速度如何，速度的快慢对通货膨胀的影响水平是否不同，回答这些问题对于制定合理的宏观调控政策具有重要的意义。

产业结构的调整、升级是一个永恒的话题。2015年中央经济工作会议也特别强调了产业结构必须优化升级。在这样的背景下，本书的研究具有较为重要的政策含义。从本书的研究结果来看，产业结构升级速度对通货膨胀的影响是显著的，产业结构升级速度过快将会导致通货膨胀率升高。因此，在推进产业结构升级的同时必须考虑通货膨胀风险，除了将产业结构升级速度控制在一个合理的范围内，还应当采取一系列产业政策和货币政策将通货膨胀率控制在能够被社会接受的水平。产业政策方面，要加大对瓶颈产业的扶持力度，并将各个产业间的协调政策纳入通货膨胀的治理政策体系中。货币政策方面，在产业结构升级速度较快的时候，应当采取稳健甚至是适度从紧的货币政策以抑制过度旺盛的投资需求，用逆周期的货币政策操作平滑投资和经济波动。

5
服务价格黏性、长期结构性上涨
与潜在通货膨胀压力

5.1 引言

当前我国服务业增加值占 GDP 的比重已达一半以上，服务消费在 CPI 一篮子商品（服务）中的权重也日益上升。同时，我国服务业开放程度越来越高，市场竞争越来越激烈，服务业的价格黏性将会随之降低，一旦上游生产要素的价格上涨，特别是劳动成本不断攀升，长时期内，服务价格将会面临上涨的压力，如果压力进一步传导到消费品价格上，则势必产生潜在通货膨胀压力。

服务价格受劳动力工资水平影响较大，而工资水平通常有向下黏性和向上倾向，因而服务价格一般也具有向下黏性。由于大部分服务价格已经市场化，而公共服务领域的价格还受到一定程度的规制，从微观层面测算不同类型的服务价格的黏性，对于厘清通货膨胀原因并进行有针对性的治理具有重要的现实意义。已有的对价格黏性的研究大多基于消费品价格数据，对服务价格黏性的研究比较少。一方面在于服务价格微观数据相对匮乏；另一方面在于服务业的分类比较复杂。服务价格黏性反映了服务价格变化的频率，是市场竞争的一个标志，可以在一定程度上代表服务业的开放程度，对比分析我国服务部门不同的价格黏性，可以反映我国服务部门的管制程度。开放程度高的服务业部门由于竞争程度高，价格传导流畅，对生产要素的市场价格变化反应灵敏，因而能够反映实际的价格。而开放程度低的服务业部门由于具有特殊的垄断地位，导致其服务价格并非完全由市场决定，不能反映实际的价格，过高的价格黏性势必影响价格的合理调整，因而短期的价格黏性将影响长期的价格结构变动。

本章主要研究三个问题。第一，价格黏性会影响价格的调整速度，如果服务价格具有向下黏性和向上倾向，将成为潜在通货膨胀风险之一。应用生存分析方法对服务价格黏性进行测度，揭示服务价格变化的基本事实，有助于理解服务价格驱动长期通货膨胀的原因。第二，使用特征价格模型对服务价格的长期结构进行研究，实证判断现实服务价格的合理性。特征价格模型是以现有社会生产技术条件以及竞争条件为前提，通过对投入产出表的分析获得最优化的生产结果，探讨商品应当如何定价，并利用最终需求数据对价格进行标准化处理以得到理性价格。将现实价格与理性价格进行比较，可以看到现实价格在多大程度上偏离了均衡体系。第三，基于两区制的门槛协整模型，实证检验消费品价格通胀与服务价格通胀是否存在非线性关系，实证回答服务价格通胀是否导致了消费品价格通胀，从而多角度探究服务价格上涨背景下潜在的通货膨胀压力。

5.2　服务价格黏性测度

5.2.1　生存分析方法

在实证研究中，有时用变量表示某种活动的持续时间，如病人康复后复发的时间、电器报废的时间等。这类变量的持续时间描述了个体从某一状态转换到另一状态所需要的时间，生物统计学最早使用病人的生存时间数据进行研究，并发展出了生存分析方法。之后其他学科也开始运用生存分析方法，并取得了一定的研究成果，在经济学中这类分析也被称为"久期分析"。在经济学中，价格黏性表示商品或服务的价格会在一段时间内保持不变，即商品（服务）从一个价格转变到另一个价格需要花费一定的时间，这段时间与病人的生存时间类似，表示状态转换的时间。通过对价格转换时间进行研究，我们可以得出商品或服务保持一个稳定价格的时间，即"价格生存时间"，使用"价格生存时间"可以在一定程度上衡量价格黏性的程度。生存分析方法已经广泛应用于工程学、医学和生物学等领域，但金融和经济学领域运用得则相对较少而且也较晚。使用生存分析方法研究价格黏性的文献也较少，本章首先对生存分析方法的基本理论进行简要介绍。

记个体在某种状态下持续的时间或寿命为 T，$T > 0$，其中一个特定取值记为 t。T 为连续型随机变量，并记其概率密度函数与累积分布函数分别为 $f(t)$ 与 $F(t)$，其中 $F(t)$ 也称为"失效函数"（Failure Function）。计算"病人"存活期超过 t 的概率，称为"生存函数"（Survivor Function），定义为：

$$S(t) \equiv P(T > t) = 1 - F(t), t \geq 0 \qquad (5.1)$$

由式（5.1）可知，生存函数本质上相当于累积分布函数的"反函数"（Reverse Cumulative Distribution Function）。由于累积分布函数 $F(t)$ 单调递增，因此生存函数单调递减。假设个体存活到时刻 t，则个体在 $[t, t + \Delta t)$ 期（$\Delta t > 0$）死亡的概率为：

$$P(t \leq T < t + \Delta t \mid T \geq t) = \frac{P(t \leq T < t + \Delta t)}{P(T \geq t)} = \frac{F(t + \Delta t) - F(t)}{S(t)} \qquad (5.2)$$

进一步，定义"风险率"（Hazard Rate）或"风险函数"（Hazard Function）为个体在时刻 t 的瞬间死亡率：

$$\begin{aligned}
\lambda(t) &\equiv \lim_{\Delta t \to 0} \frac{P(t \leq T < t + \Delta t \mid T \geq t)}{\Delta t} \\
&= \lim_{\Delta t \to 0} \frac{F(t + \Delta t) - F(t)}{\Delta t S(t)} \\
&= \frac{1}{S(t)} \lim_{\Delta t \to 0} \frac{F(t + \Delta t) - F(t)}{\Delta t S(t)} = \frac{f(t)}{S(t)}
\end{aligned} \qquad (5.3)$$

由以上可知，风险函数 $\lambda(t)$ 本质上是在给定存活至时刻 t 条件下的条件密度函数，故也称为"条件死亡率"（Conditional Failure Rate），而 $f(t)$ 为无条件密度函数。如果 $f(t) = \varphi(t)$（标准正态分布的密度函数），则 $\lambda(t)$ 就是反米尔斯比率（inverse Mills ratio）。风险率的可能取值介于 0（无死亡风险）与 ∞（必死无疑）之间。在生存分析中，风险函数 $\lambda(t)$ 与生存函数 $S(t)$ 比密度函数 $f(t)$ 与累积分布函数 $F(t)$ 更为方便。也可以从风险函数 $\lambda(t)$ 出发，反推出生存函数 $S(t)$、累积分布函 $F(t)$ 以及密度函数 $f(t)$。首先由式（5.3）可知：

$$\lambda(t) = -\frac{d\ln S(t)}{dt} \tag{5.4}$$

由式 (5.4) 可知，$d\ln S(t) = -\lambda(t) dt$，然后两边从 0 到 t 做定积分可得：

$$\ln S(t) = -\int_0^t \lambda(\mu) d\mu \tag{5.5}$$

其中，μ 为积分变量；$S(0) = 1$（在初始时刻，所有个体都活着），有：

$$F(t) = 1 - S(t) = 1 - \exp\left[-\int_0^t \lambda(\mu) d\mu \right] \tag{5.6}$$

$$S(t) = \exp\left[-\int_0^t \lambda(\mu) d\mu \right] \tag{5.7}$$

对式 (5.7) 两边求导可得：

$$f(t) = \lambda(t) \exp\left[-\int_0^t \lambda(\mu) d\mu \right] \tag{5.8}$$

为了度量截止时刻 t 的累积总风险，定义"累积风险函数"（Cumulative Hazard 或 Integrated Hazard）为：

$$\Lambda(t) = \int_0^t \lambda(\mu) d\mu = -\ln S(t) \tag{5.9}$$

累积风险函数的好处在于，它比利用风险函数进行估计更加准确。如果已知累积风险函数，则很容易计算生存函数：

$$S(t) = \exp\left[-\Lambda(t) \right] \tag{5.10}$$

从式 (5.9) 可以看出累积风险函数的经济含义，它完全决定了至 t 时刻为止的存活率或概率。本书使用 Kaplan-Meier 拟合生存函数以及风险函数。Kaplan-Meier 是一种非参数方法，在进行分析时，既不需要对数据的概率分布做先验假设，也不需要估计参数，通俗地说，这是一种撇开理论（不假设变量的概率分布）让数据"自己说话"的方法。根据定义，生存函数 $S(t)$ 为个体存活时间超过时刻 t 的概率。如果不存在归并，则显然可以定义 $S(t)$ 的估计量为样本中存活时间超过时刻 t 的个体数目 r 占样本容量 n 的比例，即 r/n。但这个简单方法在存在归并的情况下并不适用。此时，一般使用 Kaplan-Meier 估计量（Kaplan and Meier, 1958），它在独立归并的情况下依然是 $S(t)$ 的一致估计量。

记 $t_1 < t_2 < \cdots < t_j < \cdots < t_k$ 为样本中观测到的死亡事件。记样本中在区间 $[t_{j-1}, t_j)$ 仍然存活而面临危险的个体数为 n_j。到了时间 t_j，n_j 个个体的命运分为三种，即存活、死亡、归并（只知道其死亡事件大于 t_j，但不再有观测数据）。记在时间 t_j 死亡的人数为 m_j（现实数据一般是离散的，故 m_j 可能大于 1）。给定存活至 t_{j-1}，能进一步存活至 t_j 的概率为 $(n_j - m_j)/n_j$。一般地，存活至 t_j 的无条件概率等于活过之前每一个区间的条件概率之乘积。因此，Kaplan-Meier 估计量为：

$$n\hat{S}(t) \equiv \prod_{j/t_j \leqslant t} \left(\frac{n_j - m_j}{n_j} \right) \tag{5.11}$$

Kaplan-Meier 估计量也称为"连乘估计量"。显然，如果不存在归并，则 $n_{j+1} = n_j - m_j$，式（5.11）中的连乘可以错项相约，故 $\hat{S}(t) = r/n$。

根据式（5.9），累计风险函数 $\Lambda(t) = -\ln S(t)$，将 $\hat{S}(t)$ 的表达式（5.11）代入，即可得到 $\Lambda(t)$ 的估计量。但此估计量的小样本性质不如 Nelson 及 Aalen 所提出的 Nelson-Aalen 估计量强：

$$\hat{\Lambda}(t) \equiv \prod_{j/t_j \leqslant t} \left(\frac{m_j}{n_j} \right) \tag{5.12}$$

其中，m_j/n_j 为局部的风险率，而式（5.12）则为局部风险率的加总。从上文的讨论可知，可以用 $\hat{\lambda}_j \equiv m_j/n_j$ 作为风险率的估计量。但此估计量为不光滑的阶梯函数。另一种方法是对累积风险函数求导，但 $\hat{\Lambda}(t)$ 也是阶梯函数，并不处处可导。在实践中，一般先通过核密度方法将阶梯形的累积风险函数进行光滑处理后，再以此生成风险函数。

5.2.2 数据说明与处理

Singelman 根据服务的性质、功能，对服务业进行了分类，将服务业分为流通性服务业、生产性服务业、社会服务业和个人服务业四类，如表 5-1 所示。

表 5-1 Singelman 分类法

一级分类	二级分类
流通性服务业	交通仓储业、通信业、批发业、零售业（不含饮食业）、广告业以及其他销售业
生产性服务业	银行、信托及其他金融业，保险业，房地产业，工程和建筑服务业，会计和出版业，法律服务，其他营业服务
个人服务业	家庭服务、旅馆和饮食业、修理服务、洗衣服务、理发与美容、娱乐和休闲、其他个人服务
社会服务业	医疗和保健业、医院，教育，福利和宗教服务，非营利性机构，政府、邮政，其他专业化服务和社会服务

本章数据来源于国家发改委价格监测中心，为 2001 年 1 月至 2016 年 4 月的月度数据，时间跨度共计 184 个月。本书同时选择食品以及工业消费品的微观价格数据进行价格黏性比较，其中选取的食品 65 个、工业消费品 70 个、服务项目 65 个。依据 Singelman 分类法，本书将 65 个食品服务项目对应 Singelman 分类法中的二级分类项目，分别划入流通性服务业、生产性服务业、社会服务业、个人服务业四大类服务业之中。四类服务业包含的具体服务项目如表 5-2 所示。

表 5-2 服务业分类

服务业分类	细分	具体项目（规格、等级）
流通性服务业	市内交通	公共汽车普票（一票制）；公共汽车 IC 卡（市区）；出租汽车租价（普通出租车、起步价）；出租汽车租价（普通出租车、每公里加价）
	长途交通	道路班车客运票价（省内线路、中型高一级车）；道路班车客运票价（跨省线路、大型高二级班车）；公路货运（省际，定区定线，整车）；公路货运（省内，定区不定线，零担）
	固定电话	固定电话月租费；本地网营业区内通话费（首次三分钟）；本地网营业区间通话费（每次一分钟）
	移动电话	移动电话资费（中国联通后付费标准资费，本地主叫）；移动电话资费（中国电信后付费标准资费，本地主叫）；移动电话资费（中国移动神州行标准卡资费，本地主叫）；移动电话资费（中国移动全球通，套餐资费）
	电视及上网	有线（数字）电视收费（基本月租费）；上网费用（当地主营 2 兆带宽，包月不限时）

续表

服务业分类	细分	具体项目（规格、等级）
生产性服务业	住宿	物业服务费（普通住宅、月费）；大学生公寓住宿费（综合性大学、四人间）
社会服务业	医疗	挂号费（普通门诊复诊）；诊查费（市级医院门诊）；注射费（肌肉注射）；手术费（阑尾切除术）；手术费（剖宫产术）；化疗费（体表肿瘤电化学治疗）；床位费（普通病房、四人间）；检查费（颅脑 CT 平扫）；检验费（肝功能检查、验血）；检验费（尿常规检查）
社会服务业	教育	大学学费（普通综合性院校）；大学学费（艺术性院校）；大学学费（师范院校）；高中学费（市级示范校）；高中学费（普通学校）；普通职业高中学费；托儿保育费（一级园中班日托）；托儿保育教育费（私立普通幼儿园中班日托）
个人服务业	水电气	居民生活用水（不含污水处理费、水资源费等）；污水处理费（居民生活用水）；居民用电（220V）；管道天然气（民用）；液化石油气；民用采暖（市政供暖，按供热面积收费）
个人服务业	娱乐	景点门票（当地著名旅游景点）；宾馆住宿（市区三星级标准间）

在进行生存分析时，需要对"生存"和"死亡"进行定义，因此本书设定了一个价格变化范围，当商品变化幅度在此变化范围之内，则视为价格存在黏性并且继续"生存"，只有当价格变化超过了规定的范围才视为价格"死亡"。通过对六大类商品（服务）15 年来的平均月度价格变化幅度进行测算，认定价格浮动率在 -1% 至 1% 算作正常范围，大于 1% 或小于 -1% 算作一次价格调整，即以相邻两个月的价格变化率大于 1% 或小于 -1% 为事件发生标志，事件发生赋值为 1，事件不发生赋值为 0。

5.2.3 服务价格黏性测度结果

在使用生存分析方法对价格黏性进行分析之前，有必要先对价格变动频率进行初步了解。价格变动频率反映了消费品价格平均一个月变化的次数，图 5-1 给出了所有项目、工业消费品项目、食品项目、服务项目 184 个月的价格平均变动频率。我们发现，服务、食品和工业消费品的价格变动频率差异很大，所有项目的价格平均每个月变动 2.24%，其中食品最高，每个月变动 3.7%；服务最低，每个月仅变动 0.93%；工业消费品居中，每个月变动 1.2%。将服务业分类之后进行测算可以看到四大类服务业的价格变动频率存在很大的差异性，变动频率最高的是个人服务业，每个月变动 1.2% ；最低的是流通性服务业，每个月变动 0.66%，生产性服务业和社会服务业的变动频率居中，每个月变动 1%。进一步地，本书对四大类服务业进行细分，结果显示个人服务业中的娱乐业变动频率最高，每个月变动 1.4% ；流通性服务业中的固定电话变动频率最低，每个月变动 0.5%（见图 5-2）。从价格变动频率可以看到，服务业的价格变动频率低于所有行业的平均水平，不到食品变动频率的 1/3，可见服务价格相对于其他消费品价格来说更具有黏性。

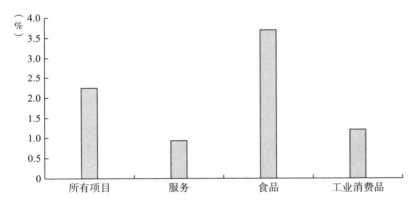

图 5-1 消费价格变动频率

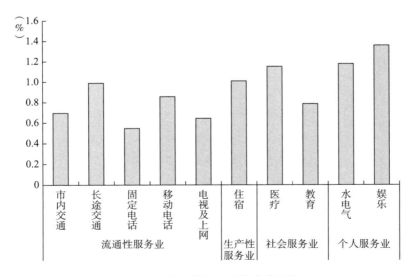

图 5-2 各项服务业价格变动频率

为了进一步分析服务价格黏性程度，本书使用生存分析方法对服务价格黏性进行测算。首先对比研究服务、食品以及工业消费品的价格黏性特点。图5-3给出了服务、食品以及工业消费品的危险率分析结果，图5-4则给出了食品、工业消费品以及服务所有项目的生存分析结果。从图中可以看到食品的危险率最高并且曲线相对更加陡峭一些，并且食品的生存率下降得很快，在12个月之后只有0.97%的食品项目价格仍在"生存"，这些结果表明食品的价格是易变的。而工业消费品的危险率比食品的危险率略低并且更加平缓，同时工业消费品的生存率下降速度较慢，但在12个月之后只有不到5%的工业消费品价格继续"生存"，说明相对于食品而言，工业消费品价格调整更为平缓。

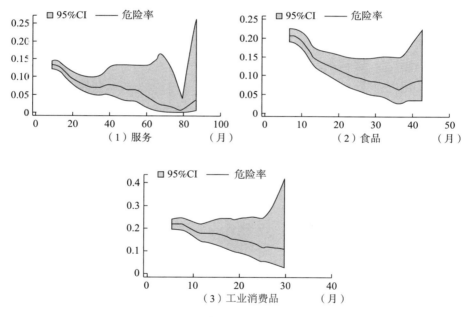

图5-3 危险率函数拟合结果

反观服务项目，危险率在所有时期均处在较低的水平，在所有时期的危险率均低于食品和工业消费品，同时生存函数下降非常缓慢，在12个月之后仍有近10%的服务项目价格没有发生改变。因此，服务项目在生存率以及危险率上与食品和工业消费品相比具有非常大的异质性，表现出较大的价格黏性，这与前面的分析结果一致。

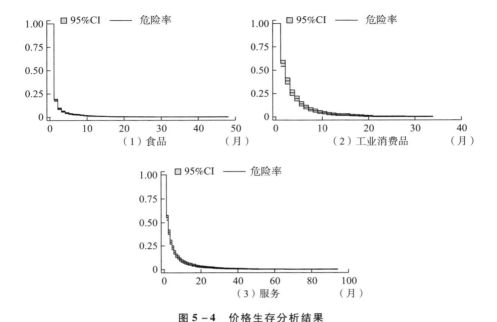

图 5 - 4　价格生存分析结果

接下来对服务、食品以及工业消费品的价格生存时间进行估计，如表 5 - 3 所示。总体来看，服务项目的价格黏性高于食品以及工业消费品，所有服务项目价格的平均生存时间为 4.01 个月；工业消费品价格的平均生存时间其次，为 3.11 个月；食品价格的平均生存时间最少，为 1.62 个月。在服务业内部，价格黏性最高的服务行业为流通性服务业，价格平均生存时间为 5.91 个月，即每 5.91 个月，流通性服务业的价格才会变化一次；价格黏性最低的服务行业为个人服务业，每过 3.2 个月，个人服务业的价格才会变化一次；而价格平均生存时间居中的是生产性服务业以及社会服务业，分别为 3.81 个月和 3.72 个月。总体来说，服务价格的平均生存时间均在 3 个月以上，长于食品与工业消费品价格的平均生存时间，表现出较高的价格黏性。

表 5 - 3　价格生存时间

	样本数	平均生存时间（个月）	标准差	95% 的置信区间	
所有服务项目	1458	4.01	0.17	3.68	4.35
食品	4728	1.62	0.04	1.55	1.69
工业消费品	827	3.11	0.12	2.87	3.35

续表

	样本数	平均生存时间（个月）	标准差	95%的置信区间	
服务					
流通性服务业	290	5.91	0.53	4.86	6.96
生产性服务业	88	3.81	0.65	2.53	5.08
个人服务业	311	3.20	0.27	2.67	3.73
社会服务业	769	3.72	0.20	3.33	4.12

进一步对四大类服务业的内部项目进行细分，重新进行估计，结果如表5－4所示。可以看到，在不同类别的服务业内部存在明显的价格黏性差异。在流通性服务业中，除了各个服务项目价格的平均生存时间普遍较长，移动电话服务价格的平均生存时间长达8.80个月；固定电话其次，也长达7.47个月；而电视及上网费用的价格黏性稍低一些，但也有4.90个月；市内交通服务价格的平均生存时间比长途交通服务长很多，为6.17个月；而长途交通服务价格的平均生存时间仅为2.83个月，说明长途运输的价格黏性更低，相对于市内来说更易发生价格的变化，总的来说，我国流通性服务业的价格黏性普遍较高。个人服务业中各个服务项目的价格平均生存时间普遍较短，其中娱乐业价格的平均生存时间短至2.55个月；水电气价格的平均生存时间也较短，为3.30个月，这是由于个人服务业主要是直接为居民提供服务的行业，随着个人收入的变化，服务价格会进行相应的调整。在社会服务业中，医疗和教育价格的平均生存时间分别为3.38个月和4.29个月，短于流通性服务业，但长于个人服务业。

表5－4 服务价格生存时间

	细分	样本数	平均生存时间	标准差	95%的置信区间	
流通性服务业	市内交通	86	6.17	0.70	4.81	7.54
	长途交通	72	2.83	0.41	2.02	3.65
	固定电话	55	7.47	2.14	3.28	11.66
	移动电话	35	8.80	2.04	4.80	12.80
	电视及上网	42	4.90	0.97	3.00	6.81

	细分	样本数	平均生存时间	标准差	95%的置信区间	
生产性服务业	住宿	88	3.81	0.65	2.53	5.08
个人服务业	水电气	271	3.30	0.30	2.70	3.89
	娱乐	40	2.55	0.38	1.81	3.29
社会服务业	医疗	481	3.38	0.20	3.00	3.77
	教育	288	4.29	0.42	3.47	5.12

5.3 我国服务价格长期结构变动趋势

价格结构，也称价格体系，是指一个经济体中所有商品、服务以及生产要素之间的价格联系。价值是价格决定的基础，而价值的决定取决于生产商品或提供服务所需要的社会必要劳动时间。因此价格在没有大幅度偏离价值的情况下，在一定程度上反映了生产商品或提供服务所需的社会必要劳动时间，而价格结构则在横向和纵向上体现了提供不同商品或服务的劳动时间之间的关系。在横向上，价格结构反映了商品或服务之间的各种比价关系，即在同一时间和同一地点生产不同商品或提供不同服务的价值比例关系。在纵向上，价格结构反映了商品或服务之间的各种差价关系，即同一种商品或服务在不同时间和不同地点价值具有差别的关系。因此价格结构反映了在不同时间或地点生产不同类的商品（服务）所需要的社会必要劳动时间的差别。

价格结构可以从比价和差价上大体反映生产各类商品和提供各类服务所需要的价值比例和价值差别关系，因而正确而合理的价格结构可以反映生产各类商品和提供各类服务所需要的社会必要劳动时间的比例关系和差别关系。投入产出在研究价格结构方面有着方法上的优势，让我们能够从生产和技术变化的角度对价格的长期结构变化加以系统分析。特征价格模型则可以基于投入产出表数据分析各个行业理论价格与现实价格的差距。刘起运和夏明（2007）首次使用特征价格模型对我国价格结构变化进行了研究，论证我国价格结构的合理性，但并没有对理论价格与现实价格存在差距的原因进行进一步分析。本章应用特征价格模型，对我国服务业的价格结构变化进行研究，在横向上比较各类服务价格之间的比价关系，在纵向上比较同一类服务的价格结构差价关系，进而得出长期价格结构变化趋势与变化原因。

5.3.1 特征价格模型

在投入产出体系中，我们可以用完全消耗系数把产品的价值还原为初始投入要素劳动的价值 $\bar{\ell}' = \ell'(I\text{-}A)^{-1}$，其中 ℓ' 表示直接劳动投入系数行向量，$\bar{\ell}'$ 表示完全劳动投入系数行向量。如果同时考虑多个投入要素，就需要对这些投入要素的作用进行加权，即 $p' = r'C/\varphi$，其中 $C = B(I\text{-}A)^{-1}$，表示各初始投入要素系数矩阵经过列昂惕夫逆矩阵放大的完全投入要素系数矩阵，这里用作权数的 r' 表示各种要素的回报率。实际上，上述价格模型是效率价格模型的一般形式，各种多渠价格都可以由此转化而得到。

通过一组"完全使用系数"（Full-use Coefficients），把商品的产出分解为直接的最终产品或对最终产品的贡献，并且各种最终产品也可以利用产品价格加权，这种价格将不再是成本价格，也不是市场价格，而是根据其使用价值得到的价格。通过它们把要素的价格表示为它们在最终产品生产分配中的贡献。

仿照完全要素投入系数 $B_v = A_v(I\text{-}A)^{-1}$ 公式，在对称的形式上，对最终使用的贡献系数为：$v_k = (I\text{-}D)^{-1}\hat{s}i_k$，其中 $\hat{s}$ 是直接最终产品分配系数为对角元素的对角矩阵，i_k 表示第 k 个元素为1，其余为0的列向量。当同时考虑多个有使用价值的最终产品，对于选择不同的用来度量使用价值的最终产品，我们可以选择以相应的价格来加权，也就是：$v = (I\text{-}D)^{-1}\hat{s}p = Vp$。这样得到的列向量 v 是按最终产品贡献度量出来的各种商品的价值。

现在可以从最终使用贡献角度来度量初始投入的价值。与多渠价格中以要素价格进行加权相类似，把要素的使用价值看作它们对不同商品生产所做贡献的合计，即 $wr = Wv$。该式左边表示各要素所得到的回报，右边是以使用价值度量的，是对不同商品生产所做贡献的合计。用 $wr = Wv$ 表示要素各部门的使用份额，有 $r = Ev = EVp = E(I\text{-}D)^{-1}\hat{s}p$。转置得到 $r' = p'V'E' = p'\hat{s}[(I\text{-}D)^{-1}]'E' = p'N$，其中 $N = \hat{s}[(I\text{-}D)^{-1}]'E'$，第 k 行度量的是用 m 个初始投入要素对最终产品 y_k 生产所做的贡献来衡量的价值份额。现在我们有 $p' = r'C/\varphi$，以及 $r' = p'N$。把两式分别代入对方，得到 $p' = p'NC/$

φ，$r' = r'CN/\varphi$。它表明，产品价格 p 与要素价格 r 是以 φ 为特征值，分别是矩阵 NC 和矩阵 CN 的特征向量。这样一种价格被称为"特征价格"，它表示为了得到现有的观测结果，在现有技术条件和竞争条件下为获得最优化结果所应有的价格。通过将现实价格与理论价格进行比较可以看到各部门价格在多大程度上偏离了均衡体系。

5.3.2 数据来源与处理

本节研究所使用的数据基于 2002～2012 年投入产出表，我国投入产出表每 5 年编制一次，在两次编制期间额外编制一次投入产出延长表，因而这 10 年期间一共有 5 张投入产出表，可以反映这十年间我国各个部门的价格结构变动情况。为便于比较研究，本书选择美国和日本进行对比分析，美国编制投入产出表的频率为一年一次，为保持研究时间段一致，本书选择 2002～2012 年美国的投入产出表。而日本投入产出表的编制与我国相似，也是每 5 年编制一次，但在两次编制期间并不额外编制延长表，并且受限于数据获取，最近一年的数据只能获取到 2011 年，为保证研究的年份长度足以说明日本长期价格结构变化，本书选择了日本 1995～2011 年 16 年间共 4 张投入产出表。

目前对服务价格结构的研究还比较少，从长期视角分析服务价格结构的文献更为少见，主要因为服务业的定义范围较广且模糊：我国明确了第三产业为服务业，即除了第一产业和第二产业外的所有产业均为服务业范围。传统的服务业有家庭服务、保安服务等，间接为生产做贡献的服务业如研发、创意服务，同时还有教育、文化、医疗以及社会服务业等政府管制型服务业，服务业之所以范围较大，主要在于其非物质性的特点，即服务的产品是非有形的。具体来看服务业的组成部分，我国将服务业分为以下类别：批发和零售业，交通运输、仓储和邮政业，住宿和餐饮业，信息传输、软件和信息技术服务业，金融业，房地产业，租赁和商务服务业，科学研究和技术服务业，水利、环境和公共设施管理业，居民服务、修理和其他服务业，教育，卫生和社会工作，文化、体育和娱乐业，公共管理、社会保障和社会组织，国际组织，以及农、林、牧、渔业中的农、林、牧、渔服务业，采矿业中的开采辅助活动，制造业中的金属制品、机械和设备修理业。

由于我国大部分年份的投入产出表是以 42 部门为基础进行编制的，因而本书在处理投入产出表时将一些部门的数据进行了合并。其中第一产业对应 42 部门投入产出表中的农业，第二产业对应工业制造业，包括煤炭、石油开采以及一系列制造业等 25 个工业制造业部门。第三产业中共 16 个服务业，为与前文相对应，本节同样根据 Singelman 分类法将 16 个服务业划分为四个行业，如表 5 - 5 所示。需要说明的是 2002 年的投入产出表中少了居民服务和其他服务业以及水利、环境和公共设施管理业，多了旅游业和其他社会服务业两个服务业；2012 年的投入产出表少了其他社会服务业，并且将交通运输及仓储业和邮政业归为一类。通过以上处理，本书将 2002 ~ 2012 年的 42 部门投入产出表整理为 18 部门投入产出表以供研究。

表 5 - 5　投入产出表服务业分类

服务业分类	具体行业
流通性服务业	交通运输及仓储业；邮政业；信息传输、计算机服务和软件业；批发和零售业
生产性服务业	金融业；房地产业；租赁和商务服务业；综合技术服务业
社会服务业	科学研究事业（研究与试验发展业）；水利、环境和公共设施管理业；教育事业；卫生、社会保障和社会福利业；公共管理和社会组织；其他社会服务业
个人服务业	住宿和餐饮业；居民服务和其他服务业；文化、体育和娱乐业；旅游业

5.3.3　实证结果

根据特征价格模型的描述，最终获得的特征价格同时考虑了成本和使用价值，并且将特征价格用最终产品进行了标准化，特征价格的加权平均等于 1，因此合理的特征价格的值在 1 左右。当数值在 1 之上，实际价格低于合理价格，数值越小偏离越大；当数值在 1 之下，实际价格高于合理价格，数值越大偏离越大。

图 5 - 5、图 5 - 6 和图 5 - 7 分别显示了中国、日本和美国的各产业部门的特征价格。从图 5 - 5 中可以看出，中国各部门中价格被低估的有第一产业和社会服务业；流通性服务业、生产性服务业的价格被显著高估并且有加强的趋势；个人服务业价格在有的年份被高估，有的年份被低估，但总体上是处于合理范围之内的；第二产业的价格略微被高估，但仍然处于合理状态。

前文对四大类服务业的价格黏性进行了估计，价格黏性较高的生产性服务业价格被严重高估，并且有很强的加深趋势。由于服务业短期价格数

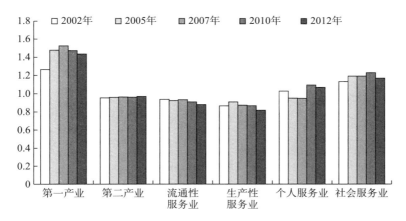

图 5 - 5　中国各产业部门的特征价格变化趋势

据获取受到限制，需要说明的是，上一节的生产性服务业主要是指房地产业，而本节中，生产性服务业主要包括金融业、房地产业、租赁和商务服务业以及综合技术服务业。生产性服务业是一个配套服务业，与制造业直接相关的是从制造业内部的生产服务部门中分离出来的新兴产业。生产性服务业并不向消费者提供直接的、独立的服务。它贯穿企业生产的上游、中游和下游等环节，依附制造业企业而存在，其主要投入品为人力资本和知识资本（刘小青等，2014）。生产性服务业作为第二、第三产业的中间环节，面对的是制造业需求，而中国制造业存在生产过剩的问题，制造业的过度需求导致了生产性服务业价格过高的现象。

价格黏性最高的流通性服务业，价格也被高估，并且有明显的加深趋势。流通性服务业是第一、第二产业与最终消费者之间联系的纽带，主要是为商品流通提供服务。不同于个人服务业直接面对消费者，生产性服务业面向第二产业，而流通性服务业则介于个人服务业与生产性服务业之间，需要同时面对第一产业、第二产业和消费者三个市场，因而其长期价格结构虽然不合理，但不合理的程度要比生产性服务业低。

个人服务业的价格黏性最小，反映到价格结构中个人服务业的价格是比较合理的，在数值 1 附近徘徊。个人服务业是直接面对消费者的，针对消费者的消费需求，个人服务业可以及时调整价格，因而价格黏性最小，在整体价格结构中处于比较合理的位置。

社会服务业的价格黏性在个人服务业和流通性服务业之间，在长期结构中社会服务业的价格是被低估的，并且有加强的趋势。社会服务业面向的对象是普通居民，具有准公共品的性质，如教育和医疗等都是政府定价，价格具有管制特点，不能很好地反映市场供需情况，因而在长期结构中并不合理。

对四大类服务业价格结构的研究显示了不同类型服务业的价格结构不合理程度及原因，但不同类型服务业内部有不同的服务项目，对这些服务项目的长期价格结构进行进一步研究有助于对具体的服务业进行分析。关于服务业具体行业的分类需要说明的是国家对 2002～2012 年 5 张投入产出表的编制在服务行业有些细小的差别。2002 年服务业中有旅游业和其他社会服务业两项，这在其他年份的投入产出表中是没有的，而 2012 年将邮政业与交通运输及仓储业合并为一类，综合技术服务业则与科学研究事业归为一类。四大类服务业细分后的结果如表 5 - 6 所示，从中可以发现不同类型服务业内部的服务项目长期价格结构还是存在一些异质性。

在流通性服务业中，价格被高估的有信息传输、计算机服务和软件业，批发和零售业；交通运输及仓储业的价格被轻微高估；而邮政业的价格则被低估。信息传输、计算机服务和软件业需要大量的资本投入，属于边际投入递减的行业，特殊的行业性质决定了其只能是寡头经济。但与国外相比，中国信息传输、计算机服务和软件业供应者明显偏少，只有电信、联通和移动，其他的小供应商几乎都是承包这三大巨头的线下业务生存，因此价格是被高估的。交通运输及仓储业价格较为合理，这得益于我国大力发展基础设施，特别是高铁的兴建，但高速公路收费较高，主要因为要弥补投资不得不加收养路费等费用，但随着基础设施建设规模的扩大以及规模效应的形成，这一行业的价格将逐渐回归合理，但仍然被略微高估。随着交通运输及仓储业的不断发展壮大，中国邮政业快递企业也如雨后春笋一般不断出现，激烈的竞争导致市场供给能力大幅增强，而基础设施建设使得运输成本越来越低，因而邮政业的服务价格始终偏离合理水平，在长期结构中表现出被严重低估的倾向。

在生产性服务业中，金融业和房地产业的价格被高估，特别是房地产业，服务价格被严重高估；租赁和商务服务业价格在 2007 年之前被略微高估，2012 年前后已处于合理区间；综合技术服务业价格被略微低估，但仍处在合理区间。金融业的价格被高估说明中国金融业的开放程度仍然不够，如银行业的准入限制过高，虽然近年来银行业的准入条件有所放开，地方性银行以及股份制银行开始增多，但竞争仍然不够充分，加上其他形式的金融机构偏少，导致了其他行业的融资成本过高，特别是民间借贷的利率显著高于市场利率，这些使金融业的价格被高估。近年来中国房地产价格大涨，用房价收入比衡量也显示房价过高，并且这一过高现象在不断加深，虽然模型显示 2012 年的价格不合理现象有所减弱，但总的来说房地产业服务价格仍然被高估。

社会服务业各个服务项目的价格被普遍低估，这主要是由于社会服务提供的主体是政府，并不以营利为目的，而是为居民服务，其服务产品属于准公共品，因而包含了很多隐性福利。卫生、社会保障和社会福利业的价格被低估，但是低估程度不如教育事业，卫生、社会保障和社会福利业与教育事业类似的地方在于国家对于大医院和高等院校的管制比较严格，一来这些行业发生混乱将引起比较严重的后果，二来这些行业需要较高的资本投入，这就限制了民间资本的进入。政府提供服务，制定的价格并不以市场均衡价格为标准，在提供这些公共服务时并不会过多地考虑成本问题，这就造成了价格的低估。

个人服务业的各个服务项目的特征价格处在合理区间，在数值 1 附近波动。这主要是因为直接面对消费者的个人服务业可以很快针对市场变化调整服务价格，其价格能够很好地反映市场需求。

表 5－6　服务业部门的特征价格变化趋势

	行业	2002 年	2005 年	2007 年	2010 年	2012 年
	第一产业	1.27	1.48	1.53	1.47	1.44
	第二产业	0.95	0.96	0.96	0.96	0.97
流通性服务业	交通运输及仓储业	0.95	0.89	0.88	0.95	0.99
	邮政业	1.09	1.16	1.24	1.13	—
	信息传输、计算机服务和软件业	0.81	0.84	0.82	0.81	0.88
	批发和零售业	0.90	0.81	0.80	0.76	0.78
生产性服务业	金融业	0.87	0.96	0.81	0.81	0.86
	房地产业	0.70	0.69	0.68	0.61	0.62
	租赁和商务服务业	0.93	0.95	0.94	1.01	0.98
	综合技术服务业	0.96	1.04	1.07	1.03	—

续表

	行业	2002 年	2005 年	2007 年	2010 年	2012 年
社会服务业	科学研究事业（研究与试验发展业）	1.12	1.10	1.12	1.12	1.02
	教育事业	1.22	1.28	1.29	1.45	1.33
	卫生、社会保障和社会福利事业	1.12	1.07	1.10	1.17	1.16
	公共管理和社会组织	1.15	1.30	1.36	1.37	1.27
	其他社会服务业	1.05	—	—	—	—
	水利、环境和公共设施管理业	—	1.04	1.09	1.06	1.07
个人服务业	住宿和餐饮业	0.96	0.97	0.96	1.10	1.11
	文化、体育和娱乐业	1.01	0.99	1.00	1.06	1.02
	居民服务和其他服务业	—	0.89	0.89	1.13	1.09
	旅游业	0.93	—	—	—	—

中国服务价格结构呈现不合理的现象，而这种不合理的现象是否在其他国家也存在？本书选择日本和美国进行对比分析。日本的长期价格结构变动如图 5 – 6 所示，数据显示，日本各部门的价格结构也同样不合理。与中国类似的是日本的房地产业同样存在价格被高估的现象，教育、研究业，医疗保健、社会保障业价格则明显被低估。日本的价格结构虽然不合理，但不合理的现象正在逐渐减少，大部分行业的数值在向 1 靠近，说明日本的价格结构正在趋于合理。

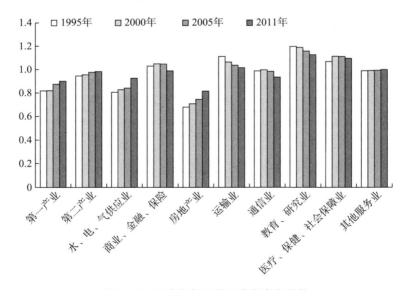

图 5 – 6　日本各部门特征价格变化趋势

美国的长期价格结构变动如图 5 – 7 所示，从中可以看出，美国的总体价格结构与中国有很大的不同，除了零售业被高估外，几乎所有产业的价格都处于较为合理的位置，与 1 这一合理数值相差不超过 10%。

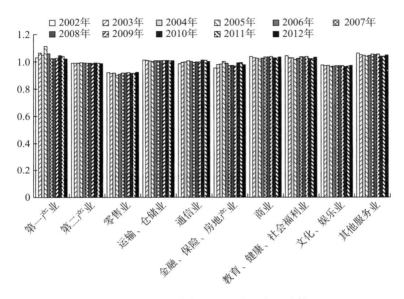

图 5 – 7 美国各部门特征价格变化趋势

5.4 服务价格通胀与消费价格通胀非线性传导

前文分析了服务价格短期调整黏性特征与长期结构变化趋势，研究表明服务价格结构长期不合理并且有加深的趋势，而短期价格黏性较大，这可能是导致服务价格不合理的原因之一。CPI 统计的是一篮子消费品与服务价格的变化。从消费品项目看，2002 年至 2012 年消费品价格上涨迅速，而服务项目价格的变化较为平缓。如果服务价格上涨加速，是否会对消费品价格通胀产生影响，从而加大整个经济社会的通货膨胀压力？而如果消费品价格上涨，由于生活成本的提高，工资是否存在上涨压力，进而导致服务价格上涨？本节基于两区制门槛协整模型，对服务价格通胀率与消费品价格通胀率之间的关系进行研究，以期得到服务价格与消费品价格的联动关系。

5.4.1 两区制门槛协整模型

一个包含变量 $\pi_t^{service}$ 与 π_t^{goods} 的线性向量误差修正模型（VECM）可表示为：

$$\Delta\pi_t^{service} = \lambda_{10} ecm_{t-1} + \sum_i \gamma_i^{11}\Delta\pi_{t-i}^{service} + \sum_i \gamma_i^{12}\Delta\pi_{t-i}^{goods} + \varepsilon_{1t} \qquad (5.13)$$

$$\Delta\pi_t^{goods} = \lambda_{20} ecm_{t-1} + \sum_i \gamma_i^{21}\Delta\pi_{t-i}^{service} + \sum_i \gamma_i^{22}\Delta\pi_{t-i}^{goods} + \varepsilon_{2t} \qquad (5.14)$$

其中，$\Delta\pi_t^{service}$ 表示服务价格通胀率的一阶差分；$\Delta\pi_t^{goods}$ 表示消费品价格通胀率的一阶差分；ecm_{t-1} 是误差修正项，ε_{1t} 和 ε_{2t} 是均值为零的随机扰动项；γ_i^{11}、γ_i^{12}、γ_i^{21}、γ_i^{22} 都是待估系数，λ_{10} 和 λ_{20} 表示误差修正系数。如果 λ_{10} 显著，则意味着可以将长期协整关系解释为消费品价格通货膨胀与服务价格通货膨胀之间具有 Granger 因果关系；如果 λ_{20} 显著，则可以将长期协整关系解释为服务价格通货膨胀与消费品价格通货膨胀之间具有 Granger 因果关系；如果至少有一个 γ_i^{12} 显著，则认为消费价格通货膨胀与服务价格通货膨胀之间具有短期 Granger 因果关系；如果至少有一个 γ_i^{21} 显著，则认为服务价格通货膨胀与消费品价格通货膨胀之间具有 Granger 因果关系；如果 λ_{10}、λ_{20}、γ_i^{12} 和 γ_i^{22} 都显著，则说明服务价格通货膨胀与消费品价格通货膨胀之间具有长期和短期双向 Granger 因果关系。

然而，线性 VEC 模型存在一定的缺陷，即线性 VEC 模型通常假设只要出现系统对长期均衡的偏离，则短期偏离向长期均衡的调整在每个时期都会发生，这隐含着协整变量对误差修正项的调整是连续的。此外，线性 VEC 模型还假设调整速度是不变的，即无论偏离程度如何，调整的强度是等同的。然而在实际的经济系统中，协整系统中变量向长期均衡的调整并不一定在每个时期都发生。无论是在大小还是方向，当发生短期对长期均衡的偏离时，通常调整速度也是非对称的。对此，Balke 和 Fomby（1997）最早提出非线性门槛协整的概念，并且根据不同的短期偏离程度，将经济变量的调整行为分成不同的区制，当偏离在门槛值之上和之下时，变量向均衡调整的过程不同。Hansen 和 Seo（2002）在 Balke 和 Fomby（1997）研究的基础上，提出了一种以误差修正项为门槛变量的两区制门槛误差修正模型，并给出基于门槛值未知的模型参数估计方法。一个滞后阶数为 1 的两区制门槛误差修正模型如式（5.15）所示：

$$\Delta x_t \begin{cases} A'_1 X_{t-1}(\beta) + \mu_t & \omega_{t-1}(\beta) \leqslant \gamma \\ A'_2 X_{t-1}(\beta) + \mu_t & \omega_{t-1}(\beta) > \gamma \end{cases} \tag{5.15}$$

其中，$X_{t-1}(\beta) = \{1, \omega_{t-1}(\beta), \Delta x_{t-1}, \Delta x_{t-2}, L\Delta x_{t-1}\}'$，$\Delta x_t$ 是 p 维一阶单整时间序列，即 $I(1)$ 过程，β 是 $p \times 1$ 维的协整向量。$\omega_t = \beta' x_t$ 是 $I(0)$ 过程的误差修正项，μ_t 是误差项，A_1 和 A_2 是描述每个区制动态变化的系数矩阵，γ 为门槛参数。在两区制门槛误差修正模型中，依据误差修正项值的不同将误差修正模型分为两个区制。当对均衡的偏离在门槛值之上和之下时，变量 X_t 向均衡状态调整的方式不同。Hansen 和 Seo（2002）提出 Sup LM 检验用于检验模型是否存在显著的门槛效应。零假设 H_0：应用线性误差修正模型拟合变量之间的动态关系，即不存在门槛效应；备择假设 H_1：应用非线性误差修正模型拟合变量之间的动态关系。在真实协整向量已知情况下，检验统计量为：

$$\text{Sup LM}^0 = \text{Sup LM}(\beta_0, \gamma) \atop \gamma_L < \gamma < \gamma_U \tag{5.16}$$

当协整向量未知时，门槛效应的检验统计量为：

$$\text{Sup LM} = \text{Sup LM}(\tilde{\beta}, \gamma) \atop \gamma_L \leqslant \gamma \leqslant \gamma_U \tag{5.17}$$

其中，$\tilde{\beta}$ 为式（5.16）中 β 的估计值，$[\gamma_L, \gamma_U]$ 为设定的 γ 值的搜索区间，γ_L 和 γ_U 分别为 ω_{t-1} 的 φ 和 $1 - \varphi$ 的百分位点。

5.4.2 实证结果

本节数据来源 Wind 数据库。图 5-8 显示了 1994 年 1 月至 2015 年 9 月的商品通胀率与服务价格通胀率以及二者缺口（两者之差）的走势，2003 年以前，服务价格通胀率均高于消费品价格通胀率，之后消费品价格通胀率升高并超过服务价格通胀率，因而缺口（两者之差）呈现先下降后上升的走势。以 2002 年为分界线，2002 年以前缺口为负并且绝对值较大，2002 年以后缺口为正、绝对值较小而且有减小的趋势。同时，在历年来几次通货膨胀时期缺口都表现出了大幅波动的特点，1993～1995 年的通货膨胀是自 1978 年以来通货膨胀最为严重的一次，由于经济体制矛盾没有解决、经济再次过热，结构性、成本推动、需求拉动等多种因素共同作用于通货膨胀，中国经济出现过热现象，消费品与服务价格通胀率均居高不下，在进行一系列的改革之后通货膨胀率开始下降，但消费品价格通胀率与服务价格通胀率下降速度明显不同，消费品价格通胀率快速下降而服务价格通胀率缓慢下降，但二者仍在进入 21 世纪之后趋于一致，缺口也经历了下降再上升的过程。2000 年以来的几次通货膨胀都不如 20 世纪末严重，但仍然使消费品价格通胀率与服务价格通胀率偏离，并且消费品价格通胀率波动明显高于服务价格通胀率，缺口在 2003 年、2008 年、2011 年这三年又拉大，随着通货膨胀时期过去，缺口又重新下降到低水平。可以看到相对于服务价格通胀率来说，消费品价格通胀率更易波动，并且有一种领先于服务价格通胀率的波动趋势，但总体而言，消费品价格通胀率与服务价格通胀率的走势比较一致，特别是在发生较严重通货膨胀以外的时期，两者表现出更强的同步性。

图 5－8 中的消费品价格通胀率与服务价格通胀率数据的走势基本一

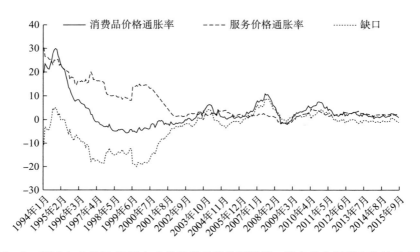

图 5－8　1994 年 1 月至 2015 年 9 月消费品价格通胀率、服务价格通胀率和缺口走势

致，表明二者之间有可能存在协整关系，为确定这种协整关系是否存在，有必要先进行协整检验。表5-7给出了单位根检验结果。由表5-7可知，消费品价格通胀率和服务价格通胀率这两个时间序列的水平值都是不平稳的，ADF值分别为-2.091和-2.992，均大于10%临界值-3.13，在10%的水平上都不显著；但经过一阶差分后都可以形成稳定的序列，ADF值分别为-12.99和-17.27，均小于1%临界值-3.989，可在1%的水平上拒绝存在单位根原假设。所以消费品价格通胀率和服务价格通胀率这两个变量都是一阶单整的序列，即为I（1）过程，这说明消费品价格通胀率和服务价格通胀率受短期冲击后会出现短期偏离，但仍有可能回归至长期均衡。

表5-7 单位根检验结果

变量	检验形式 （C，T，L）	ADF值	1%	5%	10%
消费品价格通胀率	（C，T，1）	-2.091	-3.989	-3.429	-3.13
服务价格通胀率	（C，T，1）	-2.992	-3.989	-3.429	-3.13
消费品价格通胀率一阶差分	（N，N，1）	-12.990	-3.989	-3.429	-3.13
服务价格通胀率一阶差分	（N，N，1）	-17.270	-3.989	-3.429	-3.13

注：检验形式C、T和L分别表示检验方程包括常数项、时间趋势和滞后阶数。

虽然消费品价格通胀率和服务价格通胀率是不平稳的，但它们的线性组合却可能是平稳的，也就是存在协整关系。协整关系反映了变量之间的长期均衡趋势，各个变量在协整方程的约束范围内波动，总体上仍保持"协调一致"而不会"分道扬镳"，即使在短期内由通货膨胀导致物价波动，只要消费品价格通胀率和服务价格通胀率存在长期均衡关系，也会使两者之间的缺口回归到低水平。本书使用Johansen检验方法检验二者是否存在协整关系，表5-8报告了Johansen检验的结果，在对原假设协整秩为0进行检验时发现迹统计量20.7793大于5%临界值15.41，拒绝了协整关系为0的原假设；而对原假设协整秩为1进行检验，发现迹统计量3.0725小于5%临界值3.76，无法拒绝1个协整关系的原假设，即消费品价格通胀率与服务价格通胀率存在协整关系。

表 5 - 8　　Johansen 协整检验结果

变量	假设的协整关系	迹统计量	5% 临界值
服务价格通胀率	0	20.7793 *	15.41
消费品价格通胀率	1 *	3.0725	3.76

注：*** 、 ** 、 * 分别表示 1% 、5% 和 10% 的显著性水平。

　　消费品价格通胀率和服务价格通胀率存在协整关系，说明消费品价格通胀率与服务价格通胀率之间确实存在长期稳定的关系，它们的线性组合有向长期均衡收敛的趋势。这种长期的均衡关系即使经历了特大自然灾害和恶劣气候影响的冲击也未改变。同时，消费品价格通胀率和服务价格通胀率具有长期均衡关系也意味着两者之间缺口的持续时间不会很长，一段时间后仍会回归至长期均衡位置。本书接下来建立向量误差修正模型（VEC 模型），研究消费品价格通胀率和服务价格通胀率从短期波动不断向长期均衡调整的动态过程。为了确定最优模型，本书依据 AIC、BIC 准则对滞后 1 期至滞后 4 期的模型进行回归，结果如表 5 - 9 所示，滞后 2 期时 AIC 值、BIC 值均达到最小值，因而选择滞后 2 期的模型。

表 5 - 9　　基于信息准则的线性协整模型选择结果

	滞后 1 期	滞后 2 期	滞后 3 期	滞后 4 期
AIC	- 121.812	- 124.220	- 116.940	- 110.932
BIC	- 118.361	- 119.063	- 110.090	- 102.402

　　VEC 模型估计结果如表 5 - 10 所示，误差修正项均为负数且显著，符合负向反馈机制，说明变量之间存在有效的协整关系，并且体现在变量由短期向长期均衡调整的动态过程中。当消费品价格通胀率上一期偏离均衡时，本期将会有 1.274% 得到调整；而当服务价格通胀率上一期偏离均衡时，本期将会有 0.822% 得到调整。相比较而言，消费品价格通胀率的调整速度是服务价格通胀率调整速度的约 1.5 倍，这与图 5 - 8 中消费品价格通胀率波动更为剧烈这一趋势相符合。此外，消费品价格通胀率受到其前两阶滞后项的影响，并不会受到服务价格通胀率滞后项的影响。而服务价格通胀率并不会受到自身滞后项的影响，但滞后 2 期的消费品价格通胀率会对服务价格通胀率产生影响。

根据对线性模型的估计得出以下结论：消费品价格通胀率与服务价格通胀率之间存在长期均衡关系，同时消费品价格通胀率的调整速度快于服务价格通胀率的调整速度。从短期动态调整来看，消费品价格通胀率二阶滞后项对服务价格通胀率有着正向影响，说明消费品价格通胀率的上升会在两期以后传导至服务价格通胀率，因此消费品价格通胀率对服务价格通胀率有一定的预测力，消费品价格通胀会在一定程度上传导至服务领域，但服务价格通胀并不能引起消费品价格通胀。

表 5 - 10　线性协整模型估计结果

被解释变量：消费品 价格通胀率	系数	标准误	z 统计量	P 值	95% 置信区间	
常数项	0.018	0.054	0.330	0.739	− 0.088	0.125
误差修正项	− 0.012 ***	0.004	− 3.060	0.002	− 0.021	− 0.005
消费品价格通胀率 1 阶滞后	0.255 ***	0.060	4.270	0.000	0.138	0.372
消费品价格通胀率 2 阶滞后	0.15289 ***	0.057	2.680	0.007	0.041	0.265
服务价格通胀率 1 阶 滞后	− 0.107	0.066	− 1.630	0.103	− 0.236	0.022
服务价格通胀率 2 阶 滞后	0.012	0.063	0.190	0.850	− 0.111	0.135
被解释变量：服务 价格通胀率	系数	标准误	z 统计量	P 值	95% 置信区间	
常数项	− 0.028	0.050	− 0.560	0.573	− 0.126	0.070
误差修正项	− 0.008 ***	0.004	− 2.150	0.031	− 0.016	− 0.001
消费品价格通胀率 1 阶滞后	0.046	0.055	0.840	0.400	− 0.061	0.153
消费品价格通胀率 2 阶滞后	0.158 ***	0.052	3.030	0.002	0.056	0.261
服务价格通胀率 1 阶 滞后	− 0.038	0.060	− 0.630	0.530	− 0.156	0.080
服务价格通胀率 2 阶 滞后	0.017	0.058	0.300	0.763	− 0.096	0.130

*** 、 ** 、 * 分别表示 1% 、 5% 和 10% 的显著性水平。

传统的线性协整模型认为调整过程存在于每个时期，并且调整方式都一样。然而调整过程并不是每个时期都会发生，当缺口很小并且仅仅发生细微变动时，并不会对消费品价格通胀率与服务价格通胀率之间的长期均衡关系产生多大的影响，因此调整可能是一个非连续过程，只有当缺口值即消费品价格通胀率与服务价格通胀率偏离超过一定门槛值时，调整才会发生。传统的线性协整是不能描述这样一个过程的，而门槛协整模型的优势在于确定一个门槛值，门槛值之上与之下的协整关系是不同的。由图 5-8 可以看到，在不同的时期消费品价格通胀率与服务价格通胀率的偏离程度，以 2003 年为分界线，2003 年以前服务价格通胀率是高于消费品价格通胀率的，2003 年以后的情况则相反，消费品价格通胀率均高于服务价格通胀率，因此单一的协整关系可能并不能说明问题，在不同时期协整的方式也有所不同。为了验证这一结论，本书进一步对是否存在门槛效应进行检验。为了确定最优的模型，本书对滞后 1~4 期的模型进行回归，结果如表 5-11 所示。由于 Sup LM 统计值会收敛于复杂的随机泛函，本书借助 3000 次的参数化残差的 Bootstrap 仿真试验来实现在小样本下对 Sup LM 统计量的显著性检验。可以看到四个模型的 Sup LM 统计值均大于 Bootstrap 5% 临界值，因而门槛效应存在，这说明虽然中国消费品价格通胀率与服务价格通胀率之间存在长期均衡关系，但是在不同的时期短期调整效应并不相同，因此每期的调整不仅取决于上一期的偏离程度，还取决于其所处的区制，不同的区制调整的速度不相同。由于滞后 1 期与滞后 2 期的 AIC 值相差并不大，根据 BIC 准则，选择滞后 1 期的模型。

表 5-11　基于信息准则的门槛协整模型选择结果

	滞后 1 期	滞后 2 期	滞后 3 期	滞后 4 期
门槛值	-3.029	-6.339	-6.339	-4.161
协整向量	1	1	1	1
AIC	-122.266	-122.332	-111.760	-103.151
BIC	-115.365	-112.018	-98.060	-86.090
区制 1 比重	0.337	0.279	0.280	0.292
区制 2 比重	0.663	0.721	0.720	0.708
Sup LM 统计值	21.600	30.453	35.760	44.642
Bootstrap 5% 临界值	17.812	24.972	30.840	33.829
Bootstrap p 值	0.0	0.0	0.0	0.0

　　首先来看两个区制在时间上的分布，如图 5-9 所示，其中门槛值表示

区制 1 和区制 2 的分界线，即在门槛值以下与以上协整方程并不相同。由于协整向量为（1，1），门槛值为 − 3.029。

区制 1 的条件：$w_t = \Delta \pi_t^{goods} - \Delta \pi_t^{service} \leqslant -3.029$

区制 2 的条件：$w_t = \Delta \pi_t^{goods} - \Delta \pi_t^{service} > -3.029$

由图 5 − 9 可以发现，区制 1 主要分布在 1995 ~ 2002 年，占比约为 33.7%；区制 2 主要分布在 1995 年以前以及 2002 年之后，占比约为 66.3%。结合图 5 − 8 可以发现，在区制 1 中服务价格通胀率高于消费品价格通胀率并且缺口为负数；而在区制 2 中消费品价格通胀率是高于服务价格通胀率的，并且缺口为正数，这与消费品价格通胀率高于服务价格通胀率的协整机制有所不同，因此需要分开估计两个区制的误差修正模型。

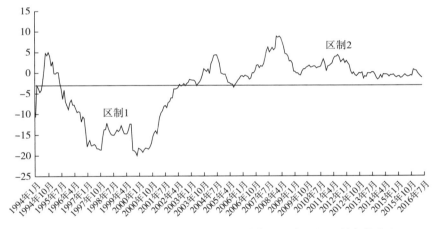

图 5 − 9　1994 年 1 月至 2016 年 7 月误差修正项在不同区制中的分布

在不同区制中，短期效应和长期效应均有所不同。首先在长期调整过程中消费品价格通胀率与服务价格通胀率的调整速度存在很大的不同。表 5 − 12 给出了门槛协整模型的估计结果。与线性误差修正模型相比，门槛误差修正模型将数据区分成了两部分，以 − 3.029 为分界线，分成了区制 1 和区制 2 两个区制，消费品价格通胀率与服务价格通胀率在这个门槛上下对误差修正项的反应并不同，消费品价格通胀率的调整速度均高于服务价格通胀率，并且表现为负值，而服务价格通胀率对误差修正项的斜率均为正值并且较小，说明长期均衡调整只在区制 2 中才存在，而且这种调整仅由服务价格通胀率来完成，当服务价格通胀率上期发生偏离时，本期会有

6.3% 得到修正，这一数值是显著的。值得注意的是区制 1 的范围是 1995 ~ 2002 年，1994 年我国的通货膨胀率达到了 24.1%，是改革开放以来的最高水平，2002 年降到了 –0.8%，转为通缩，区制 1 期间通货膨胀率经历了大起大落。而到了区制 2 期间，也就是在 2002 年之后，我国的通货膨胀都比较温和。此外，在门槛误差修正模型中，并不像线性误差修正模型在所有区间都存在长期均衡关系，在区制 1 中消费品价格通胀率与服务价格通胀率之间并不存在长期均衡关系，并且区制 2 中的消费品价格通胀率与服务价格通胀率之间也不存在长期均衡关系。

从短期动态调整中可以看出，区制 1 和区制 2 中的短期动态调整过程也不相同，在区制 1 中消费品价格通胀与服务价格通胀之间并不存在明显的短期动态影响，而在区制 2 中消费品价格通胀与服务价格通胀之间存在双向影响关系。如表 5 – 12 所示，区制 1 和区制 2 之间存在不同的 Granger 因果关系，在区制 1 中消费品价格通胀与服务价格通胀之间并不存在明显的 Granger 因果关系，而在区制 2 中消费品价格通胀与服务价格通胀之间存在双向因果关系，在服务价格通胀模型中，$\Delta\pi_{t-1}^{goods}$ 的系数显著，拒绝了消费品价格通胀不是服务价格通胀的 Granger 原因的原假设，因此，在区制 2 中，消费品价格通胀是服务价格通胀的长期 Granger 原因，也是服务价格通胀的短期 Granger 原因。而在消费品价格通胀模型中，$\Delta\pi_{t-1}^{service}$ 的系数显著，拒绝了消费品价格通胀不是服务价格通胀的 Granger 原因的原假设，因此，在区制 2 中，服务价格通胀虽然不是消费品价格通胀的长期 Granger 原因，却是消费品价格通胀的短期 Granger 原因。

表 5 – 12　门槛误差修正模型估计结果

	区制 1		区制 2	
	$\pi_t^{service}$	$\Delta\pi_t^{goods}$	$\pi_t^{service}$	$\Delta\pi_t^{goods}$
w_t	– 0.023	0.006	– 0.063	0.002
	– 1.365	0.400	– 2.565*	0.137
常数项	– 0.439	– 0.066	0.017	– 0.026
	– 1.861	– 0.299	0.291	– 0.691
$\Delta\pi_{t-1}^{goods}$	0.146	0.239	0.392	0.080
	1.315	1.877	4.928*	1.042

	区制 1		区制 2	
	$\pi_t^{service}$	$\Delta\pi_t^{goods}$	$\pi_t^{service}$	$\Delta\pi_t^{goods}$
$\Delta\pi_{t-1}^{service}$	− 0.002	0.173	− 0.259	− 0.302
	− 0.020	1.724	− 1.635	− 2.906 *

* 表示 10% 的显著性水平。

综上所述，服务价格通胀与消费品价格通胀之间的传导关系是存在的，但这种传导并不对称，而且在不同时期传导的机制不同。1994～2002年，我国通货膨胀经历了由高到低的过程，在这期间服务价格通胀与消费品价格通胀之间的传导关系并不明显，一个可能的原因是所有消费品价格通胀及服务价格的通胀都比较高，消费品价格通胀和服务的通货膨胀压力来源于社会较高的总体通货膨胀率，相互之间的影响较小。在 2002 年之后我国通货膨胀较为温和，服务价格通胀与消费品价格通胀之间的传导关系较为明显，此时总体通货膨胀较低，服务或消费品的价格上涨压力有一部分来自另一方，从结果也可以看到，在 2002 年以后，服务价格通胀是消费品价格通胀的 Granger 原因，消费品价格通胀同样也是服务价格通胀的 Granger 原因。

从前文的研究可以发现，我国消费品价格通胀与服务价格通胀之间存在非线性的门槛协整关系，只有当二者发生的偏离程度在一定的范围之内，也就是门槛值之下，这种偏离才会向长期均衡位置调整。当二者的偏离程度过大，超过了一定的门槛值，系统不会向均衡位置调整，因而这种调整过程是非线性和非连续的。因此，政策制定者在制定服务价格通胀或消费品价格通胀目标时，需要充分考虑二者之间差距的门槛值，当整体通胀过大时，服务价格通胀和消费品价格通胀压力更多地来源于社会经济基本层面，此时需要着重控制总体通货膨胀水平。当总体通胀较低时，即处在温和通货膨胀阶段，服务价格通胀和消费品价格通胀也会存在互相传导的效应，因此需要同时关注二者的通胀，因为一旦服务价格通胀或消费品价格通胀过大时，就很容易传导至另一方。

5.5 劳动力工资水平上涨的情景模拟分析

以下关于投入产出价格变动模型的介绍，主要借鉴王娟、李兴绪

（2009）对投入产出价格变动模型的研究，结合本书研究需要，对工资水平上涨如何影响服务价格变动、服务价格变动如何影响一般物价水平的情景模拟分析方法进行简要介绍，然后结合我国的投入产出表数据进行实证分析。

5.5.1 工资变动对服务价格的影响

投入产出价格变动模型的核心思想是通过测算各部门劳动报酬、折旧、生产税净额和营业盈余的变动，评估这些变动对整个价格体系的影响。该模型能够完整描述最初投入（增加值）构成因素变动所引起的最终价格变动，在研究价格变动方面以及波及效应方面具有天然的优势。我国投入产出价格模型的研究由来已久，国家信息中心自 1984 年开始就采用投入产出分析法对我国价格改革和税收改革的影响进行模拟分析。投入产出价格变动模型不仅可以测算价格变动带来的直接影响，还可以测算价格变动带来的间接影响，这是利用其他的分析方法所不能实现的。

在建立工资上调效应的分析模型前，需要做出下列假定：一是除工资（或劳动者报酬）变化外，折旧、生产税净额和营业盈余以及各部门产品生产中各种消耗均保持不变；二是劳动生产率和劳动消耗不变时，当工资（或劳动者报酬）发生变化，必然引起各部门产品成本发生变化，并使价格发生变动。假设共有 n 个经济部门，第 i 部门工资增长 ΔV_i，那么第 j 部门在不改变折旧（系数）a_{dj}、生产税净额（系数）a_{sj} 和营业盈余（系数）a_{mj} 以及各部门产品生产中各种消耗（系数）a_{ij} 的情况下，产值的成本将上涨 $\Delta V_i a_{ij}$；假如成本上涨的因素能够传导出去，则 j 部门产品价格上涨 $\Delta V_i a_{ij}$，国民经济各部门产品价格上涨 $\Delta V_i a_i$（a_i 为第 i 行的直接消耗系数的行向量），由于其他各部门工资增长，各部门的生产成本因而会继续增加，相互作用导致各部门产品价格上涨，上述过程的矩阵形式可表示为：

$$P^* = \left[(I\text{-}A)^{-1} \right]^T (\bar{D} + V^* + \bar{S} + \bar{M}) \tag{5.18}$$

其增量形式可表示为：

$$\Delta P = \left[(I\text{-}A)^{-1} \right]^T \cdot \Delta V \tag{5.19}$$

其中，P^* 为工资增长后产品价格指数的列向量；ΔP 为工资增长后产品价格指数变化的列向量；A 为由 a_{ij} 构成的直接消耗系数矩阵；$\overline{D}$ 为不变的固定资产折旧系数的列向量；V^* 为经过变化后的工资系数的列向量；ΔV 为工资系数变化的列向量；$\overline{S}$ 为不变的生产税净额系数的列向量；$\overline{M}$ 为不变的营业盈余系数的列向量。通过上述模型可以计算由工资上调引起各部门产品价格上涨的幅度 ΔP。

本部分的样本数据来源于经过整理合并的 2012 年 9 部门投入产出表。工资数据来源于 2012 年与 2013 年《中国统计年鉴》，由于《中国统计年鉴》是基于 19 部门统计的工资数据，本书需要调整为 9 部门，因此重新整理工资数据。首先选取 2012 年与 2013 年《中国统计年鉴》中"按行业分城镇单位就业人员工资总额"与"按行业分城镇单位就业人员数（年底数）"的数据，以"按行业分城镇单位就业人员数（年底数）"为权重，将"按行业分城镇单位就业人员工资总额"处理为所需的 9 部门平均工资数据，之后计算了 2012 年和 2013 年的平均工资上涨比例。

确保生产税净额系数、折旧系数和营业盈余系数不变，仅工资系数发生改变，需要通过原始工资系数调整工资涨幅，通过工资上调的幅度和工资系数计算工资系数的变化。由表 5-13 可以看出各部门工资上涨比例并不一致，第一产业工资上涨幅度较大，约为 14.5%，我国农业生产部门的工资制度与工业不同，是由农产品的生产数量和农产品的销售价格共同决定的。第二产业工资上涨比例较低一些，为 11.2%，而服务业的工资上涨幅度普遍不高，这与服务业生产率发展速度不如第一、第二产业相关，服务业中工资上涨幅度相对较大的行业为信息传输和水电气行业，但其他服务行业工资上涨普遍在 10% 以下，批发和零售业、制造业、金融业等部门工资涨幅也均在 15% 以上。当工资系数发生改变的时候，各部门的工资涨幅有高有低，对各部门产品价格的影响也各不相同。从部门产品价格变动情况中可以看出，第一产业对工资上调最为敏感，价格涨幅达到 21.2%；6 大类服务业中对工资上调较为敏感的有水电气（16.2%）、卫生（17.9%）、教育（12.0%）、交通运输（10.8%）、其他服务（13.6%），这些主要是社会公益服务部门。对工资上调最不敏感的行业是房地产，其上涨幅度仅为 6.10%。

表 5 – 13   工资上涨对各部门价格的影响

	工资系数	工资上涨幅度	新的工资系数	各部门产品价格变动情况
第一产业	0.951	0.145	0.138	0.212
第二产业	0.399	0.112	0.045	0.176
其他服务	0.475	0.095	0.045	0.136
信息传输	0.256	0.138	0.035	0.074
房地产	0.109	0.084	0.009	0.061
水电气	0.323	0.157	0.051	0.162
交通运输	0.410	0.080	0.033	0.108
卫生	0.831	0.105	0.087	0.179
教育	0.823	0.091	0.075	0.120

以上分析了 2012～2013 年平均工资上涨对各个部门的价格所造成的影响，为了更加准确地反映各部门工资上涨对其他部门价格的影响，本节进一步模拟了单个部门平均工资上涨 10% 对本部门以及其他部门的价格影响效应。表 5 – 14 模拟了在 9 个部门平均工资分别单独上涨 10% 的情况下对本部门以及其他部门的影响，可以看到，所有行业在工资上涨时首先会对自身部门价格产生显著的推动影响，并且 10% 的工资涨幅会使本行业的价格上涨超过 10%，其中最明显的是制造业，价格上升了 28.27%，服务业中受工资上涨影响最明显的为水电气行业，达到了 15.08%，另外 5 类服务业均在 10% 左右。

根据投入产出的理论价格模型 $P_j = \sum_{i=1}^{n} a_{ij} p_i a_{Gj}$ 可知，该部门的工资上涨首先会导致该部门在单位产品上所投入的增加值上涨 a_{Gj} 单位，进而导致该部门生产的产品价格上涨 P_j 个单位，但是由于其他部门在产品的生产过程中均需要消耗该部门生产的产品，因而导致其他部门的生产成本随之增加，最终使其他部门所生产的产品价格提高，并且与此同时该部门产品在生产过程中也需要消耗其他部门生产的产品，反过来也会提高该部门产品的价格，因此由工资上涨带来的价格上涨效应在部门中不断循环下去，实际上通过投入产出模型计算得到的是价格的最终变动量。单个部门的工资发生上调，会通过增加直接成本使该部门产品价格提高，同时因为各部门的产品之间存在密切的联系，又会进一步使所有部门的价格上涨。从上涨幅度的角度分析，由于价格存在不断循环的传导作用，最终将会导致单个部门的价格上涨幅度远远大于单个部门工资的上涨幅度（洪培丽，2011）。

当仅有一个部门的工资发生上涨，不仅本部门的价格会提高，经过产业链的传导，其他部门的价格水平也同样会受到影响。表 5 - 14 显示了对其他部门影响最为显著的是第二产业，可见我国第二产业仍然是核心产业，第二产业的工资上涨对第一产业以及服务业的价格水平都有显著的影响，其中卫生、水电气以及其他服务的价格上涨幅度最为明显，分别为13.61%、13.39% 和 12.07%，均在 10% 以上。而服务业的工资上涨并不能引起其他部门价格大幅的波动，其他各个部门价格上涨幅度基本上在3% 以下。这说明第二产业的工资上涨能够通过产业链传导至服务业，而服务业的成本上升对其他行业的影响有限。

表 5 - 14　单个部门工资上涨引起的各部门价格上涨的幅度

单位：%

工资上涨10%	部门	1	2	3	4	5	6	7	8	9
第一产业	1	12.10	1.82	0.97	0.29	0.38	0.88	0.55	0.93	0.43
第二产业	2	7.71	28.27	12.07	3.83	5.08	13.39	8.03	13.61	5.33
其他服务	3	1.12	2.55	13.24	2.90	3.84	2.10	2.64	2.03	2.01
信息传输	4	0.47	1.00	0.75	10.50	0.41	0.68	0.53	0.90	0.45
房地产	5	0.43	0.88	1.03	0.70	11.02	1.16	1.27	0.64	0.62
水电气	6	0.59	1.50	0.84	0.41	0.41	15.08	2.86	0.84	0.41
交通运输	7	0.01	0.02	0.02	0.01	0.01	0.03	10.47	0.02	0.02
卫生	8	0.00	0.01	0.01	0.00	0.01	0.01	0.00	10.05	0.01
教育	9	0.02	0.06	0.09	0.04	0.20	0.07	0.10	0.08	10.26

5.5.2　服务价格变动对物价水平的影响

工资的上涨不仅会引起本部门价格水平的变动，还会带动其他部门价格上升。目前我国人口红利正在慢慢消失，工资上涨频率越来越快，上涨幅度越来越大，各个行业的价格不得不同样做出相应的调整，特别是服务行业由于生产率提升速度不如其他行业，价格更易受到工资调整的影响。我国服务业增加值在 GDP 中的占比越来越大，服务价格的提高可能会对一般物价水平产生一定的影响，下文将进行情景模拟分析，分析服务价格上涨将如何影响物价水平。

当某个部门价格水平发生变化时，不得不考虑与该部门相关联的部门价格水平受到的影响，不论是间接的还是直接的影响都将影响整个经济系统的物价水平。如煤炭价格上涨会带动钢铁价格上涨；而钢铁价格变动又会影响制造业的成本，通过价格传导过程，整个社会的物价水平也会发生变化。因而，在对某些商品进行价格调整时，需要计算与之相关联的消费品价格变化以及整个物价水平的变动，进而对调价政策的总体影响进行评估。

使用投入产出价格影响模型虽然可以估算上述影响，但是需要设定一些假设条件对模型进行限制：第一，部门或商品的价格水平变化均由成本中物质消耗费用的变化引起，不考虑工资、生产税净额和营业盈余的变化对价格的影响，并且假设工资、生产税净额和营业盈余均不变；第二，不考虑提高原材料价格、动力价格、燃料价格后企业可能采取的各种降低物耗的对应措施，以及其他可能采取的降低成本的措施；第三，在价格形成过程中，不考虑折旧带来的变化；第四，不考虑由供求关系变化带来的价格变化。

在上述四个假设条件下，部门价格变化对其他部门价格的影响如式（5.20）所示：

$$\Delta P_j = \sum_{i=1}^{n} a_{ij} \Delta P_i (j = 1, 2, \cdots, n) \tag{5.20}$$

式（5.20）中的 ΔP_i、ΔP_j 分别代表第 i 种或第 j 种商品（部门）价格变化的指数；为投入产出表的直接消耗系数。对其展开可得：

$$\begin{cases} \Delta P_1 = a_{11} \Delta P_1 + a_{21} \Delta P_2 + \cdots + a_{n-1,1} \Delta P_{n-1} + a_{n1} \Delta P_n \\ \Delta P_2 = a_{12} \Delta P_1 + a_{22} \Delta P_2 + \cdots + a_{n-1,2} \Delta P_{n-1} + a_{n2} \Delta P_n \\ \Delta P_{n-1} = a_{1,n-1} \Delta P_1 + a_{2,n-1} \Delta P_2 + \cdots + a_{n-1,n-1} \Delta P_{n-1} + a_{n,n-1} \Delta P_n \end{cases}$$

移项后得到：

$$\begin{cases} a_{n1} \Delta P_n = (1 - a_{11}) \Delta P_1 - a_{21} \Delta P_2 - \cdots - a_{n-1,1} \Delta P_{n-1} \\ a_{n2} \Delta P_n = -a_{12} \Delta P_1 + (1 - a_{22}) \Delta P_2 - \cdots - a_{n-1,2} \Delta P_{n-1} \\ a_{n,n-1} \Delta P_n = -a_{1,n-1} \Delta P_1 - a_{2,n-1} \Delta P_2 - \cdots + (1 - a_{n-1,n-1}) \Delta P_{n-1} \end{cases}$$

用矩阵表示为：

$$\begin{bmatrix} a_{n1} \\ a_{n2} \\ \vdots \\ a_{n,n-1} \end{bmatrix} \Delta P_n = (I - A_{n-1}^T) \begin{bmatrix} \Delta P_1 \\ \Delta P_2 \\ \vdots \\ \Delta P_{n-1} \end{bmatrix} \qquad (5.21)$$

由此可得第 n 种商品（部门）价格提高 ΔP_n 后第 $1 \sim n-1$ 种商品（部门）价格提高幅度的计算公式：

$$\begin{bmatrix} \Delta P_1 \\ \Delta P_2 \\ \vdots \\ \Delta P_{n-1} \end{bmatrix} = \left[(I - A_{n-1})^{-1} \right]^T \begin{bmatrix} a_{n1} \\ a_{n2} \\ \vdots \\ a_{n,n-1} \end{bmatrix} \Delta P_n \qquad (5.22)$$

在测算出服务价格提高会对其他产品的价格产生一定影响后，可以进一步测算各部门的价格变动将会如何对一般价格水平产生影响。本书以投入产出表中的居民消费、农村居民消费、城镇居民消费以及总产出四个列向量为各部门的权重，分别模拟居民消费价格指数、农村居民消费价格指数、城镇居民消费价格指数以及 GDP 平减指数的变动。使用该模拟方法计算出来的价格指数与国民经济核算中的价格指数虽然在计算方法上有所区别，但是本质相同，只是通过该模拟方法进行模拟所使用的产品更加全面；虽然模拟结果并不能精确反映统计部门计算的一般价格水平所发生的变化，但是其结果在可接受范围内。通过前文计算的结果，可以进一步对各价格指数的变化幅度进行模拟，计算公式为：

$$\Delta PI^i = \left[\sum_{j=1}^{n} \Delta P_j X_j^i \right] / \left[\sum_{j=1}^{n} X_j^i \right], i = 1, 2, \cdots, 5, j = 1, 2, \cdots, n \qquad (5.23)$$

ΔPI^1、ΔPI^2、ΔPI^3、ΔPI^4、ΔPI^5 分别为农村居民消费价格指数的变动幅度、城镇居民消费价格指数的变动幅度、消费者价格指数（CPI）的变动幅度、工业品出厂价格指数的变动幅度、GDP 平减指数的变动幅度；ΔP_j 为当某能源商品（或部门）的价格变化 ΔP_n 时，第 j 部门价格的变动幅度；X_j^1、X_j^2、X_j^3、X_j^4 为第 j 部门的产品分别用于农村居民最终消费的价值量、城镇居民最终消费的价值量、全部居民最终消费的价值量、工业部门的中间使用价值量，X_j^5 为第 j 部门的总产出（李荣梅、陈良民，2004）。

通过前文的分析，我们得出了服务价格短期黏性较大、长期存在价格不合理的结论，但公共服务领域的服务价格改革必然会导致服务价格波动，进一步影响一般物价水平。投入产出价格影响模型可以用于测算六大类服务部门价格变动对其他部门乃至总体物价水平的影响。此模型同样使用了合并为 9 部门的 2012 年投入产出表。六大类服务部门价格变动 10% 将会对农村居民消费价格指数、城市居民消费价格指数、CPI、GDP 平减指数等产生一定的影响。从服务价格上涨对各个价格指数影响的程度来看：农村居民消费价格指数 > 城市居民消费价格指数 > CPI > GDP 平减指数。CPI 变动比 GDP 平减指数更大，这主要是由于 GDP 平减指数包含的范围比 CPI 更广，GDP 平减指数能够衡量生产的所有产品和服务的价格，而 CPI 只能用于衡量消费品与服务的价格。此外，各个服务业价格上涨对一般价格水平的影响也有所不同，以 CPI 为例，房地产、水电气以及信息传输的价格变动更能影响 CPI。在信息传输价格上涨 10% 的情况下，CPI 将上升 1.73%，说明信息传输在我国居民的整体消费中占比较高，近年来我国的信息网络发展迅速，截至 2016 年，我国网民数量已达 6.88 亿，手机用户更是达到 9.5 亿，在信息网络普及的情况下，我国居民信息网络的支出也日益增大，此类价格上升将会显著地影响 CPI 水平。此外，水电气价格的上升也会较为显著地影响 CPI 水平，水电气价格上涨 10% 将会带动 CPI 上升 1.25%，水电气消费是基本的生活消费，涉及居民的日常生活，属于消费中的刚性组成部分，消费价格弹性很小，因此水电气价格波动很容易传导至 CPI。此外，交通运输、卫生以及教育的价格波动对 CPI 影响并不是很大，均在 1% 以下（见表 5 – 15）。

表 5 – 15　服务价格变动对一般价格水平的影响

	农村居民消费价格指数	城市居民消费价格指数	CPI	GDP 平减指数
交通运输	0.20%	0.08%	0.07%	0.05%
房地产	3.60%	2.15%	1.99%	1.95%
水电气	1.71%	1.29%	1.25%	1.41%
信息传输	3.86%	1.92%	1.73%	1.46%
卫生	0.24%	0.07%	0.06%	0.01%
教育	0.23%	0.08%	0.06%	0.03%

5.6 本章小结

近年来我国服务业在快速发展的同时面临着许多问题，服务成本快速上升，阻碍着服务业的健康发展。本书以服务价格为研究对象，分别从短期和长期两方面对服务价格的特点进行分析，并在服务价格上涨的背景下研究了潜在的通货膨胀压力，得出了以下结论。

第一，通过对服务价格的短期黏性分析，发现我国服务价格黏性相对其他部门价格来说更大，在服务业内部，交通和通信价格调整的黏性值较高，教育事业价格的黏性值相对适中，房地产、卫生以及水电气价格调整的黏性值较小，但所有服务项目的价格黏性都高于其他行业。

第二，通过对服务价格的长期结构变动的研究，发现我国服务价格存在不合理的现象，即在现有技术水平以及竞争条件下，除了交通运输及仓储业价格比较合理外，其他服务业价格均不合理，其中价格被高估的有房地产业、水电气以及信息传输，价格被低估的为卫生和教育，这种不合理的现象还有发展的趋势。

第三，通过对消费品价格通胀率与服务价格通胀率进行两区制门槛协整分析发现，2002年前后消费品价格通胀率与服务价格通胀率之间存在不同的 Granger 因果关系。2002年以前消费品价格通胀率与服务价格通胀率之间并不存在明显的 Granger 因果关系，而在2002年之后消费品价格通胀率与服务价格通胀率之间存在双向的短期 Granger 因果关系。消费品价格通胀率是服务价格通胀率的长期 Granger 原因，但服务价格通胀率却不是消费品价格通胀率的长期 Granger 原因。

第四，服务业价格更易受到其他行业工资上调的影响，而服务业内部的工资上涨对其他行业的价格也有一定的影响，影响大小因行业部门而异。

6
中国服务消费价格上涨的福利效应

6.1　引言

随着中国经济的发展，居民的生活条件不断改善，居民的消费需求从以基本需求型为主转向以发展型和享乐型为主。这主要表现在，居民的服务消费支出逐年上升，从支出比重看，高端服务消费比重在不断增加，而生活必需品消费比重逐步下降。从 1995～2011 年中国居民服务消费支出曲线可以看出，到 2011 年，居民人均服务消费支出额已经接近 4000 元，而1995 年只有约 500 元（见图 6－1）。此外，居民的服务消费支出比重整体上是趋于上升的。

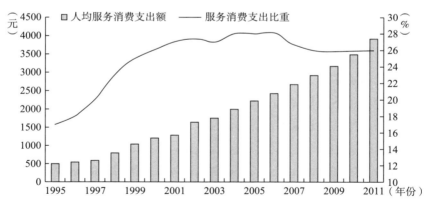

图 6－1　1995～2011 年中国居民服务消费支出变化趋势

国家统计局 2016 年披露了一组数据：2015 年第三季度，第三产业产值占 GDP 比重超过 51%。人类社会发展的早期是以第一产业为主的农业时期；随后发展到以第二产业为主的工业社会；当一国经济中的第三产业

占 GDP 的比重超过 50%，则表示该经济体已经进入服务经济时代。如图
6 - 2 所示，实线为第三产业增加值占比，可以看出 1995 ~ 2014 年第三产
业增加值占比是在不断上升的，从 33.7% 上升到 50% 左右。第一产业增加
值占比的趋势则相反，第一产业增加值占比在下降：1995 年第一产业增加
值占比为 19.7%，到 2014 年降为 9.2%，下降 10.5 个百分点。第二产业
增加值占比基本保持平稳状态，1995 ~ 2014 年，第二产业增加值占比只下
降了 3.94 个百分点。从图中的三大产业增加值看，三大产业的增加值都在
不断增加。其中，第三产业增加值 1995 年为 20573.6 亿元，到了 2014 年
第三产业增加值为 305810 亿元，增加了近 285236.4 亿元。1995 年和 2014
年第一产业增加值分别为 12020.5 亿元、55626.3 亿元，10 年间增加了
43605.8 亿元。第二产业 2014 年比 1995 年增加了 243228.3 亿元。显然，
第三产业增加值占比和增加值在不断提高，这与世界各国三次产业结构演
变的趋势相同。

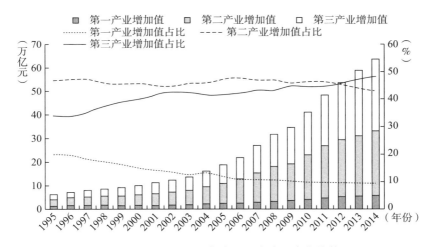

图 6 - 2　1995 ~ 2014 年中国三次产业变化趋势

从图 6 - 3 的服务消费价格指数走势可以看出，服务消费价格指数总体
是不断上升的。以 1994 年为基期，2015 年的服务消费价格指数已经达到
了 353。为了更深入地分析服务消费价格指数的变化情况，将服务消费划
分为五大类别，即交通通信服务、家庭服务、医疗服务、文教娱乐服务和
居住服务。本章结合图 6 - 4 至图 6 - 8，对城市和农村不同类别的服务消
费价格指数进行具体分析。

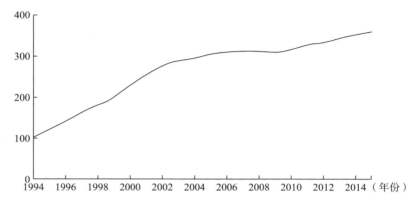

图 6 - 3　1994～2014 年中国服务消费价格指数变化趋势

从图 6 - 4 至图 6 - 8 可以看出，中国城乡居民的各分项服务消费价格
指数整体是上涨的，只有城市交通通信服务消费价格指数和全国交通通信
服务消费价格指数有所下跌。中国城乡居民家庭服务消费价格指数总体呈
现持续上涨的趋势：2002～2014 年，中国城乡居民家庭服务消费价格指数
从 97.3 上涨到 107，涨幅为 9.97%。其中，城市和农村家庭服务消费价格
指数走势和全国走势趋于一致，农村的家庭服务消费价格指数整体上高于
全国水平且高于城市的家庭服务消费价格指数。

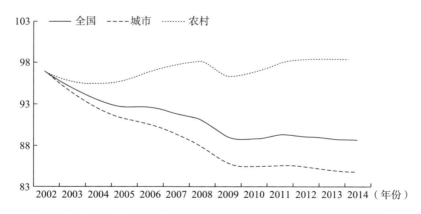

图 6 - 4　2002～2014 年中国交通通信服务消费价格指数变化趋势

2002～2014 年，城市居民医疗服务消费价格指数从 97.4 上涨到
107.79，整体上涨了 10.67%，农村居民医疗服务消费价格指数上涨幅度
更大，上涨了 25.87%。说明农村居民医疗服务消费服务价格指数高于全

国水平且高于城市，农村居民医疗服务消费价格指数波动大于城市。

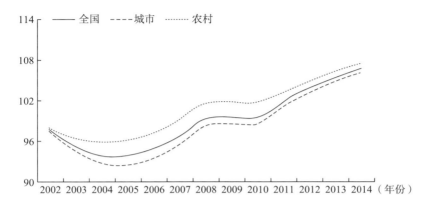

图 6 - 5 2002～2014 年中国家庭服务消费价格指数变化趋势

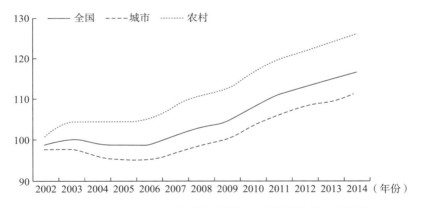

图 6 - 6 2002～2014 年中国医疗服务消费价格指数变化趋势

中国城乡居民文教娱乐服务消费价格指数整体波动幅度较其他类别大，但总体上也是呈现上涨的趋势。2002～2005 年，中国城乡的文教娱乐服务消费价格指数是上涨的，涨幅约为 5%。2006～2009 年稍微有所下降，下降幅度约为 2.8%。此后，全国的文教娱乐服务消费价格指数呈现持续上涨趋势。

居住服务消费价格指数上涨幅度最大。中国城乡居住服务消费价格指数整体上呈现直线上涨趋势。2008～2009 年稍微有所下降，但下降幅度仅约为 1.5%。2002～2008 年，农村和城市居住消费服务价格指数基本与全国价格水平保持一致。2008 年之后，农村居住服务消费价格指数已经超过城市且领先于全国水平。城市居住服务消费价格水平是低于全国的。2002～2014 年，全国居住服务消费价格指数上涨了 47.69%，城市居住服务消费价格指数上涨了 45.21%，农村居住服务消费价格指数上涨幅度最大，上涨了 53.66%。

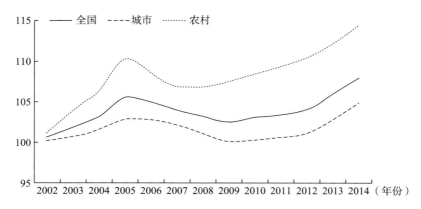

图 6 - 7　2002～2014 年中国文教娱乐服务消费价格指数变化趋势

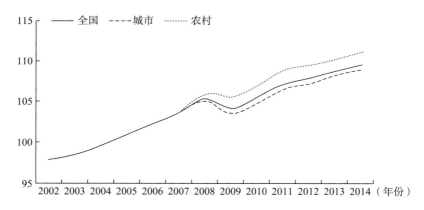

图 6 - 8　2002～2014 年中国居住服务消费价格指数变化趋势

目前研究通货膨胀福利成本的成果较为丰富，但关于服务价格上涨给居民带来的福利损失问题学术界较少涉及。本章从两个方面对其进行了研究。第一，以居民的主观幸福感为被解释变量，构建计量回归模型，从整体上研究服务价格上涨对居民幸福感的影响。第二，明确服务消费品，并对服务类消费进行细分，以 QUAIDS 模型为基础构建居民的服务消费需求模型，并结合福利效应模型分别研究各类服务消费品价格的变动给城乡居民福利带来的影响。

6.2 服务价格上涨对城乡居民幸福感的影响

经济学是使人幸福的学问。Easterlin（1974）在《经济增长可以在多大程度上提高人们的快乐》一文中介绍了居民主观幸福感与跨期收入变化间的关系。2005 年，"国民幸福指数"国际会议在加拿大召开，提出了将幸福指数作为衡量居民福利的一项指标。

主观幸福感是从整体上来衡量一个人的主观感受，包括对物质水平和精神效用水平的直接衡量。而许多服务消费物品并不是直接的客观存在物品，有些是非物质性服务消费，而这些消费给个人带来的是直接的心理效用水平的提高或者降低。因此，不仅可以用主观幸福感评价一个人对服务价格变化的整体满意程度，还可以直接用其来衡量社会福利。在主观幸福感的基础上建立计量模型研究服务价格上涨与居民福利效用水平之间的关系，得到的结论更为可靠。本节首先从居民的主观幸福感角度出发建立计量回归模型来研究服务价格上涨所带来的福利成本；其次研究服务价格上涨给不同收入群体带来的福利影响的异质性。

6.2.1 有序 Probit 回归模型

本章研究的样本数据来源于 2013 年中国综合社会调查（Chinese General Social Survey，CGSS）。由于 CGSS（2013）调查数据中主观幸福感是一个有序离散变量，因而需要建立有序 Probit 回归模型进行分析。以居民的主观幸福感为被解释变量，核心解释变量主要是服务价格上涨率。另外，可以加入宏观经济变量，如 CPI 上涨率、GDP 上涨率等。利用后续的边际替代等分析方法不仅可以分析服务价格上涨对居民主观幸福感的影响，更可以估计服务价格上涨带来的社会福利成本。模型设定如下：

$$happiness_i = \alpha_0 + \alpha_1 \pi_i + \phi X_i + \Gamma Y_i + \varepsilon_i \qquad (6.1)$$

其中，被解释变量 $happiness$ 是用来衡量居民主观幸福感的指标；而解释变量 π 表示服务价格上涨率；X 是其他影响居民主观幸福感的因素，如个人和家庭特征等；Y 是除个人和家庭特征变量外的其他情形因素矩阵；

ϕ 和 Γ 是相对应的回归系数矩阵；ε 是随机扰动项。通过有序 Probit 回归模型估计回归方程，可以获得各个变量对人们主观幸福感的边际效果。期望得到的预期结果：服务价格上涨会使居民的幸福指数明显下降，如服务价格上涨 1 个单位会使居民感觉"非常不幸福""不幸福""一般"的概率提升；同时会使人们感觉"幸福"和"非常幸福"的概率下降。

6.2.2 变量选取与数据处理

CGSS（2013）调查数据调查地区很广，既包括北京、上海、广州、深圳等大城市，也包括一些较小的单元，如村委会和居委会的样本。每个居委会或村委计划调查 25 个家庭；调查是面向家庭的，并随机向该家庭的一位成员进行询问。调查的居委会数量也比较多，在北京、上海、广州、深圳地区调查的居委会就有 80 个左右，同样是面向家庭进行调查，对家庭的一位成员进行访问。

在 CGSS（2013）调查数据中，幸福感数据来自被访问者对问题的回答。变量幸福（*happiness*）的赋值是 1~5，依次表示被访问者选择"非常不幸福""不幸福""一般""幸福""非常幸福"。本书选取的控制变量主要有：社会人口因素，包括年龄、性别、居民居住地、婚姻状况、政治面貌等；经济因素，包括就业状况、家庭收入、GDP 增长率、CPI 上涨率等；情形因素，包括一个人的健康状况、周工作小时数、自评社会地位等。通过回归结果比较不同变量相互之间的系数关系，研究不同变量之间的替代效应。另外，采取边际效应分析法，分析服务价格上涨给居民主观幸福感带来的影响。

本书对 CGSS（2013）的样本做了初步处理和筛选，剔除一些不符合条件的样本或未作答的样本等，得到具体的居民主观幸福感调查分布，如表6－1 所示。

表 6－1　居民主观幸福感调查结果分布情况

单位：个，%

	全样本		最终样本	
	样本数	比例	样本数	比例
非常不幸福	178	1.56	121	1.65
不幸福	847	7.44	551	7.50

续表

	全样本		最终样本	
	样本数	比例	样本数	比例
一般	2130	18.72	1260	17.15
幸福	6653	58.46	4394	59.79
非常幸福	1572	13.81	1023	13.92
合计	11380	100	7349	100

我们初步选取了以下变量进行研究，并对其赋值。核心变量为服务价格上涨率；被解释变量是主观幸福感（非常不幸福 = 1，不幸福 = 2，一般 = 3，幸福 = 4，非常幸福 = 5）；GDP 增长率；CPI 增长率；家庭收入取对数；居民居住地（城市 = 0，农村 = 1）；性别（男 = 1，女 = 0）；年龄；民族（汉族 = 1，其他 = 0）；政治面貌（中共党员 = 1，其他 = 0）；健康状况（很不健康 = 1，比较健康 = 2，一般 = 3，比较不健康 = 4，很健康 = 5）；就业状况（有工作 = 1，其他 = 0）；自评社会地位（1~10 从低到高）；周工作小时数；婚姻状况（已婚有配偶 = 1，其他 = 0；离婚或丧偶 = 1，其他 = 0）。具体变量的描述性统计如表 6 - 2 所示。

表 6 - 2　变量定义及描述性统计

变量	变量定义与赋值	均值	标准差	最小值	最大值
$happiness$	主观幸福感（非常不幸福 = 1，不幸福 = 2，一般 = 3，幸福 = 4，非常幸福 = 5）	3.768	0.840	1	5
$\pi^{service}$	服务价格上涨率	1.297	0.742	0.017	3.298
GDP	GDP 增长率	11.531	2.619	7.250	20.175
CPI	CPI 增长率	2.588	0.385	1.600	3.300
$lnincome$	家庭收入取对数	10.346	1.045	5.704	14.509
$rural$	居民居住地（城市 = 0，农村 = 1）	0.561	0.496	0	1
$male$	性别（男 = 1，女 = 0）	0.509	0.500	0	1
age	年龄	48.710	15.856	18	97
han	民族（汉族 = 1，其他 = 0）	0.916	0.278	0	1
$commie$	政治面貌（中共党员 = 1，其他 = 0）	0.105	0.306	0	1

续表

变量	变量定义与赋值	均值	标准差	最小值	最大值
health	健康状况（很不健康=1，比较健康=2，一般=3，比较健康=4，很健康=5）	3.701	1.112	1	5
employ	就业状况（有工作=1，其他=0）	0.648	0.478	0	1
status	自评社会地位（1~10从低到高）	4.269	1.672	1	10
hours	周工作小时数	31.305	29.283	0	169
married	已婚有配偶=1，其他=0	0.815	0.388	0	1
divorced	离婚或丧偶=1，其他=0	0.097	0.296	0	1

6.2.3 实证结果

有序 Probit 回归模型回归结果如表 6-3 所示。从模型估计系数的结果看，大部分变量达到了显著性要求。另外，通过回归系数值的大小和符号正负可以发现核心解释变量回归系数值和符号也符合理论预期。

表 6-3 服务价格上涨对居民幸福感的影响

变量	回归系数	稳健标准误	z	P > | z |
$\pi^{service}$	-0.060**	0.0191	-3.1100	0.0020
GDP	0.017**	0.0056	3.0600	0.0020
CPI	-0.098**	0.0374	-2.6300	0.0090
lnincome	0.117***	0.0157	7.4700	0
rural	-0.115***	0.0293	-3.9100	0
male	-0.080**	0.0280	-2.8900	0.0040
age	0.008***	0.0010	6.7200	0
han	-0.125*	0.0520	-2.4100	0.0160
commie	0.161***	0.0440	3.6900	0
health	0.221***	0.0140	15.5800	0
employ	-0.054	0.0460	-1.1800	0.2370
status	0.152***	0.0090	16.4000	0
hours	-0.002*	0.0010	-2.1400	0.0330
married	0.030	0.0540	0.5600	0.5730
divorced	-0.182*	0.0740	-2.4500	0.0140

注：***、** 和 * 分别表示 1%、5% 和 10% 的显著性水平。

为了更详细地研究居民的主观幸福感与服务价格之间的关系，我们将OLS 和有序 Probit 回归模型估计的结果进行比较，并研究了不同变量对居民主观幸福感边际效应的影响，结果如表 6 - 4 所示。

表 6 - 4　服务价格上涨对居民幸福感的边际效应

变量	OLS	有序 Probit	边际效应				
			非常不幸福	不幸福	一般	幸福	非常幸福
	回归系数	回归系数	1	2	3	4	5
$\pi^{service}$	- 0. 042 ** (0. 013)	- 0. 060 ** (0. 019)	0. 0021 ** (0. 0007)	0. 0067 ** (0. 0022)	0. 0089 ** (0. 0029)	- 0. 0056 ** (0. 0018)	- 0. 0122 ** (0. 0039)
GDP	0. 011 ** (0. 003)	0. 017 ** (0. 005)	- 0. 0006 ** (0. 0002)	- 0. 0019 ** (0. 0006)	- 0. 0026 ** (0. 0008)	0. 0016 ** (0. 0005)	0. 0035 ** (0. 0011)
CPI	- 0. 069 ** (0. 026)	- 0. 098 ** (0. 037)	0. 0035 ** (0. 0014)	0. 0111 ** (0. 0043)	0. 0148 ** (0. 0056)	- 0. 0092 ** (0. 0035)	- 0. 0202 ** (0. 0077)
lnincome	0. 086 *** (0. 011)	0. 117 *** (0. 015)	- 0. 0042 *** (0. 0007)	- 0. 0132 *** (0. 0018)	- 0. 0175 *** (0. 0024)	0. 0109 *** (0. 0016)	0. 0240 *** (0. 0032)
rural	- 0. 088 *** (0. 020)	- 0. 115 *** (0. 029)	0. 0041 *** (0. 0011)	0. 0130 *** (0. 0033)	0. 0172 *** (0. 0044)	- 0. 0107 *** (0. 0028)	- 0. 0235 *** (0. 0060)
male	- 0. 056 ** (0. 019)	- 0. 080 ** (0. 027)	0. 0029 ** (0. 0010)	0. 0091 ** (0. 0032)	0. 0120 ** (0. 0042)	- 0. 0075 ** (0. 0026)	- 0. 0165 ** (0. 0057)
age	0. 005 *** (0. 000)	0. 008 *** (0. 001)	- 0. 0003 *** (0. 0000)	- 0. 0009 *** (0. 0001)	- 0. 0012 *** (0. 0002)	0. 0007 *** (0. 0001)	0. 0016 *** (0. 0002)
han	- 0. 069 (0. 036)	- 0. 125 * (0. 051)	0. 0045 * (0. 0019)	0. 0141 * (0. 0059)	0. 0187 * (0. 0078)	- 0. 0117 * (0. 0048)	- 0. 0256 * (0. 0106)
commie	0. 103 *** (0. 028)	0. 161 *** (0. 043)	- 0. 0057 *** (0. 0016)	- 0. 0182 *** (0. 0050)	- 0. 0241 *** (0. 0066)	0. 0150 *** (0. 0042)	0. 0330 *** (0. 0089)
health	0. 157 *** (0. 010)	0. 221 *** (0. 014)	- 0. 0079 *** (0. 0008)	- 0. 0251 *** (0. 0018)	- 0. 0332 *** (0. 0021)	0. 0207 *** (0. 0017)	0. 0455 *** (0. 0030)
employ	- 0. 028 (0. 031)	- 0. 054 (0. 045)	0. 0019 (0. 0016)	0. 0061 (0. 0052)	0. 0081 (0. 0069)	- 0. 0051 (0. 0043)	- 0. 0111 (0. 0094)
status	0. 109 *** (0. 006)	0. 152 *** (0. 009)	- 0. 0054 *** (0. 0005)	- 0. 0172 *** (0. 0012)	- 0. 0228 *** (0. 0014)	0. 0142 *** (0. 0012)	0. 0312 *** (0. 0019)
hours	- 0. 001 * (0. 000)	- 0. 002 * (0. 000)	0. 0001 * (0. 0000)	0. 0002 * (0. 0001)	0. 0002 * (0. 0001)	- 0. 0001 * (0. 0001)	- 0. 0003 * (0. 0001)

续表

| 变量 | OLS | 有序 Probit | 边际效应 | | | | |
| | | | 非常不幸福 | 不幸福 | 一般 | 幸福 | 非常幸福 |
	回归系数	回归系数	1	2	3	4	5
married	0.036 (0.038)	0.030 (0.053)	−0.0011 (0.0019)	−0.0034 (0.0061)	−0.0045 (0.0080)	0.0028 (0.0050)	0.0062 (0.0110)
divorced	−0.142 ** (0.055)	−0.182 * (0.074)	0.0065 * (0.0027)	0.0206 * (0.0084)	0.0273 * (0.0111)	−0.0170 * (0.0070)	−0.0374 * (0.0152)

注：*** 、** 和 * 分别表示 1% 、5% 和 10% 的显著性水平；括号内的数值是稳健性标准差；表格省略了常数项的估计结果。

从 OLS 回归估计得到的结果可知，服务价格每上涨 1% 会使民众的幸福感下降 0.042，由于最终样本居民的平均幸福感为 3.768，所以服务价格每上涨 1% 会使居民整体幸福感下降 1.115%（0.042/3.768）。观察 GDP 增长率回归系数可知，GDP 增长率每提高 1 个百分点会使居民的幸福感提升 0.011，使居民整体幸福感提高了 0.292%（0.011/3.768）。通过对结果进行对比可以发现服务价格上涨率和 GDP 增长率之间的边际替代率是 −0.262，即价格上涨 1% 导致的居民幸福感下降，需要 GDP 增长 3.81% 才能弥补。从边际效应可知，服务价格上涨明显导致了居民幸福感的下降。服务价格上涨 1%，将使居民感觉"非常不幸福""不幸福""一般"的概率分别提升 0.21% 、0.67% 和 0.89%，而感觉"幸福"和"非常幸福"的概率则分别下降 0.56% 和 1.22%。GDP 增长率上涨显著提升了居民的幸福感，GDP 增长率每提高 1 个百分点，会使"非常不幸福""不幸福""一般"的概率分别降低 0.06% 、0.19% 、0.26%，相反"幸福"和"非常幸福"的概率会分别上涨 0.16% 和 0.35%，原因可能是经济增长使人们的收入上涨了，居民可以进行更多的消费，提升了其乐观预期，进而提升了幸福感。

CPI 增长率每提高 1 个百分点，居民的幸福感会下降 1.831%（0.069/3.768）。其中，居民感觉"非常不幸福""不幸福""一般"的概率分别提高 0.35% 、1.11% 、1.48%，而感觉"幸福"和"非常幸福"的概率则分别下降 0.92% 和 2.02%。说明物价水平的上涨或者通胀率的上升会明显降低居民的主观幸福感。通货膨胀、供求关系失衡、物价上涨、货币贬值、居民的实际收入下降都会使居民的幸福感下降。

家庭收入的提高会明显提高居民的幸福感。家庭收入每增加1%时，居民的幸福感就会对应增加2.282%（0.086/3.768）。具体表现为人们感觉到"非常不幸福"、"不幸福"和"一般"的概率会分别下降0.42%、1.32%和1.75%；而家庭收入的增加会使人们感到"幸福"和"非常幸福"的概率分别提升1.09%和2.4%。

从有序Probit回归模型估计和OLS回归的结果看，各个变量系数的回归结果及显著性水平与OLS回归结果高度一致。从结果可知，服务价格增长率和CPI增长率每提高1个百分点，会使居民整体幸福感分别下降1.115%和1.831%；GDP增长率每提高1个百分点，会使居民整体幸福感上升0.292%。说明CPI上涨率和服务价格上涨率对人们主观幸福感的影响是一致的。CPI增长率的OLS回归系数和服务价格的OLS回归系数分别为-0.069和-0.042。说明通胀对人们的幸福感影响较大，主要原因是物价水平是衡量消费品价格和服务价格随时间改变的指数，可以从整体上反映一个地区总体的物价水平。因此，CPI的变动对人们的消费行为、生活水平的影响更为直接且明显。而服务价格指数的测量偏向服务型的消费支出，包括人们生活中的一些非必需品和奢侈品的支出等。所以服务价格的变动相对CPI价格指数变动对人们的幸福感冲击小些。

从GDP增长率的OLS回归和有序Probit回归的结果来看，两个回归的系数值分别为0.011和0.017，其对居民幸福感影响程度比服务价格上涨低。而GDP增长率每提高1个百分点，会使人们整体幸福感上升0.292%。说明服务价格的上涨导致幸福感下降需要更多的GDP增长才能够弥补。GDP是经济社会或者某个地区在某个时间内全部最终产品和服务的市场价值，该指标从宏观层面测度一个国家或地区的经济状况；而主观幸福感测度的是居民的客观物质生活水平，更加侧重居民的主观感受。此外，居民的服务型消费支出包括相关商品的支出和一些服务型收费支出，占总消费支出的比重越来越大，而一些服务型消费是居民直接接触到的，对其主观感受影响大。因此服务价格的上涨带来的主观幸福感下降需一定的GDP增长才能够弥补。

家庭收入每提高1%，居民的幸福感对应会提升2.282%（0.086/3.768）。可见，相比GDP增长带来居民主观幸福感的提升，家庭收入的改变对居民主观幸福感的影响更为直接。主要原因是收入增多了可以直接改善居民的生活条件,能够给居民带来更大的幸福感。

城市居民一般比农村居民有更高的幸福感,可能原因是城市居民享有更高的生活质量,居住条件及生活环境也比农村居民更优越。被访问个人和家庭特征变量的回归结果显示,男性的主观幸福感比女性低,可能是因为男性承担了更多的家庭责任和社会义务,其主观幸福感比女性低。

政治面貌也会对幸福感产生影响,党员的身份使人们感到"非常不幸福""不幸福""一般"的概率下降,并且提高了"幸福"和"非常幸福"的概率。主要原因是党员身份能为居民带来更多的机遇,并且享有党员的一些政治权益和荣誉感。健康状况对人们的幸福感影响也比较明显,良好的身体状况会给居民带来更高的幸福感。自评社会地位的高低会对个人的主观幸福感产生影响,自我感觉在社会中地位较高的个人的主观幸福感更强。从人们的婚姻状况看,已婚居民的幸福感比未婚居民高。

从变量的分类看,GDP 增长率、CPI 增长率和家庭收入等控制变量,主要影响的是居民的消费效用水平。而其他控制变量,如政治面貌、健康状况和自评社会地位等,主要影响的是居民的内在精神感受。从各变量的回归系数看,如健康状况回归系数为 0.157、自评社会地位回归系数为 0.109,政治面貌回归系数为 0.103。说明对于一个人的主观幸福感而言,除物质条件外的因素会使个人的幸福感明显改变。总体来看,主观幸福感基于测度服务价格变化对居民福利的影响能够得出较合理的结论。

6.2.4 异质性分析

前文相关的模型估计是把全部的调查样本放在模型中进行估计的,得到的结果是服务价格上涨对全部居民主观幸福感影响的平均结果,并且做了 OLS 的比较回归,在一定程度上得出了稳健性的结论。前文是从整体上研究服务价格上涨对人们主观幸福感的冲击,未对样本进行分类研究。

那么,服务价格上涨对不同的群体会有怎样的影响,哪一类群体更容易因服务价格上涨而有福利损失呢?我们对样本进行了划分,首先选取城市和农村居民样本进行比较研究;其次选取不同收入的居民样本进行比较研究。具体结果如表 6-5 所示。

表 6 - 5　服务价格上涨对居民主观幸福感影响的群体差异

	地区		收入		
	城市	农村	低收入组	中等收入组	高收入组
服务价格上涨率	-0.075^{**} (0.001)	-0.048^{**} (0.004)	-0.127^{**} (0.001)	-0.059^{***} (0.000)	-0.013 (0.618)
观测样本	3226	4123	1469	4410	1470
平均幸福感	3.748	3.785	3.514	3.790	3.956
标准差	0.023	0.016	0.036	0.015	0.026

注：***、** 和 * 分别表示 1%、5% 和 10% 的显著性水平；括号内的数值是 P 值。

由表 6 - 5 可知，无论是城市样本还是农村样本，服务价格上涨都显著降低了居民的主观幸福感，并且在 5% 的显著性水平上显著。其中对城市样本影响的系数绝对值为 0.075，大于农村居民的 0.048，表明服务价格上涨给城市居民带来的幸福感损失更大。从平均幸福感角度看，服务价格上涨在整体上会使城市和农村居民幸福感分别下降 2.001%（0.075/3.748）和 1.268%（0.048/3.785）。

在分析不同收入群体和主观幸福感的影响时应先对收入进行分层。首先对人们的收入水平设置以下几个标准，低收入组（20%）、中等收入组（60%）和高收入组（20%）。从结果可知，整体上服务价格上涨对不同收入群体的影响均为负，表明服务价格上涨降低了不同收入组居民的主观幸福感。其中，低收入组和中等收入组分别在 5% 和 1% 的显著性水平上为负；而高收入组结果虽然为负，但并未达到显著性水平，这表明服务价格上涨对不同收入组主观幸福感的影响存在差异。这主要与不同收入组居民的消费支出结构与各类服务消费支出占比不同有关。观察低收入组到高收入组的影响系数可以发现，服务价格上涨对人们主观幸福感的影响是递减的，也就是说服务价格上涨给低收入群体带来的影响更大一些。中高收入组居民抵御服务价格上涨带来的福利损失的能力更强一些。

6.3　服务价格上涨对城乡居民福利的影响

本节应用二次近似完美需求系统（QUAIDS）模型和 Minot 福利效应模型研究服务价格上涨对中国城乡居民福利的影响。利用 QUAIDS 模型的估计回归系数可以计算各类服务消费品的价格弹性和支出弹性，在分析福利效应问题时，将通过 QUAIDS 模型估计得到的弹性值代入 Minot 福利效应模型，可以得到各类服务价格上涨对中国城乡居民的福利效应值。

6.3.1 QUAIDS 模型简介

QUAIDS 模型是在 AIDS 模型的基础上发展而来的，比 AIDS 模型有更大的优点。QUAIDS 模型不仅可以加入人口特征变量，如可以区分城市和农村居民、家庭人口数量等，而且该模型并未规定人们的消费支出和总支出之间一定是线性关系。因此，采用 QUAIDS 模型会比较灵活，可以更好地划分奢侈品和必需品，也能更好地模拟居民的消费支出行为。效用函数是每种需求模型的基础，不同的需求模型会有不同的效用函数。QUAIDS 模型的间接效用函数为：

$$\ln V(p,m) = \left\{ \left[\frac{\ln m - \ln a(p)}{b(p)} \right]^{-1} + \lambda(p) \right\}^{-1} \qquad (6.2)$$

$\ln a(p)$ 为超对数函数：

$$\ln a(p) = \alpha_0 + \sum_{i=1}^{k} \alpha_i \ln p_i + \frac{1}{2} \sum_{i=1}^{k} \sum_{j=1}^{k} \gamma_{ij} \ln p_i \ln p_j \qquad (6.3)$$

p_i 为商品 i 的价格（$i = 1, \cdots, k$）；$b(p)$ 是 C-D 型的价格集合形式：

$$b(p) = \prod_{i=1}^{k} p_i^{\beta_i} \qquad (6.4)$$

$\lambda(p) = \sum_{i=1}^{k} p_i^{\beta_i}$。本书在模型中设定了以下 3 种限制条件，分别是加总性、齐次性和对称性，目的是使消费者能够达到最高的效用水平。

加总性：$\sum_{i=1}^{k} \alpha_i = 1$，$\sum_{i=1}^{k} \beta_i = 0$，$\sum_{i=1}^{k} \lambda_i = 0$，$\sum_{i=1}^{k} \gamma_{ij} = 0$；

齐次性：$\sum_{i=1}^{k} \gamma_{ij} = 0$；

对称性：$\gamma_{ij} = \gamma_{ji}$。

定义 q_i 为人们对商品 i 的支出数额，然后设定物品 i 的支出份额为 $w_i = p_i q_i / m$，进一步得到商品 i 的支出份额方程为：

$$w_i = \alpha_i + \sum_{j=1}^{k} \gamma_{ij} \ln p_j + \beta_i \ln\left[\frac{m}{a(p)}\right] + \frac{\lambda_i}{b(p)}\left\{\ln\left[\frac{m}{a(p)}\right]\right\}^2 \qquad (6.5)$$

QUAIDS 模型根据研究的需要，可以加入人口统计特征，如样本来自城市还是农村、样本的家庭人口数量和居住地等。Ray 使用的一个家庭支出方程如下：

$$e(p,z,u) = m_0(p,z,u) \times e^R(p,u) \qquad (6.6)$$

m_0（p，z，u）是尺度函数，用来衡量支出方程的家庭特征。Ray 将尺度函数分解为：

$$m_0(p,z,u) = \overline{m}_0(z) \times \varphi(p,z,u) \qquad (6.7)$$

$$\overline{m}_0(z) = 1 + p'z \qquad (6.8)$$

$$\varphi(p,z,u) = \frac{\prod_{j=1}^{k} p_j^{\beta_j}(\prod_{j=1}^{k} p_j^{\eta'_j z} - 1)}{\frac{1}{u} - \sum_{j=1}^{k} \lambda_j \ln p_j} \qquad (6.9)$$

根据以上模型加入的人口统计特征，QUAIDS 模型可以变为如下形式：

$$w_i = \alpha_i + \sum_{j=1}^{k} \gamma_{ij} \ln p_j + (\beta_i + \eta'_i z) \ln\left\{\frac{m}{\overline{m}_0(z) a(p)}\right\} +$$
$$\frac{\lambda_i}{b(p) c(p,z)}\left\{\ln\left[\frac{m}{\overline{m}_0(z) a(p)}\right]\right\}^2 \qquad (6.10)$$

其中，$c(p,z) = \prod_{j=1}^{k} p_j^{\eta'_j z}$。

QUAIDS 模型可以通过迭代广义非线性最小二乘法估计参数进行估计，把参数估计结果代入弹性计算公式可以进一步计算各个弹性值，并分别求出支出弹性、马歇尔（Marshall）价格弹性和希克斯（Hicks）价格弹性。

$$u_i = 1 + \frac{1}{w_i}\left\{\beta_i + \eta'_i z + \frac{2\lambda_i}{b(p) c(p,z)}\ln\left[\frac{m}{\overline{m}_0(z) a(p)}\right]\right\} \qquad (6.11)$$

$$\varepsilon_{ij} = -\delta_{ij} + \frac{1}{w_i}\left(\gamma_{ij} - \left\{\beta_i + \eta'_i z + \frac{2\lambda_i}{b(p) c(p,z)}\ln\left[\frac{m}{\overline{m}(z) a(p)}\right]\right\} \times\right.$$
$$\left.(\alpha_j + \sum_l \gamma_{jl} \ln p_l) - \frac{(\beta_j + \eta'_j z)\lambda_i}{b(p) c(p,z)}\left\{\ln\left[\frac{m}{\overline{m}(z) a(p)}\right]\right\}^2\right) \qquad (6.12)$$

$$\varepsilon_{ij}^{H} = \varepsilon_{ij} + u_i w_j \tag{6.13}$$

居民福利变动研究可以反映服务价格的波动给居民带来的冲击。因此需选择适当的福利变动测量方法。根据 Minot 等（2000）提出的福利效应模型，首先建立一个补偿变动方程：

$$CV = e(p_1, u_0) - e(p_0, u_0) \tag{6.14}$$

其中，CV 为补偿量；p_0、p_1 分别为医疗价格变化前后的价格；u_0 为价格变化前后的效用水平；$e(*)$ 是支出方程。

将补偿变动方程进行二阶泰勒展开，可以得到一个近似的 CV 补偿量：

$$CV \approx \frac{1}{1!} \sum_{i=1}^{n} \frac{\partial e(p_0, u_0)}{\partial p_i}(p_{1i} - p_{0i}) + \frac{1}{2!} \sum_{i=1}^{n} \sum_{j=1}^{n}$$
$$\frac{\partial^2 e(p_0, u_0)}{\partial p_i \partial p_j}(p_{1i} - p_{0i})(p_{1j} - p_{0j}) \tag{6.15}$$

通过 Shephard 定理，对补偿量 CV 做如下变化：

$$CV \approx \sum_{i=1}^{n} h_i(p_0, u_0)\Delta p_i + \frac{1}{2} \sum_{i=1}^{n} \sum_{j=1}^{n} \frac{\partial h_i(p_0, u_0)}{\partial p_i}\Delta p_i \Delta p_j \tag{6.16}$$

其中，$h_i(p_0, u_0)$ 表示的是商品 i 在价格 p_0 时的希克斯弹性。根据 QUAIDS 模型计算得到的马歇尔弹性和希克斯弹性对公式做如下变化：

$$CV \approx q_i(p_0, x_0)\Delta p_i + 0.5\varepsilon_i^H \frac{q_i(p_0, x_0)}{p_{0i}}(\Delta p_i)^2 \tag{6.17}$$

其中，q_i 为马歇尔需求量；Δp_i 为价格波动量；x_0 为初期的收入水平。将式（6.17）做如下变化：两边同时除以初期的总消费支出水平，并将右边的两项同乘初期的价格 p_{0i}，得到：

$$\frac{CV}{x_0} \approx \frac{p_{0i}q_i(p_0, x_0)}{x_0} \cdot \frac{\Delta p_i}{p_{0i}} + \frac{1}{2}\varepsilon_i^H \frac{p_{0i}q_i(p_0, x_0)}{x_0}\left(\frac{\Delta p_i}{p_{0i}}\right)^2 \tag{6.18}$$

其中，$p_{0i}q_i(p_0, x_0)/x_0$ 代表的是 i 商品的支出额度和总消费额（总收入）之间的比。我们采用 CR 变量替代，可得到福利效应：

$$\frac{CV}{x_0} \approx CR_i \frac{\Delta p_i}{p_{0i}} + \frac{1}{2}\varepsilon_i^H CR_i \left(\frac{\Delta p_i}{p_{0i}}\right)^2 \tag{6.19}$$

式（6.19）为福利效应的长期影响，当 $\varepsilon_i^H = 0$ 时，则变为福利的短期影响。由式（6.19）可知，想得到 CV 补偿量的值，首先要得到 ε_i^H 值，即希克斯弹性值，而 QUAIDS 模型进行相对比较简单的计算就可得到该弹性值。

6.3.2 变量选取与数据处理

本节主要考察城市和农村居民的服务消费行为和各类服务价格变化对居民福利的影响。本节收集了 2002～2012 年 31 个省份的中国城乡居民消费支出额、比重和各类消费子项的价格数据，数据来源于国家统计局。另外，由于国家统计局公布的调查统计数据中并没有城市居民各类服务支出的数据，所以我们又通过相关年份的《中国价格及城市居民家庭收支调查统计年鉴》收集了所缺的城市相关数据。主要选取的数据项包括家庭服务、医疗服务、交通通信服务、文教娱乐服务和居住服务这五大类服务性消费支出。为了保持居民消费结构的完整性，我们又引入了食品和衣着等非服务性消费支出数据。其中，食品支出包括粮食、肉类、蔬菜和水产品等；衣着支出包括服装、衣着材料和鞋袜帽等；家庭服务支出包括一些家庭性的服务支出，如家庭设备维修支出、家政服务支出等；医疗服务支出包括看病就医方面的消费、医疗保健开销等；交通通信服务支出包括花在交通上面的费用、私家车使用及维修服务、通信费和通信服务等支出；文教娱乐服务支出包括子女的教育性开支（如书本费、补课费）、旅游支出和文娱费等；居住服务支出包括房租、房屋翻修维修支出、物业费、水电燃料等支出。后续主要侧重研究五大类服务性消费支出。

主要变量描述性统计如表 6 - 6 所示。其中，变量 $w_1 \sim w_2$ 表示的是食品和衣着的消费量分别占全部消费量的比重；而变量 $w_3 \sim w_7$ 是五大类服务性消费量分别占全部消费量的比重。从表 6 - 6 可以直观地看出，城市居民人均年支出数额比农村居民多。只有居住类支出份额农村居民是多于城市居民的，其余各类消费支出均少于城市居民。而农村居民食品支出比重达到了 45.2%，高于农村居民其他类消费支出，并且高于城市居民食品消费支出份额。说明农村居民消费结构还是偏向食品消费，服务性消费支出低于城市居民。

表 6 - 6　主要变量的描述性统计

	城市 （53%）		农村 （47%）		全国	
	均值	标准差	均值	标准差	均值	标准差
人均年支出（元）	9663.762	3937.936	3225.993	1593.232	6666.870	4448.003
w_1	0.388	0.041	0.452	0.068	0.418	0.063
w_2	0.113	0.025	0.064	0.019	0.090	0.033
w_3	0.064	0.010	0.048	0.010	0.056	0.013
w_4	0.074	0.016	0.071	0.021	0.073	0.019
w_5	0.127	0.026	0.096	0.021	0.113	0.028
w_6	0.130	0.024	0.095	0.030	0.114	0.032
w_7	0.104	0.015	0.173	0.037	0.136	0.044

6.3.3　实证分析结果

利用非线性近似不相关法对 QUAIDS 模型参数进行估计，并且在模型中加入了城市和农村的人口统计特征变量，回归结果如表 6 - 7 所示。从表中回归系数的显著性看，相关参数总体上已达到了显著性要求，说明回归结果是理想的。

表 6 - 7　QUAIDS 模型参数的估计结果

参数	系数	参数	系数	参数	系数
α_1	1.625 ** (2.83)	α_7	- 1.007 (- 1.81)	β_6	0.502 *** (5.72)
α_2	- 4.673 *** (- 13)	β_1	0.606 *** (5.96)	β_7	- 0.339 *** (- 3.35)
α_3	- 0.940 *** (- 4.09)	β_2	- 0.701 *** (- 10.59)	λ_1	0.051 *** (8.54)
α_4	- 2.122 *** (- 7.22)	β_3	- 0.193 *** (- 4.68)	λ_2	- 0.020 *** (- 5.98)
α_5	4.589 *** (13.66)	β_4	- 0.437 *** (- 8.4)	λ_3	- 0.009 *** (- 4.73)
α_6	3.527 *** (7.29)	β_5	0.562 *** (9.67)	λ_4	- 0.0216 *** (- 8.12)

参数	系数	参数	系数	参数	系数
λ_5	0.009 ** (3.28)	γ_{51}	0.995 ** (2.64)	γ_{73}	0.129 (1)
λ_6	0.015 *** (3.57)	γ_{52}	− 2.448 *** (− 8.25)	γ_{74}	0.846 *** (3.58)
λ_7	− 0.024 *** (− 4.8)	γ_{53}	− 0.518 *** (− 3.34)	γ_{75}	− 0.603 (− 1.81)
γ_{11}	2.420 *** (4.02)	γ_{54}	− 1.185 *** (− 5.53)	γ_{76}	− .936 ** (− 2.81)
γ_{21}	− 1.328 ** (− 2.94)	γ_{55}	2.05 *** (5.81)	γ_{77}	1.026 ** (3.12)
γ_{22}	2.781 *** (5.84)	γ_{61}	0.941 ** (2.83)	η_{rural_1}	0.026 *** (5.27)
γ_{31}	− 0.359 * (− 2.18)	γ_{62}	− 1.901 *** (− 5.02)	η_{rural_2}	0.032 *** (6.08)
γ_{32}	0.640 *** (3.98)	γ_{63}	− 0.461 ** (− 3.11)	η_{rural_3}	0.003 ** (2.7)
γ_{33}	0.195 * (2.13)	γ_{64}	− 1.134 *** (− 4.89)	η_{rural_4}	0.002 (1.06)
γ_{41}	− 1.316 *** (− 4.33)	γ_{65}	1.707 *** (6.65)	η_{rural_5}	− 0.032 *** (− 5.45)
γ_{42}	1.365 *** (5.83)	γ_{66}	1.784 *** (3.96)	η_{rural_6}	− 0.015 *** (− 4.43)
γ_{43}	0.374 *** (4.0)	γ_{71}	− 1.354 *** (− 3.41)	η_{rural_7}	− 0.017 *** (− 5.47)
γ_{44}	1.051 *** (4.88)	γ_{72}	0.891 * (2.55)	ρ_{rural}	1.166 *** (3.42)

注：***、** 和 * 分别表示在 1%、5% 和 10% 的水平上显著；括号内值为 z 值。

因为在 QUAIDS 模型中加入了区分样本来自农村还是城市的人口特征变量，所以要对这个特征变量进行 Wald 检验。由检验得到的结果看，P 值比 0.01 小，说明加入人口特征变量是合理的，即拒绝原假设：加入城市和农村人口特征变量对消费支出影响不显著，说明加入城市和农村人口家庭特征变量比不加入解释力更好。利用估计结果和弹性计算公式可分别计算城市和农村居民各类服务性消费支出的马歇尔价格弹性和希克斯价格弹性，结果如表 6 – 8 所示。马歇尔价格弹性也称为非补偿价格弹性，希克斯价格弹性也称为补偿价格弹性。两类弹性在一定程度上都可以反映中国城乡居民对各类服务消费需求的偏好和消费行为的不同表现。由表 6 – 8 可知，中国城乡居民的马歇尔价格弹性和希克斯价格弹性都为负值，说明当各类消费品价格上涨时，居民会不同程度地减少各类商品或服务性消费。从马歇尔价格弹性可知家庭服务和交通通信服务的价格弹性绝对值大于 1，表明当价格上涨时，城乡居民会最大限度地减少对家庭服务和交通通信服务的消费支出。医疗、文教娱乐和居住等是缺乏弹性的，即该商品或服务消费需求的变化对其自身的价格变化不敏感。

通过分别比较城乡居民各类消费的希克斯价格弹性，发现整体上城市居民的希克斯价格弹性是小于农村的，这说明价格的变化对农村居民消费支出的冲击更大。如城市居民食品、家庭服务、医疗服务和居住服务消费支出的希克斯价格弹性分别为 – 0.499、 – 1.001、 – 0.537 和 – 0.099；农村居民相应的希克斯价格弹性分别为 – 0.601、 – 1.041、 – 0.603 和 – 0.487。希克斯价格弹性在一定程度上可以表示家庭抵御消费品价格上涨能力的大小，所以总体上看，农村居民抵御消费品价格上涨的能力较弱。

从各类消费支出的马歇尔价格弹性与希克斯价格弹性的对比可知，城乡居民希克斯价格弹性的绝对值小于马歇尔价格弹性的绝对值。这是由于当所消费的消费品（服务）价格上涨时，居民会转向较为便宜的消费品（服务），这就减少了对较为昂贵的消费品（服务）的消费支出，即各类消费品之间存在替代和互补的关系，导致马歇尔价格弹性与希克斯价格弹性之间存在差异。

表 6 – 8　马歇尔价格弹性与希克斯价格弹性

		食品	衣着	家庭服务	医疗服务	交通通信服务	文教娱乐服务	居住服务
马歇尔价格弹性	城市	– 0.857	– 0.997	– 1.063	– 0.601	– 1.175	– 0.396	– 0.196
	农村	– 0.967	– 0.943	– 1.093	– 0.689	– 1.134	– 0.130	– 0.687
希克斯价格弹性	城市	– 0.499	– 0.929	– 1.001	– 0.537	– 0.987	– 0.231	– 0.099
	农村	– 0.601	– 0.901	– 1.041	– 0.603	– 0.997	– 0.015	– 0.487

通过对 2002～2012 年中国城乡居民消费支出的计算，可以得到每年人均各类消费支出占总支出的比重（CR 值），然后将 CR 值及各类服务性消

费支出额数据代入福利效应模型进行福利分析，可分别测算出城市和农村的短期福利与长期福利。下文利用 Minot 福利效应模型对五类服务消费价格上涨的福利效应做更为详细的分析。

CR 代表的是花在某种商品上的支出额度占总消费支出的比重。图 6-9 表示的是城乡居民家庭服务支出额和支出比重。根据图 6-9 可以发现，城市和农村居民家庭服务支出额呈倒 U 形，2002～2004 年是逐渐下降的，随后又逐渐增加。城市居民家庭服务支出比重是高于农村居民的，且两者的支出比重变化走势是一致的。家庭服务支出额方面，城市和农村居民支出额都在不断增加，而城市居民的支出额明显高于农村居民。原因主要在于随着社会的进步，居民生活条件不断改善，相对来讲，城市居民拥有更好的家庭服务条件和较高的生活水平。

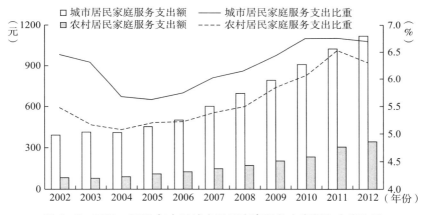

图 6-9　2002～2012 年中国城乡居民家庭服务支出额和支出比重

2002～2012 年，城市居民家庭服务支出额人均为 661.75 元；农村居民人均为 172.55 元，城市居民约是农村居民的 3.8 倍。我们进一步对 CR 值做平均处理，发现 2002～2012 年，城市居民家庭服务支出比重为 6.23%，农村居民家庭服务支出比重为 5.61%，两者相差 0.62 个百分点。

进一步分析城乡居民家庭服务的福利效应，计算结果如表 6-9 所示。家庭服务价格上涨，则福利效应为负；家庭服务价格下降，则福利效应为正。2002～2005 年，城市居民的家庭服务价格是下降的，所以城市居民家庭服务福利效应为正。2002～2004 年，农村居民家庭服务价格是下降的，所以农村居民家庭服务福利效应为正。2006～2012 年，家庭服务价格大体是上涨的，导致城市居民与农村居民福利效应同步下降。

分别计算城市和农村居民的福利效应可以发现，2002～2012 年，城市的服务价格上涨了 3.117%（以 2001 年为基期）。城市居民在家庭服务上的短期福利损失为 389.372 元，短期福利增益为 202.775 元。长期福利增益为 205.286 元，长期福利损失为 572.897 元。所以，当家庭服务价格上涨 1% 时，城市居民短期福利损失为 124.919 元，长期福利损失为 121.866 元。

2002～2012 年，农村的家庭服务价格上涨了 4.689%（以 2001 年为基期），家庭服务价格上涨导致农村居民的短期福利损失为 93.745 元，即 0.289%；长期福利损失为 92.573 元，即 0.282%。其中，短期福利增益为 18.123 元，短期福利损失为 111.868 元；长期福利增益为 18.301 元，长期福利损失为 110.874 元。也就是说，家庭服务价格每上涨 1%，农村居民的短期和长期福利损失分别为 19.993 元和 19.743 元。2002～2012 年，城市居民的福利损失比农村居民高，是农村居民福利损失的 4.2 倍，但福利损失比重农村居民是城市居民的 1.3 倍。

表 6－9　2002～2012 年家庭服务价格波动对城乡居民的福利影响

年份	价格	CR（%）	城市居民人均长期、短期福利			
			短期福利（%）	短期福利（元）	长期福利（%）	长期福利（元）
2002	97.30	6.446	0.174	67.650	0.176	68.564
2003	94.38	6.302	0.189	77.571	0.192	78.736
2004	92.59	5.672	0.108	43.905	0.109	44.322
2005	92.31	5.621	0.017	7.529	0.017	7.541
2006	93.51	5.732	− 0.075	− 37.146	− 0.074	− 36.905
2007	95.29	6.020	− 0.114	− 68.834	− 0.113	− 68.179
2008	98.15	6.153	− 0.185	− 127.699	− 0.182	− 125.782
2009	98.44	6.416	− 0.019	− 15.146	− 0.019	− 15.124
2010	98.34	6.740	0.007	6.120	0.007	6.123
2011	100.99	6.749	− 0.182	− 186.451	− 0.180	− 183.931
2012	103.12	6.693	− 0.141	− 156.871	− 0.139	− 155.222

	农村居民人均长期、短期福利					
年份	价格	CR（%）	短期福利（%）	短期福利（元）	长期福利（%）	长期福利（元）
2002	97.80	5.465	0.120	9.642	0.122	9.753
2003	96.14	5.157	0.088	7.127	0.088	7.191
2004	95.85	5.073	0.015	1.354	0.015	1.357
2005	96.14	5.195	−0.016	−1.728	−0.016	−1.726
2006	97.10	5.220	−0.052	−6.582	−0.052	−6.548
2007	99.14	5.374	−0.113	−16.781	−0.112	−16.598
2008	101.52	5.495	−0.132	−22.894	−0.130	−22.608
2009	101.52	5.835	0	0	0	0
2010	101.68	6.053	−0.006	−1.414	−0.006	−1.413
2011	103.14	6.520	−0.098	−30.181	−0.097	−29.945
2012	104.69	6.305	−0.095	−32.288	−0.094	−32.036

　　下文对医疗服务的情况进行分析。首先通过 CR 值进行分析，CR 值表示的是医疗服务支出额占总消费额的比重。前文的研究发现城市居民医疗支出比重逐渐下降，但整体下降的幅度不大；农村居民则更偏向医疗服务消费，从 CR 值可以看出支出比重在上升。2002～2012 年，城市居民的医疗消费比重下降了 0.754 个百分点，小于 1 个百分点；而农村居民的医疗消费比重上升了 2.409 个百分点，明显大于城市居民的医疗消费比重。在医疗支出额上，不论是城市居民还是农村居民，都是逐年增加的。

　　存在此现象的主要原因有：第一，中国城市居民的消费结构比较稳定，且多元化，居民的可选择性更大；第二，农村居民的消费结构较为单一，随着总收入的增加，农村居民在满足基本的温饱后，会更加注重自身的医疗健康水平。

　　下文对医疗价格的波动与福利效应做具体的分析。从表 6 - 10 可以看出，2002～2006 年，城市居民的福利效应为正值，这与这段时间城市医疗价格下降相对应，表明医疗价格下降对城市居民的福利有促进作用。2007～2012 年，城市居民的短期和长期福利效应为负，这与该期间城市医疗价格上涨相对应，表明医疗价格的上涨对城市居民的福利具有损害作用。对农

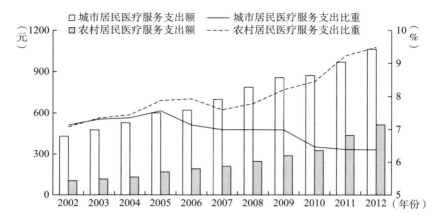

图 6 – 10　2002～2012 年中国城乡居民人均家庭服务支出额和支出比重

村居民医疗价格进行观察可以发现农村的医疗价格是不断上涨的，因此农村居民的福利值保持为负数，表明医疗价格上涨会降低农村居民的福利效应。

表 6 – 10　2002～2012 年医疗服务价格波动对城乡居民福利的影响

年份	城市居民人均长期、短期福利					
	价格（元）	CR（%）	短期福利（%）	短期福利（元）	长期福利（%）	长期福利（元）
2002	97.40	7.133	0.185	79.765	0.187	80.322
2003	97.21	7.311	0.015	6.960	0.015	6.964
2004	95.65	7.354	0.118	62.150	0.118	62.417
2005	94.89	7.565	0.061	36.366	0.061	36.445
2006	94.89	7.135	0	0	0	0
2007	96.49	6.993	– 0.119	– 83.110	– 0.118	– 82.730
2008	98.52	6.993	– 0.147	– 115.456	– 0.146	– 114.805
2009	99.81	6.983	– 0.091	– 77.743	– 0.090	– 77.472
2010	102.99	6.471	– 0.207	– 180.525	– 0.205	– 178.974
2011	105.97	6.391	– 0.185	– 179.593	– 0.184	– 178.195
2012	107.79	6.379	– 0.108	– 115.351	– 0.108	– 114.824

农村居民人均长、短期福利						
年份	价格（元）	CR（%）	短期福利（%）	短期福利（元）	长期福利（%）	长期福利（元）
2002	100.50	7.080	−0.035	−3.678	−0.035	−3.673
2003	104.02	7.345	−0.257	−29.769	−0.254	−29.455
2004	104.12	7.444	−0.007	−0.972	−0.007	−0.972
2005	104.23	7.875	−0.008	−1.324	−0.008	−1.323
2006	104.85	7.928	−0.048	−9.109	−0.047	−9.093
2007	107.89	7.596	−0.220	−46.304	−0.218	−45.899
2008	110.59	7.786	−0.195	−47.884	−0.193	−47.523
2009	112.25	8.203	−0.123	−35.375	−0.122	−35.215
2010	116.06	8.447	−0.287	−93.627	−0.284	−92.667
2011	119.43	9.228	−0.268	−116.893	−0.265	−115.871
2012	121.58	9.489	−0.171	−87.758	−0.170	−87.282

对福利值进行具体分析可以发现如下现象。2002～2012年，城市医疗价格上涨了7.788%（以2001年为基期），整体上城市居民短期的福利损失为566.537元，即0.478%；长期福利损失为560.852元，即0.47%。其中，短期福利增益为185.241元，短期福利损失为751.778元；长期福利增益为186.148元，长期福利损失为747元。由结果可知当城市医疗价格上涨1%时，城市居民的医疗服务短期福利损失为72.745元；长期福利损失为72.015元。2002～2012年，农村医疗价格上涨了21.58%（以2001年为基期），农村居民的短期福利损失为472.693元，即1.619%；长期福利损失为468.973元，即1.603%。结果表明当医疗价格上涨1%时，农村居民的医疗服务短期福利损失为21.904元；长期福利损失为21.732元。

通过比较短期福利效应发现，2002～2012年，城市居民的医疗服务人均福利损失量是农村居民的1.2倍；农村居民的福利损失量约为城市居民的3.38倍。显然，农村居民医疗服务福利损失明显高于城市居民，而城市居民医疗服务福利损失比农村居民大。

交通通信消费服务：首先通过 CR 值进行分析，这里的 CR 值表示的是交通通信支出额占总消费额的比重。前文的数据显示，城市和农村居民的交通通信消费支出比重逐渐增加，且增加趋势呈一致性。城市居民交通通信消费占比远超农村居民。近年来，城市居民交通通信消费支出比重约从 10% 上升至 15%。农村居民交通通信消费支出比重约从 8% 上升至 12%，涨幅明显。其间，只有 2007～2008 年稍有下降，随后又继续提升。

通过对城市居民和农村居民交通通信消费额做简单的分析，可以发现城市居民和农村居民的消费额逐年增加。城市居民交通通信支出额增加明显，从 2002 年的约 600 元／（人·年）增加到 2012 年的约 2400 元／（人·年）。农村居民交通通信支出额增加比城市慢，从约 130 元／（人·年）增加到约 650 元／（人·年）。出现此现象的主要原因有：第一，中国城市交通较为发达，随着居民生活条件的改善，城市的交通工具越来越丰富和发达，居民交通通信支出比重和支出额明显高于农村居民；第二，随着网络科技和通信行业的发展，居民更加倾向于通信科技支出；第三，近年来，中国铁路的修建及发展给中国城乡居民带来了更多的便利，促进了居民的交往和沟通，居民在享受服务时更愿意增加对交通类的支出。

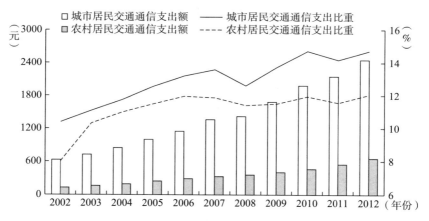

图 6-11　2002～2012 年中国城乡居民人均交通通信支出额和支出比重

表 6-11 列出了交通通信价格的波动与福利效应的关系。2002～2012 年，除了 2011 年交通通信价格稍微有所上涨外，城市居民交通通信价格整

体上逐渐下降，与之对应的福利值为正，而 2011 年的福利值为负。这说明交通通信价格的下降对城市居民来说是有利的。2002～2004 年，农村居民福利值为正，这与农村交通通信价格下降相对应。随后，农村的交通通信价格缓慢上涨，福利值变为负。

2002～2012 年，城市交通通信价格下降了 14.579%（以 2001 年为基期），短期福利增益为 2278.422 元，即 1.929%；长期福利增益为 2300.101 元，即 1.948%。这说明交通通信价格的下降会提高城市居民的福利值。所以，当交通通信价格下降 1% 时，城市居民的短期福利效应水平提高 156.281 元，即 0.132%；长期福利效应水平提高 157.768 元，即 0.134%。2002～2012 年，农村居民交通通信消费价格整体来说是上涨的，但涨幅不大。所以农村居民的短期福利损失为 120.083 元，即 0.067%；长期福利损失为 117.813 元，即 0.061%。

通过比较可以发现，2002～2012 年，城市居民的交通通信价格是下降的，给居民带来了较好的福利效应。农村居民虽然有些年的交通通信价格是下降的，但下降幅度不明显，且自 2005 年起除 2009 年交通通信价格逐年上涨，给居民带来了福利损失，但由于价格上涨幅度不够明显，所以福利损失值不大。

表 6-11　2002～2012 年交通通信价格波动对城乡居民的福利影响

			城市居民人均长期、短期福利			
年份	价格（元）	CR（%）	短期福利（%）	短期福利（元）	长期福利（%）	长期福利（元）
2002	98.00	10.381	0.208	129.970	0.210	131.253
2003	95.45	11.075	0.288	207.641	0.292	210.305
2004	93.45	11.746	0.247	208.087	0.249	210.244
2005	91.95	12.548	0.201	200.105	0.202	201.685
2006	91.31	13.190	0.092	105.912	0.093	106.278
2007	89.85	13.577	0.217	294.871	0.219	297.199
2008	88.41	12.605	0.202	285.801	0.203	288.057
2009	86.02	13.719	0.370	623.257	0.375	631.562
2010	85.51	14.725	0.088	175.260	0.089	175.779

城市居民人均长期、短期福利					
年份	价格（元）	CR（%）	短期福利（%）	短期福利（元）	长期福利（%）	长期福利（元）
2011	85.68	14.179	-0.028	-60.961	-0.028	-60.901
2012	85.42	14.726	0.044	108.479	0.044	108.640

农村居民人均长期、短期福利					
年份	价格（元）	CR（%）	短期福利（%）	短期福利（元）	长期福利（%）	长期福利（元）
2002	98.20	8.756	0.158	20.253	0.159	20.434
2003	96.83	10.307	0.144	23.448	0.145	23.612
2004	96.63	10.977	0.022	4.228	0.022	4.233
2005	96.92	11.478	-0.034	-8.436	-0.034	-8.424
2006	98.18	11.956	-0.155	-44.888	-0.154	-44.597
2007	98.77	11.868	-0.071	-23.385	-0.071	-23.315
2008	99.46	11.401	-0.080	-28.746	-0.080	-28.646
2009	97.67	11.496	0.207	83.371	0.209	84.119
2010	97.97	11.948	-0.036	-16.528	-0.036	-16.503
2011	99.24	11.556	-0.150	-82.175	-0.149	-81.642
2012	99.83	12.057	-0.072	-47.225	-0.072	-47.084

文教娱乐服务：首先利用 CR 值进行分析。前文研究发现城市和农村居民文教娱乐支出比重逐渐下降，且下降趋势明显。农村居民文教娱乐消费比重下降幅度大于城市居民。城市居民也相对减少了文教娱乐消费支出，支出比重约从 15% 降至 12%；农村居民文教娱乐消费支出有所减少，消费比重约从 14% 降至 8%，下降幅度明显。

现对消费支出进行分析，发现城市居民和农村居民更愿意偏向文教娱乐的支出，其支出额是不断上涨的。2002~2012 年，城市居民文教娱乐消费额高于农村居民，且逐年增加，增加幅度明显。城市居民文教娱乐支出额从约 900 元／（人·年）增加到约 2030 元／（人·年）。农村居民的文教娱乐支出额增加低于城市，从约 130 元／（人·年）增加到约 650 元／（人·年）。2002~2012 年，城市居民文教娱乐支出额平均为 1349.373 元／（人·年）；农村居民文教娱乐支出额平均为 314.873 元／（人·年）。在城市和农村居民文教娱乐支出比重方面，2002～2012 年，城市居民支出比重为 13.202%；农村居民支出比重为 11.517%，两者相差 1.685 个百分点。

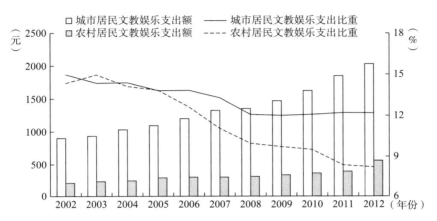

图 6-12　2002～2012 年中国城乡居民人均文教娱乐支出额和支出比重

　　造成此现象的主要原因有：第一，较为发达的地区居民更为注重子女的教育，因此城市居民文教娱乐支出额高于农村居民；第二，我国经济在不断发展，人们生活条件不断改善，人们更加注重文化娱乐、旅游类等服务性消费的支出；第三，居民消费总支出涨幅快于文教娱乐支出，所以文教娱乐消费支出比重呈下降趋势。

表 6-12　2002～2012 年文教娱乐价格波动对城乡居民的福利影响

年份	价格（元）	CR（%）	城市居民人均长期、短期福利			
			短期福利（%）	短期福利（元）	长期福利（%）	长期福利（元）
2002	100.20	14.964	-0.030	-27.004	-0.030	-26.998
2003	100.70	14.351	-0.072	-67.048	-0.072	-67.009
2004	101.51	14.380	-0.115	-118.813	-0.115	-118.704
2005	102.83	13.817	-0.180	-197.134	-0.179	-196.838
2006	102.83	13.833	0	0	0	0
2007	102.11	13.295	0.093	123.702	0.093	123.802
2008	101.19	12.082	0.109	147.699	0.109	147.852
2009	99.97	12.009	0.144	212.242	0.144	212.536
2010	100.37	12.082	-0.048	-78.659	-0.048	-78.622

城市居民人均长期、短期福利						
年份	价格（元）	CR（%）	短期福利（%）	短期福利（元）	长期福利（%）	长期福利（元）
2011	100.67	12.214	-0.037	-67.850	-0.037	-67.826
2012	101.08	12.195	-0.049	-99.194	-0.049	-99.148

农村居民人均长期、短期福利						
年份	价格（元）	CR（%）	短期福利（%）	短期福利（元）	长期福利（%）	长期福利（元）
2002	101.20	14.330	-0.172	-36.163	-0.172	-36.160
2003	104.03	14.950	-0.419	-98.664	-0.419	-98.643
2004	106.22	14.112	-0.296	-73.377	-0.296	-73.365
2005	110.26	13.843	-0.526	-155.443	-0.526	-155.399
2006	108.71	12.631	0.177	53.952	0.177	53.958
2007	106.97	11.048	0.177	54.038	0.177	54.044
2008	106.87	9.954	0.010	3.131	0.010	3.131
2009	107.51	9.718	-0.058	-19.860	-0.058	-19.859
2010	108.47	9.502	-0.086	-31.359	-0.086	-31.357
2011	109.34	8.375	-0.067	-26.559	-0.067	-26.557
2012	110.44	8.228	-0.082	-36.656	-0.082	-36.653

对表 6 - 12 中的福利值做具体分析可以发现如下现象。2002 ~ 2005 年，城市居民文教娱乐短期、长期福利损失分别为 409.999 元和 409.549 元；2010 ~ 2012 年，城市居民文教娱乐短期、长期福利损失分别为 245.703 元和 245.596 元。农村居民文教娱乐 2002 ~ 2005 年的短期、长期福利损失分别为 363.647 元和 363.567 元；2009 ~ 2012 年，农村居民文教娱乐短期、长期福利损失分别为 114.434 元和 114.426 元。2006 ~ 2009 年城市居民文教娱乐短期福利增益为 483.643 元，长期福利增益为 484.19 元；2006 ~ 2008 年农村居民文教娱乐短期福利增益为 111.121 元，长期福利增益为 111.133 元。

2002 ~ 2012 年，城市居民文教娱乐价格上涨了 1.077%（以 2001 年为基期），短期福利损失为 172.059 元，即 0.185%；长期福利损失为 170.955 元，即 0.184%。所以，当城市居民文教娱乐服务价格上涨 1% 时，城市居民短期福利损失为 159.758 元，长期福利损失为 159.732 元。2002 ~ 2012

年（以 2001 年为基期），农村居民文教娱乐价格上涨了 10.435%，农村居民的短期福利损失为 266.96 元，长期福利损失为 366.86 元。当农村文教娱乐服务价格上涨 1% 时，农村居民的短期福利损失为 35.166 元，长期福利损失为 35.157 元。

居住服务：首先对居住服务支出占比进行分析，也就是对居住的 CR 值进行简单的分析和描述。研究发现城市居民居住服务支出占比保持在 10% 左右，波动较小。而农村居民居住服务支出占比是有明显变化的，总体上看还是保持在 20% 左右。在居住服务支出额方面，城市居民依旧高于农村居民。2012 年，城市居民居住服务支出额为 1484 元，而农村居民居住服务支出额约为 1054 元。通过观察发现，2012 年城市居民居住服务支出额只比农村居民多了 430 元。造成此现象的主要原因有：第一，城市居民居住服务消费结构较为单一，多为商品房的物业服务费、水电燃料和房屋租金等。第二，农村居民生活条件不断改善，越来越多的民村居民转向对房屋进行翻修及建造，花费较多。

由图 6-13 发现，2002~2012 年，由于城乡居民居住服务价格整体上是上涨的，因此城市居民和农村居民整体福利下降。由于居住服务价格上涨明显，因此城乡居民的福利损失均较大。

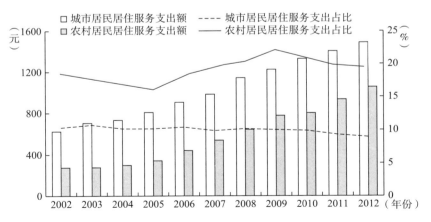

图 6-13 2002~2012 年中国城乡居民人均居住服务支出额和支出占比

表 6-13 报告了城乡居住服务价格上涨的福利效应。对居住类福利值做具体分析可以发现，2002~2012 年，城市居民居住类价格上涨了 38.082%

（以 2001 年为基期），整体上短期的福利损失为 3339.573 元，即 3.311%；长期福利损失为 3329.652 元，即 3.301%。这表明当居住类价格上涨 1% 时，城市居民的短期福利损失为 87.694 元，长期福利损失为 87.434 元。2002~2012 年，农村居民居住服务价格上涨了 47.407%（以 2001 年为基期），农村居民的短期福利损失为人均 4457.282 元，即 7.464%；长期福利损失为 4393.572 元，即 7.36%。这表明当居住价格上涨 1% 时，农村居民的短期福利损失为 94.022 元，长期福利损失为 92.678 元。

通过比较可以发现，2002~2012 年，城乡居民居住服务的福利损失严重，这与近年来居住服务价格上涨密切相关。2002~2012 年农村居民的福利损失大于城市居民，是城市居民的 1.07 倍。

表 6-13　2002~2012 年居住消费价格（租金）波动对城乡居民的福利影响

城市居民人均长期、短期福利						
年份	价格（元）	CR（%）	短期福利（%）	短期福利（元）	长期福利（%）	长期福利（元）
2002	99.80	10.355	0.021	12.931	0.021	12.933
2003	102.59	10.742	-0.301	-210.363	-0.300	-210.071
2004	107.01	10.213	-0.439	-322.123	-0.438	-321.437
2005	112.99	10.181	-0.570	-461.069	-0.569	-459.791
2006	118.31	10.397	-0.489	-441.845	-0.488	-440.818
2007	123.63	9.825	-0.442	-434.299	-0.441	-433.332
2008	128.95	10.188	-0.438	-501.781	-0.437	-500.713
2009	123.02	10.020	0.461	566.425	0.462	567.714
2010	128.55	9.888	-0.445	-592.731	-0.444	-591.411
2011	135.11	9.267	-0.473	-664.027	-0.471	-662.351
2012	138.08	8.902	-0.196	-290.691	-0.196	-290.375
农村居民人均长期、短期福利						
年份	价格（元）	CR（%）	短期福利（%）	短期福利（元）	长期福利（%）	长期福利（元）
2002	100.10	18.500	-0.018	-5.023	-0.018	-5.022
2003	101.10	17.639	-0.176	-49.054	-0.176	-48.935
2004	106.97	16.939	-0.982	-291.988	-0.969	-287.864
2005	112.53	16.036	-0.834	-285.434	-0.823	-281.820

农村居民人均长期、短期福利						
年份	价格（元）	CR（%）	短期福利（%）	短期福利（元）	长期福利（%）	长期福利（元）
2006	117.70	18.145	−0.835	−365.836	−0.825	−361.738
2007	122.88	19.519	−0.859	−463.857	−0.850	−458.888
2008	132.96	20.330	−1.667	−1070.753	−1.634	−1049.373
2009	130.96	22.044	0.331	255.468	0.332	256.401
2010	136.86	20.765	−0.934	−748.848	−0.924	−740.643
2011	144.66	19.652	−1.120	−1041.977	−1.105	−1027.514
2012	147.41	19.470	−0.370	−389.980	−0.368	−388.176

6.4 本章小结

本章从两个角度研究服务价格上涨带来的福利影响。第一，主观角度。以居民的主观幸福感为基础，构建计量回归模型，从整体上研究服务价格上涨对居民福利的影响。第二，客观角度。明确服务消费品，并对服务类消费进行细分，以 QUAIDS 模型为基础，构建居民的服务消费需求模型，并结合福利效应模型分别研究各类服务消费品价格的变动给城乡居民带来的福利影响。具体结论如下。

第一，从主观幸福感角度建立计量回归模型。通过模型实证分析可知，服务价格上涨每 1% 会使居民整体幸福感下降 1.115%，这需要 GDP 增长 3.81 个百分点才能弥补。GDP 是衡量社会经济增长的量，在提高居民整体幸福感方面效应不够明显。相反，提高居民的家庭收入水平对提高居民的幸福感作用明显，家庭收入每提高 1%，会使居民整体的幸福感上升 2.282%。通货膨胀因素导致居民的主观幸福感下降比较明显。从变量 CPI 增长率的回归结果可知，CPI 增长率每提高 1 个百分点，则使得居民整体幸福感下降 1.831%。由于 CPI 描述的是物价的高低，其中包括一些生活必需品和服务性支出。而服务价格指数的测量偏向各项服务型产品支出，包括一些生活非必需品和奢侈品的开销支出等。所以 CPI 的变动相对服务价格的变动对人们幸福感的影响会大些。

第二，通过引入 Minot 福利效用模型，可知不同服务消费品近年来价格变动的差异和居民各类服务消费支出额的不同，导致福利效应有所差异。近年来，城市居民和农村居民各类服务消费支出额是不断增加的，但不同服务消费支出的量不同。不论是城市居民还是农村居民，服务价格的改变带来的福利影响结果是一致的。当服务价格上涨时，福利效应为负；反之则相反。通过比较长期和短期福利值可知，长期福利效应起到了优化缓冲的作用。具体解释为当服务价格上涨时，居民短期福利损失会比长期福利损失大；当服务价格下降时，短期福利增益会小于长期福利增益。另外，比较长期福利和短期福利可以发现，长期福利效应与短期福利效应差距不大，主要原因与其希克斯价格弹性较小有关。福利效应的大小主要与服务价格上涨、希克斯价格弹性、居民服务消费支出数额和消费比重有关。总体上看，服务价格上涨给城市居民带来的福利损失比农村居民大；而在福利损失占比上，农村居民在个别服务项上损失大于城市居民。

7

房价预期、按揭负担与居民主观幸福感

7.1 引言

改革开放 40 余年来，我国经济高速发展，人民的物质生活条件有了巨大的改善。然而相较于经济的高速增长，大部分人的主观幸福感并未得到相应的提升。2015 年，中央电视台官方微博发布"国民大数据"，数据显示我国居民仅有四成感到幸福，而中央电视台多年前所做的街头采访"你幸福吗？"也反映了这一现象。

为何居民幸福感未随着收入的提升而一同提升？影响因素来自多个方面，住房是一个重要原因。随着我国的城镇化水平的提高，涌向大中城市的劳动力日益增加，不断增长的城市人口对住房的需求日益增加，同时由于较高的房价增长率，房地产的投资需求也日渐上升。近年来各大城市的房价增速就反映了这一趋势（见图 7-1），2002 年我国的商品房平均销售

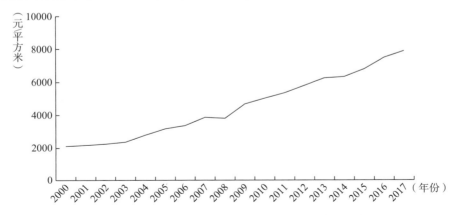

图 7-1　2000~2017 年商品房平均销售价格变化趋势

价格为2359元/平方米，十多年来节节高升，截至2016年3月已涨到7623.4元/平方米，全国平均房价上涨2.23倍。相对而言，工资的增速则远远落后于房价的增速。北京、深圳以及上海等大中城市，房价收入比甚至高达21倍以上，严重超出普通居民的承受能力（吕江林，2010）。有研究表明，城市房价上涨程度对居民主观幸福感有负向影响，房价上涨越快，居民幸福感越低（林江等，2012；欧阳一漪、张骥，2018；安虎森、叶金珍，2018），可见高房价是影响居民主观幸福感的一个不利因素。

经济理论表明，预期对于经济行为主体的行为有重要的解释作用。同时预期对幸福感也有一定的影响，收入、资产、职业发展和工作条件的良性预期均对幸福感有显著的正向效应，即预期的改善能提高居民的幸福感（李磊、刘斌，2012）。关于房价预期如何影响幸福感这一问题，现有研究成果较少。房价的迅猛增长使房屋价值在家庭总财富中所占比例越来越大，买一套住房一般会花费一个家庭大部分的积蓄，一旦房价大幅度调整，家庭财富将受到巨大影响。由于房价涨跌会影响对自身财富的重新估计，居民在购买房屋时都会持续关注房价。幸福感是否会因为预期房价上升带来的财富增长而提高？是否会由于房价上涨带来的购房负担而下降？目前为止这方面的研究还较少。

近年来中国房价迅猛上涨，房屋价值在家庭总财富中的占比越来越大，特别是在高房价收入比之下，购买一套房产需要普通人十几年的努力，房价波动牵动着无数人的神经。那么，居民对房价的预期会对主观幸福感产生何种影响，以及这种影响是正面不是负面、是大是小我们还不得而知。房价是一个重要的衡量资产价格水平的指标。虽然房价没有直接体现在我国通货膨胀率的计量之中，不在CPI的范围之内，但由于房价会影响房租（已经成为家庭消费的主要组成部分之一）价格，因此会影响一般物价水平。虽然房价的变动可能不直接影响通货膨胀率，但是会加强人们对"货币贬值"的预期，通货膨胀预期会导致实际通货膨胀发生。因此，虽然房价没有被直接算入CPI之中，但其依然是影响通货膨胀的一个重要因素。

本书借鉴其他一些研究通货膨胀承受能力的文献，把人们的主观幸福感视为一个可以体现居民心理承受能力的指标。主观幸福感越强，说明人们的心理越健康，承受能力也越强；主观幸福感越低，人们的心理承受能力也越弱。具体地，本书将应用新近发展的广义有序 Logit 模型探讨房价预期对我国城市居民幸福感的影响。与已有文献不同的是，本书不仅关注有住房贷款和无住房贷款的居民，而且还关注租房者（无住房者）。因此，样本分为三个子样本：无住房贷款的居民、有住房贷款的居民和租房者。在第二个样本中，将探讨房价预期、住房贷款对居民幸福感的影响，但在第一个和第三个样本中，只探讨房价预期对居民幸福感的影响。

7.2 文献回顾

自 Dodge（1931）建立幸福感理论至今已有 90 余年了。自 90 余年前起，经济学家便开始关注主观幸福感（Subjective Well-Being）的问题，并试图对其进行界定，并建立了一个理论框架。然而，如何定义幸福在很大程度上仍未得到解决。Thomas（2010）指出，幸福很难定义，甚至难以衡量。

针对幸福感问题，学术界已经进行了大量的研究，并提出了一些对个体幸福感具有重要影响的因素，如收入（Ferre，2005；Delhey and Kohler，2011）、失业（DiTella et al.，2001，2003）、消费（Fafchamps and Shilpi，2008）、通货膨胀（DiTella et al.，2003），等等。其中，收入吸引了很多学者的注意力。收入与主观幸福感之间的关系一直是经济学家比较关心的问题。尽管人们认为对其现实生活影响最大的因素是收入，而且已经证明收入对主观幸福感有统计意义上的显著影响，但影响总体很小。Campbell 等（1976）进行了一项研究，发现包括收入在内的一些客观因素仅能解释美国人口中幸福感差异的 18%。Andrews 和 Withey（1974b）发现，美国人口之间幸福感的差异只能用 11% 甚至更少的收入因素来解释。Diener 等（1993）使用了两个样本，一个是基于 39 个国家的 18032 个大学生的样本，另一个是基于 4942 个美国成年人的 10 年纵向样本。研究结果表明，在非常低的收入水平上，幸福感与收入高度相关，但是跨过门槛水平后，额外收入对幸福感几乎没有影响。Costa 等（1987）、Andrews（1991）、Frey 和 Stutzer（2000）也进行了类似的研究。

与上述文献不同的是，另外一些研究表明，收入与幸福感之间没有任何直接关系。Davis（1984）通过研究发现经济学家关于幸福是收入的函数的预言没有得到支持。然而，种族、婚姻状况和财务变化，对幸福感具有良好的预测能力：黑人不太快乐，但不一定是因为歧视；所有类别的未婚者都不快乐；而那些经济状况正在改善的人则更快乐。Mentzakis 和 Moro（2009）基于英国家庭小组调查数据，应用随机效应广义有序 Logit 模型调查不同类别的家庭收入影响是否存在差异，发现高幸福感的群体其家庭收入水平并不是最高的。这在一定程度上可以解释为相对收入状况（而不是绝对收入状况）对幸福感更重要。也就是说，最重要的不是收入的绝对水平，而是一个人相对于其他人的地位。关于相对收入而不是绝对收入对幸福感影响更大的结论也得到了 Dorn 等（2007）、Ferrer（2005）、Luttmer（2005）的支持。

其他因素，如失业、通货膨胀、性别、婚姻状况、年龄和受教育水平等，也被证明对主观幸福感有较大的影响。大多数研究得出的结论是，失业对幸福感的影响是负面的，然而，工作满意度与幸福感之间有非常强的正相关关系（Andrews and Withey，1974b）。相反，有些研究者断言工作满意度与幸福感之间的关系很弱（Tait et al.，1989）。教育和幸福感之间的关系在研究中结论也不一致。Frey 和 Stutzer（2002）指出，由于受教育水平与收入水平之间具有高度相关性，受教育水平高可以使人们迅速适应新的环境，从而带来更高的期望。然而，Clark 和 Oswald（1994）研究发现，受过高等教育的人比受过较低教育的人更容易因失业而气馁。

年龄是另一个重要因素。根据 Frey 和 Stutzer（2000）的研究，年龄对幸福感有负面影响，但年龄的平方对幸福感有正面影响，这意味着年龄与幸福感之间呈 U 形关系。年龄和幸福感之间的 U 形关系意味着幸福指数会随着年龄的增长而下降，在过了一定年龄之后，幸福感会随着年龄的增长而上升。此外，幸福感在性别上有显著差异，然而，这个结论的得出取决于研究样本的情况。大多数先前的研究发现，一般来说，女性的幸福感比男性高（Alesina et al.，2004；Graham and Feiton，2006）。但是，根据 Oswald 和 Powdthavee（2008）的研究，这种性别差异已经在逐渐消失。关于婚姻状况对幸福感的影响，Blanchflower 和 Oswald（2004）研究发现，婚姻可以提升人们的幸福感，因为婚姻生活会使人感到温暖和谐。Lucas（2007）和 Helliwell（2003）也支持这一说法。前者指出离婚后人们的生活质量会下降，后者指出独居的人生活质量较差。

越来越多的研究关注中国的情况，探讨决定居民幸福感的因素（Akay et al.，2012；Appleton and Song，2008；Brockman et al.，2009；Chen and Davey，2008；Gao and Smyth，2011；Knight et al.，2009；Knight and Gunatilaka，2010，2011，2012；Mishra et al.，2014；Monk-Turner and Turner，2012；Smyth et al.，2008，2010；Smyth and Qian，2008；Wang et al.，2014）。总体来看，大多数研究集中在传统的决定因素上，如收入、性别和年龄。其中许多研究证实了 Easterlin 等（2012）提出的所谓伊斯特林悖论适用于中国：收入水平的提高并没有使生活满意度有相应的提高。最近，一些学者研究了其他因素，如家庭关系和城市居民身份，并发现它们对主观幸福感有一定的影响。

正如前文提到的，预期也可以在人们的生活中发挥重要作用。个人过去的生活经历和对未来的期望将对幸福感产生一定的影响（Camerer et al.，2004；Elster and Loewenstein，1992；Helson，1947）。Stutzer（2004）发现，较高的收入预期会提高生活满意度。然而，房价预期对主观幸福感的影响尚未得到广泛讨论。Zhang 和 Zhang（2019）利用 2011 年的中国家庭金融调查数据，研究了中国住房特征如何影响个人的主观幸福感。Cheng 等（2016）探讨了中国城市住宅产权与幸福感的关系。Zhang 和 Zhang（2019）并没有将房价预期作为实证模型中的一个解释变量。关于房价预期对我国居民幸福感的影响，目前相关研究还较少。

7.3 计量模型设定

2011 年中国家庭金融调查（CHFS）针对主观幸福感这一指标采用直接询问的方式获取数据，主要形式如下。总体来说，"您认为您现在幸福吗？"答案分为五个等级：1. 非常幸福；2. 幸福；3. 一般；4. 不幸福；5. 非常不幸福。本书将主观幸福感重新进行排序，非常不幸福赋值 1，不幸福赋值 2，一般赋值 3，幸福赋值 4，非常幸福赋值 5。关于房价预期问题，调查询问形式为："在未来的一年，您估计房价将会发生什么样的改变？"1. 上升很多；2. 上升一点；3. 几乎不变；4. 降低一点；5. 降低很多。与主观幸福感一样，本书将房价预期重新进行排序，降低很多赋值

1，降低一点赋值2，几乎不变赋值3，上升一点赋值4，上升很多赋值5。很明显，在CHFS（2011）中，幸福感是有序变量。当结果变量是有序变量而不是连续变量时，广义有序Logit模型是一种应用较广的研究方法，特别是在存在异质性的情况下，广义有序Logit模型更是一种较好的选择。因此，本研究采用广义有序Logit模型来探讨房价预期对城市居民幸福感的影响。

因变量为有序离散变量时一般采用有序Logit模型，但是传统的有序Logit模型必须满足成比例或平行线假设，即模型中自变量的回归系数在因变量的各个类别都要相同，这在现实分析中通常难以满足。而广义有序Logit模型则打破了这一局限，不受成比例或平行线假设的限制，能够在因变量种类不同的情况下分析变量回归系数的变化。广义有序Logit模型是有序Logit模型的一般形式，当满足成比例或平行线假设时，广义有序Logit模型能够化简为有序Logit模型。

本书设定广义有序Logit模型如下：

$$P(SWB_i > j \mid X) = g(X\beta_j) = \frac{\exp(\alpha_j + X\beta_j)}{1 + \exp(\alpha_j + X\beta_j)} \tag{7.1}$$

其中，SWB_i 代表的是第 i 个居民的主观幸福感，$j = 1，2，\cdots，m-1$，m 是主观幸福感的序数因变量的种类数（在本研究中 $m = 5$），即 j 代表SWB 的 5 级分类。X 是解释变量。β 是需要估计的参数。由于 SWB 有 5 个可能取值，因此，广义有序 Logit 模型将有 4 个系数集，实际上，4 个方程将同时估计。当 $m = 2$ 时，广义有序 Logit 模型等价于有序 Logit 模型。SWB 对每个数值 1、2、3、4、5 的取值概率如下：

$$\begin{cases} P(SWB_i = 1) = 1 - g(X_i\beta_1) \\ P(SWB_i = j) = g(X_i\beta_{j-1}) - g(X_i\beta_j) \ (j = 1,2,\cdots,m-1) \\ P(SWB_i = m) = g(X_i\beta_{m-1}) \end{cases} \tag{7.2}$$

在本研究中 $m = 5$，那么对于 $j = 1$，类别 1 与类别 2、3、4、5 形成对比；$j = 2$，表示类别 1 和 2 与类别 3、4 和 5 的对比；$j = 3$，表示类别 1、2 和 3 与类别 4 和 5 的对比；$j = 4$，表示类别 1、2、3 和 4 与 5 的对比。

本研究进一步将整个城市居民样本分为三个子样本：无住房贷款的居民（第一个子样本）、有住房贷款的居民（第二个子样本）和租房者（第三个子样本）。这三个子样本将分别估计式（7.1），以比较其结果，因为房价预期对幸福感的影响可能存在异质性。

本研究中使用的变量，被解释变量为主观幸福感（SWB）。如前所述，它是一个有序变量，范围为：1 = 非常不幸福，2 = 不幸福，3 = 一般，4 = 幸福，5 = 非常幸福。所有的解释变量介绍和描述如下。

核心解释变量是未来房价预期（HPE）。这个变量也是用 CHFS（2011）受访者的回答来衡量的：总的来说，你对明年房价的预期是多少？1 = 下降很多，2 = 下降，3 = 保持不变，4 = 增加，5 = 大量增加。有人提到，人们预期未来房价上涨，有房者将预期其未来财富增加，从而进一步改善他们的福祉，期望房价上涨的有房者的满意度更高。然而，对房价上涨的预期可能会对计划购买更多住房人的主观幸福感产生负面影响，尤其是对没有住房贷款的人。因此，预期房价上涨可能会对没有住房贷款的人产生负面影响。对于无房者来说，如果预期房价会上涨，将来会面临更困难的局面，他们的幸福感则会下降。因此，对房价上涨的预期将对有住房贷款的人产生积极影响，但对没有住房贷款的人的影响并不清楚。房价上涨的预期会对租房者的主观幸福感产生负面影响。

另一个主要的解释变量是抵押贷款。如果一个家庭有住房贷款，可能会造成潜在的财务压力。这意味着房屋贷款将对居民的幸福感产生负面影响。因此，在有住房贷款的居民中，贷款对有住房贷款的居民的影响是负向的。

实证模型中考虑的其他解释变量主要包括家庭人均收入（CUM）、年龄（AGE）、教育（EDU）、婚姻状况（MARR）、性别（MALE）、工作状况（UNEM）、雇佣关系（EMRE）、健康状况（HLTH）、安全感（SFTY）。家庭人均收入被定义为家庭收入除以家庭成员的数量。已有研究显示，收入对幸福感的影响是模糊的。如前所述，大多数研究证实所谓的伊斯特林悖论适用于中国：收入的提高并没有使生活满意度相应提高。因此，家庭人均收入对主观幸福感的影响还不确定。许多研究已经检验了年龄和幸福感之间的关系，大多数研究得出了它们之间具有 U 形关系，这意味着年龄的影响是 U 形的，在一定的年龄，幸福感最小，然后随之上升（Hayo and Seifert，2003；Blanchflower and Oswald，2004）。因此，年龄与年龄的平方都被用作实证模型中的解释变量，并期望它们的系数分别具有负值和正值。EDU 被定义为受教育年限，已经得出结论，受教育水平高与低幸福感相关（Clark and Oswald，1996；Manning et al.，2016；Veenhoven，1996）。

对这一结论的解释是，受过高等教育的人期望更高。然而，在控制了收入或健康等其他因素之后，受教育水平系数趋于零，这表明受教育水平对幸福感具有间接而不是直接的影响（Blanchflower and Oswald，2004）。因此，受教育水平对主观幸福感的影响尚未确定。

婚姻状况、性别、工作状况也可能影响主观幸福感。Blanchflower 和 Oswald（2004，2005）指出，较高的幸福水平与结婚有关，而不是分居、离婚或丧偶。然而，Luhmann 等（2012）认为，离婚实际上可能对人们的幸福感有利，至少对那些认为离婚能从糟糕的婚姻中解脱出来的人是如此。因此，婚姻状况对主观幸福感的影响尚未确定。根据 Hayo 和 Seifert（2003）的评估，目前还没有发现幸福感存在性别差异。然而，Ambrey 和 Fleming（2014）指出，男性比女性更满意自己的生活，而 Blanchflower 和 Oswald（2005）则发现，男性比女性更不满意自己的生活。因此，性别对幸福感的影响也还没有确定。Headey 等（2013）比较了德国、英国和澳大利亚被调查者的幸福水平，发现失业与较低的幸福感密切相关。失业的人幸福指数要低得多（Deaton，2008；Edwards and Klemmack，2008；Helliwell and Putnam，2004；Okun et al.，1984）。因此，失业对主观幸福感的影响是负面的。

实证模型中还包含了其他一些解释变量，如雇佣关系、健康状况、安全感、是否参加社保（INSUR）、未来经济预期（FEE）、是否中共党员（CCP）。如果被调查者在公共部门工作，EMRE 定义为虚拟变量 EMRE = 1；否则 = 0。HLTH 是被调查者的健康状况，用五分法来衡量，1 = 非常差，2 = 较差，3 = 相同，4 = 好，5 = 非常好。安全感（SFTY），这个问题问的是社会的安全感，也可以用五分法来衡量，1 = 非常差，2 = 较差，3 = 相同，4 = 好，5 = 非常好。受访者有社会保险 = 1；否则 = 0。未来经济预期（FEE），询问的是对未来经济的看法，1 = 非常差，2 = 较差，3 = 相同，4 = 好，5 = 非常好。如果受访者是中共党员 = 1；否则 = 0。

7.4 数据说明

本章样本数据来自西南财经大学 2011 年中国家庭金融调查（CHFS）。研究团队首次在全国范围内开展调查，对 8438 个家庭进行了有代表性的抽样调查，包括 29324 个受访者，旨在收集关于家庭收入、支出、资产、负

债、保险和证券、人口和就业等方面的微观信息。本研究使用了其中的
5382 个受访者的资料，特别是房价预期、房屋贷款及其他关键变量。表
7 - 1 列出了所有变量的定义和描述性统计。表 7 - 1 提供了关于全部样本
和三个子样本的资料。由表 7 - 1 可以发现，平均而言，无住房贷款的居民
幸福感高于有住房贷款的居民，而租房者的幸福感最低。此外，租房者预
期房价上涨的比例高于其他两类居民。有住房贷款的居民的人均家庭收入
高于无住房贷款的居民，租房者的人均家庭收入最低。有住房贷款的居民
比租房者年轻，无住房贷款的居民平均年龄最大。有住房贷款的居民的平
均受教育年限为 14 年，租房者的平均受教育年限为 12 年，无住房贷款的
居民平均受教育年限为 11 年。无住房贷款、有住房贷款和租房者的结婚率
分别为 92.318%、93.341% 和 83.489%。无住房贷款、有住房贷款和租房
的男性受访者分别占 53.367%、54.042% 和 52.346%。只有 10% 的有住房
贷款的居民失业，但租房者失业的比例为 31.519%，无住房贷款的居民失
业的比例为 38.074%。31.519% 的租房者在公共部门就业，而有住房贷款
的居民只有 10.459%。32.646% 有住房贷款的居民是中共党员，无住房贷
款的居民 26.789% 是中共党员，23.264% 的租房者是中共党员。

表 7 - 1 变量的描述性统计（均值/百分比）

变量	说明	全样本	无住房贷款的居民样本	有住房贷款的居民样本	租房者样本
被解释变量					
幸福感（SWB）	非常不幸福 = 1，不幸福 = 2，一般 = 3，幸福 = 4，非常幸福 = 5	3.798	3.830	3.800	3.545
解释变量					
房价预期（HPE）	降低很多 = 1，降低 = 2，几乎不变 = 3，上升一点 = 4，上升很多 = 5	3.755	3.760	3.692	3.793
房贷（LOAN）		N/A	14.141	N/A	N/A
家庭人均收入（IN-CM）	单位：元	83922.00	80750.76	109870.4	78302.86
年龄（AGE）	单位：岁	48	51	40	46
教育（EDU）	单位：年	12	11	14	12

续表

变量	说明	全样本	无住房贷款的居民样本	有住房贷款的居民样本	租房者样本
婚姻状况（MARR）	已婚=1，单身=0	91.56	92.318	93.341	83.489
性别（MALE）	男性=1，女性=0	53.35	53.367	54.042	52.346
工作状态（UNEM）	失业=1，否则=0	34.18	38.074	10.459	31.519
雇佣关系（EMRE）	公共部门就业=1，否则=0	16.57	14.746	10.459	31.519
健康状况（HLTH）	非常差=1，较差=2，相同=3，好=4，非常好=5	3.44	3.423	3.630	3.365
安全感（SFTY）	非常差=1，较差=2，相同=3，好=4，非常好=5	3.45	3.444	3.532	3.478
是否参加社保（INSUR）	参加社保=1，否则=0	86.138	86.557	88.114	80.487
未来经济预期（FEE）	非常悲观=1，较悲观=2，乐观=3，较乐观=4，非常乐观=5	3.750	3.786	3.564	3.690
是否中共党员（CCP）	中共党员=1，其他=0	27.127	26.789	32.646	23.264
样本数		5382	4218	631	533

表7-2提供了按性别、婚姻状况和工作状态分列的三个子样本。在无住房贷款的居民样本中，男性的平均幸福感（3.830）略高于女性（3.821），已婚受访者的平均幸福感（3.844）高于单身受访者（3.660），失业者平均幸福感（3.887）高于非失业者（3.795）。然而，上述结果在第二个有住房贷款的居民的子样本中有很大的不同。女性的平均幸福感（3.817）略高于男性（3.785），已婚受访者的平均幸福感（3.850）远高于单身受访者（3.095），而非失业者的平均幸福感（3.810）高于失业者（3.712）。最后，在租房者的第三分组中，45.03%的被调查者选择了SWB=4。与第二个样本的结果相同，女性的平均幸福感（3.555）略高于男性（3.546）。然而，与第一个子样本的结果一样，已婚者和失业者的平均幸福感（3.586和3.708）远高于单身者与非失业者（3.340和3.471）。

表 7 - 2 居民幸福感的个体特征

类别	观测样本数	SWB = 1 （%）	SWB = 2 （%）	SWB = 3 （%）	SWB = 4 （%）	SWB = 5 （%）	SWB 平均值
1. 无住房贷款的居民	4218	0.43	3.56	25.89	52.82	17.31	3.830
男性	2251	0.44	3.78	24.92	53.22	17.64	3.830
女性	1967	0.41	3.30	27.00	52.36	16.93	3.821
已婚	3894	0.26	3.29	25.76	53.16	17.54	3.844
未婚	324	2.47	6.79	24.47	48.77	14.51	3.660
失业	1442	0.19	3.18	23.23	54.55	18.87	3.887
就业	2776	0.57	3.79	27.53	51.76	16.35	3.795
2. 有住房贷款的居民	631	0.32	2.85	30.11	49.92	16.80	3.800
男性	341	0.29	3.23	31.09	48.39	17.01	3.785
女性	290	0.34	2.41	28.97	51.72	16.55	3.817
已婚	589	0	1.87	28.86	51.61	17.66	3.850
未婚	42	4.76	16.67	47.62	26.19	4.76	3.095
失业	66	3.03	1.52	33.33	45.45	16.67	3.712
就业	565	3.01	29.73	50.44	16.81	0	3.810
3. 租房者	533	3.00	7.32	33.21	45.03	11.44	3.545
男性	279	3.23	6.81	33.69	45.52	10.75	3.546
女性	254	2.76	7.87	32.68	44.49	12.20	3.555
已婚	445	2.70	6.97	32.36	44.94	13.03	3.586
未婚	88	4.55	9.09	37.50	45.45	3.41	3.340
失业	173	1.79	5.36	26.79	52.38	13.69	3.708
就业	360	3.56	8.22	36.16	41.64	10.41	3.471

7.5 实证结果

西南财经大学的中国家庭金融调查数据显示，预期房价整体上升的人群高达 49.33%，而预期房价大幅上升的人群也达到了 15%，二者合计达到了 64.33%，由此可见我国房价快速增长的态势已经对居民的房价预期产生了重大的影响，大部分居民预期房价将会上涨。如此高比例的人群预期房价上涨，那么这种上涨的预期对居民的主观幸福感会产生何种影响呢？本研究同时估计了各子样本的有序 Logit 模型和广义有序 Logit 模型。表 7 - 3 列出了无住房贷款的居民子样本的估计结果，表 7 - 4 列出了有住房贷款的居民子样本的估计结果，表 7 - 5 列出了租房者子样本的估计结果。所有的实证结果都按顺序进行了分析。

7.5.1 无住房贷款的居民

为了检验平行假设，首先进行了 Brant 检验，检验统计值为 64.85，p 值 = 0.013，这意味着在 5% 的显著性水平下，广义有序 Logit 模型优于有序 Logit 模型。在表 7 - 3 中，有序 Logit 模型的估计结果与广义有序 Logit 模型的估计结果略有不同。进一步研究发现，在广义有序 Logit 模型中，所得到的每个数值的系数在大小、符号及统计意义上也存在一些差异。在有序 Logit 模型中，HPE 的系数在统计学上是显著为负的，这意味着随着预期房价上涨幅度的增大，SWB 下降的可能性增大。在广义有序 Logit 模型中，HPE 的系数是显著为正的，只有在 SWB = 4 的情况下显著为负，这意味着成为 SWB = 5 的可能性随着预期房价的上升而增加。这一发现是合理的，符合我们的期望。如前所述，无住房贷款的居民比其他人更有可能购买另一套房子，对房价上涨的预期会带来负面影响，因为他们可能要为购买另一套房子付出更多的成本。然而，在 SWB = 1、2、3 的情况下，HPE 的系数在 10% 的显著性水平下是不显著的。由此得出结论，预期房价上涨对主观幸福感有负面影响，尽管只有当主观幸福感 SWB = 4，在广义有序 Logit 模型中才是如此。

如表 7 - 3 所示，一些变量对 SWB 有统计学意义和正向的影响，如 IN-CM、AGE2、MARR、UNEM、HLTH、SFTY、FEE。在 SWB = 2 和 3 的情况下，INCM 的系数是显著为正的，这表明如果受访者的 SWB = 2 或 3，收入增加，导致幸福感提升的可能性增大。年龄系数是负值，而年龄的平方是正值，表明年龄与幸福感之间呈 U 形关系。这一结论与之前的文献研究结果一致。此外，已婚女性有更高的幸福感的可能性要比单身女性高。EMRE 的系数只有 SWB = 1 才显著为正，这意味着对于那些对自己的生活不太满意的人，在公共部门工作会给他们带来更多的机会，从而使其获得更强的幸福感。拥有更好的健康状况，感受更高程度的社会安全感，以及对更好的经济未来的期望，将会增大拥有更高水平的幸福感的可能性。这些发现与已有研究相一致。

表 7 - 3　无住房贷款的居民样本的模型估计结果

变量	有序 Logit 模型	广义有序 Logit 模型			
		SWB = 1	SWB = 2	SWB = 3	SWB = 4
HPE	− 0. 060 * （0. 035）	0. 102 （0. 268）	− 0. 099 （0. 088）	− 0. 049 （0. 040）	− 0. 077 * （0. 047）
LOAN	N/A	N/A	N/A	N/A	N/A
ln（INCM）	0. 100 *** （0. 034）	− 0. 071 （0. 352）	0. 273 *** （0. 080）	0. 107 *** （0. 038）	0. 051 （0. 048）
AGE	− 0. 106 *** （0. 019）	− 0. 122 （0. 141）	0. 016 （0. 046）	− 0. 096 *** （0. 022）	− 0. 138 *** （0. 024）
AGE2	0. 001 *** （0. 000）	0. 001 （0. 002）	− 0. 000 （0. 000）	0. 001 *** （0. 000）	0. 002 *** （0. 000）
EDU	0. 003 （0. 024）	0. 013 （0. 202）	0. 083 （0. 065）	0. 022 （0. 029）	− 0. 035 （0. 034）
MARR	0. 583 *** （0. 130）	2. 885 *** （0. 685）	0. 923 *** （0. 239）	0. 511 *** （0. 139）	0. 526 *** （0. 193）
MALE	0. 055 （0. 064）	0. 504 （0. 525）	0. 174 （0. 171）	0. 024 （0. 076）	0. 087 （0. 092）
UNEM	0. 142 （0. 108）	1. 030 （0. 747）	0. 579 ** （0. 280）	0. 194 （0. 123）	− 0. 061 （0. 156）
EMRE	0. 188 * （0. 097）	2. 060 * （1. 234）	0. 259 （0. 303）	0. 158 （0. 118）	0. 196 （0. 136）
HLTH	0. 488 *** （0. 041）	1. 315 *** （0. 339）	0. 611 *** （0. 104）	0. 459 *** （0. 045）	0. 503 *** （0. 053）
SFTY	0. 330 *** （0. 041）	0. 347 （0. 246）	0. 291 *** （0. 097）	0. 356 *** （0. 044）	0. 295 *** （0. 053）
INSUR	0. 156 （0. 102）	1. 143 ** （0. 575）	0. 283 （0. 220）	0. 144 （0. 111）	0. 127 （0. 142）
FEE	0. 528 *** （0. 044）	0. 062 （0. 290）	0. 531 *** （0. 090）	0. 540 *** （0. 046）	0. 510 *** （0. 062）
CCP	0. 065 （0. 074）	0. 928 （1. 070）	− 0. 044 （0. 228）	0. 128 （0. 094）	− 0. 013 （0. 110）

续表

变量	有序 Logit 模型	广义有序 Logit 模型			
		SWB = 1	SWB = 2	SWB = 3	SWB = 4
常数项		-1.174 (5.092)	-6.348 *** (1.580)	-3.804 *** (0.763)	-4.323 *** (0.907)
样本数	4218	4218	4218	4218	4218

注：括号内数值为标准误，*** $p < 0.01$，** $p < 0.05$，* $p < 0.1$。

7.5.2　有住房贷款的居民

同样地，进行平行假设的 Brant 检验，检验统计值为 55.15，p 值 = 0.084，这意味着在 10% 的显著性水平下，广义有序 Logit 模型比有序 Logit 模型表现更好。表 7 - 4 给出了有住房贷款的居民子样本的有序 Logit 模型和广义有序 Logit 模型的估计结果。与前一个子样本的估计结果相似，在有序 Logit 模型中，核心解释变量 HPE 对 SWB 的影响不显著，但受访者的幸福感 SWB = 2 或 3 时，它对 SWB 有显著的正向影响。这表明，当受访者的幸福感 SWB = 2 或 3 时，随着预期房价的上升，幸福感提升的可能性会增加。由此得出结论，房价预期对主观幸福感有显著的正向影响。这个结论与我们的期望是一致的。

将另一个关键的解释变量贷款变量计入有住房贷款的居民子样本中进行估计。不管是有序 Logit 模型还是广义有序 Logit 模型，结果都没有发现贷款对主观幸福感有显著影响。也就是说，从理论上讲，无法得出住房贷款对有住房贷款的居民的幸福感有负面影响的结论。

另外的控制变量如年龄、年龄的平方、雇佣关系、健康状况、安全感和未来经济预期等变量，对幸福感有显著的影响。然而，在 SWB 不同取值下，广义有序 Logit 模型有不同的估计值与系数符号。在 SWB = 4 的时候，年龄的平方系数是正的，这表明年龄与 SWB 之间呈 U 形关系。这一结论与之前文献的研究结论一致。同时还发现，如果受访者已婚、安全感更强、对未来经济有更好的期望，那么幸福感就可能更强。

当 SWB = 2，收入变量系数显著为负；当 SWB = 4 时，收入变量系数显著为正。在 SWB = 2 的情况下，才能证实所谓的伊斯特林悖论适用于中国。然而，当 SWB = 4 时，随着收入的增加，主观幸福感提升的可能性越大。EMRE 变量估计系数只有当 SWB = 3 时才显著为正，这意味着公共部门的工作会给受访者带来更高的幸福感。最后，健康状况指标，当 SWB = 3 或 4 时，受访者健康水平较高，幸福感也较强。

表 7 - 4　有住房贷款的居民样本的模型估计结果

变量	有序 Logit 模型	广义有序 Logit 模型			
		SWB = 1	SWB = 2	SWB = 3	SWB = 4
HPE	0.147 (0.093)	- 9.843 (1, 317.35)	0.501 * (0.256)	0.172 * (0.102)	0.149 (0.132)
LOAN	- 0.014 (0.028)	- 1.996 (471.09)	- 0.027 (0.091)	- 0.045 (0.033)	0.041 (0.041)
ln (INCM)	0.011 (0.083)	6.270 (1, 990.90)	- 0.446 * (0.259)	- 0.067 (0.095)	0.236 * (0.124)
AGE	- 0.134 * (0.073)	- 10.081 (2, 393.31)	0.347 (0.252)	- 0.043 (0.083)	- 0.232 *** (0.085)
AGE2	0.002 ** (0.001)	0.127 (31.14)	- 0.005 (0.003)	0.001 (0.001)	0.003 *** (0.001)
EDU	0.004 (0.069)	- 6.221 (2, 775.14)	- 0.139 (0.243)	- 0.001 (0.080)	- 0.040 (0.094)
MARR	1.730 *** (0.361)	19.776 (4, 581.19)	2.451 *** (0.649)	1.432 *** (0.394)	1.458 * (0.810)
MALE	0.254 (0.163)	- 7.279 (5, 124.71)	- 0.145 (0.578)	0.254 (0.192)	0.122 (0.237)
UNEM	- 0.369 (0.429)	- 73.720 (17, 393.88)	3.887 ** (1.968)	- 0.087 (0.541)	- 0.482 (0.724)
EMRE	0.405 ** (0.181)	0.255 (5, 870.56)	0.691 (0.736)	0.598 *** (0.228)	0.136 (0.260)
HLTH	0.309 *** (0.116)	- 5.151 (2, 468.21)	- 0.676 (0.410)	0.293 ** (0.127)	0.493 *** (0.160)
SFTY	0.709 *** (0.126)	- 4.532 (2, 809.06)	0.530 * (0.301)	0.800 *** (0.138)	0.709 *** (0.179)
INSUR	- 0.111 (0.258)	28.561 (10, 446.09)	- 0.149 (0.897)	- 0.040 (0.296)	- 0.352 (0.339)
FEE	0.345 *** (0.099)	- 4.855 (3, 153.63)	0.879 *** (0.293)	0.304 *** (0.106)	0.335 ** (0.146)
CCP	0.190 (0.191)	6.760 (5, 148.57)	0.129 (0.699)	0.149 (0.232)	0.255 (0.269)

续表

变量	有序 Logit 模型	广义有序 Logit 模型			
		SWB = 1	SWB = 2	SWB = 3	SWB = 4
常数项		218. 601 (40, 870. 60)	- 2. 300 (5. 555)	- 4. 998 ** (2. 132)	- 6. 979 *** (2. 679)
样本数	631	631	631	631	631

注：括号内数值为标准误，*** p < 0.01，** p < 0.05，* p < 0.1。

7.5.3 租房者

为了检验租房者样本是否适用于广义有序 Logit 模型，进行 Brant 检验，统计值为 54. 523，p 值 = 0.093，这意味着在 10% 的显著性水平下，广义有序 Logit 模型比本子样本中的有序 Logit 模型表现更好。表 7 - 5 列出了租房者子样本的 Logit 模型与广义有序 Logit 模型的估计结果。与前两个子样本的估计结果相似，有序 Logit 模型与广义有序 Logit 模型的估计结果明显不同。如性别在有序 Logit 模型中对幸福感没有显著的影响。此外，公共部门就业和工作状态也会产生相反的结果。

与前两个子样本不同的是，主要的解释变量房价预期在有序 Logit 模型和广义有序 Logit 模型中对 SWB 没有显著的影响。由此得出结论，房价预期对主观幸福感没有重大影响。这个结论也适用于收入变量。然而，与前两个子样本的结论相似，年龄与幸福感之间的 U 形关系被证实，因为年龄系数是负数，但当 SWB = 2、3、4 时，年龄的平方是正数。

在本子样本中，控制变量如 MARR、UNEM、EMRE、HLTH、IN-SUR、FEE 和 CCP 等，对幸福感都有显著的影响。如果受访者已婚、健康状况较好，并期望有一个更好的未来，那么有更高的幸福感的可能性更大。当 SWB = 1 时，失业带来更高的幸福感的可能性就会降低。EMRE 的系数只有当 SWB = 2 时显著为正，这意味着对于那些幸福感不强的人来说，在公共部门工作会给他们带来更高的幸福感。对自己的生活非常不满的受访者，参加社保将增强他们的幸福感。最后，对于 SWB = 3 的受访者，党员身份将增强他们的幸福感。这些发现与已有文献的结论相类似。

表 7 – 5 租房者样本的模型估计结果

变量	有序 Logit 模型	广义有序 Logit 模型			
		SWB = 1	SWB = 2	SWB = 3	SWB = 4
HPE	0.096 (0.089)	– 1.038 (0.670)	0.081 (0.158)	0.140 (0.102)	0.043 (0.163)
LOAN	N/A	N/A	N/A	N/A	N/A
ln（INCM）	0.129 (0.089)	– 0.398 (0.369)	0.005 (0.128)	0.148 (0.090)	0.122 (0.141)
AGE	– 0.195 *** (0.051)	– 0.007 (0.368)	– 0.397 *** (0.116)	– 0.189 *** (0.058)	– 0.183 ** (0.077)
AGE2	0.002 *** (0.001)	0.001 (0.004)	0.004 *** (0.001)	0.002 *** (0.001)	0.002 *** (0.001)
EDU	– 0.106 (0.069)	– 0.134 (0.280)	– 0.161 (0.116)	– 0.095 (0.075)	– 0.119 (0.115)
MARR	0.879 *** (0.247)	– 0.846 (1.257)	0.698 (0.428)	0.829 *** (0.297)	1.681 ** (0.666)
MALE	0.330 * (0.179)	0.282 (0.632)	0.255 (0.332)	0.303 (0.205)	0.514 (0.316)
UNEM	– 0.101 (0.386)	– 3.369 * (1.877)	0.366 (0.629)	– 0.129 (0.395)	– 0.309 (0.604)
EMRE	0.139 (0.273)	1.101 (1.984)	1.031 * (0.594)	– 0.027 (0.327)	0.053 (0.525)
HLTH	0.672 *** (0.123)	0.302 (0.510)	0.725 *** (0.200)	0.627 *** (0.123)	0.831 *** (0.194)
SFTY	0.026 (0.127)	– 0.367 (0.515)	– 0.305 (0.203)	0.129 (0.127)	0.204 (0.197)
INSUR	0.453 * (0.254)	3.172 *** (1.148)	0.320 (0.415)	0.324 (0.278)	0.363 (0.437)
FEE	0.337 *** (0.115)	1.369 *** (0.414)	0.178 (0.171)	0.332 *** (0.121)	0.278 (0.222)
CCP	0.235 (0.215)	0.057 (1.266)	0.168 (0.450)	0.547 ** (0.262)	– 0.481 (0.442)
常数项		5.972 (6.781)	7.974 ** (3.260)	– 2.941 (1.893)	– 6.137 ** (2.862)
样本数	533	533	533	533	533

注：括号内数值为标准误，＊＊＊ p＜0.01，＊＊ p＜0.05，＊ p＜0.1。

7.6 本章小结

近年来，高房价一直是我国社会的一个热点问题，一套房子在普通家庭的资产中占有相当大的比例，买房成为千千万万家庭非常重要的一个决定。有些家庭买房是为了自身的住房需求，有些家庭则是投资，而不管是何种需求，未来房价是涨是跌的预期，对其是否选择买房都起着非常重要的作用。

本书利用西南财经大学中国家庭金融调查（CHFS）收集的 5382 个城市受访者的样本数据，应用广义有序 Logit 模型研究我国城市居民房价预期、抵押贷款对居民幸福感的影响。将样本分为三个子样本，即无住房贷款的居民（第一个子样本）、有住房贷款的居民（第二个子样本）和租房者（第三个子样本），用这三个子样本分别估计了广义有序 Logit 模型、有序 Logit 模型。主要发现是，对于无住房贷款的居民来说，房价预期上涨会对他们的幸福感产生负面影响。但是，住房抵押贷款低于平均水平会对有住房贷款的居民产生积极影响。然而，房价上涨预期对租房者的幸福感影响不具有显著性。从统计数据上看，抵押贷款对有住房贷款的居民也没有显著影响，这可能因为房价上涨而导致财富效应抵消了负债的负向影响。

由于在广义有序 Logit 模型中每个变量的估计系数在大小、符号及统计意义上具有差异性，因此其他变量也对特定样本中的一些或所有被调查者的主观幸福感有统计学上的显著影响。在所有的子样本中，婚姻状况、工作状况、健康状况和未来经济预期变量都有显著的正系数。此外，年龄和幸福感之间的 U 形关系在所有的子样本中都得到了证实。收入变量和安全感变量对有住房的居民的幸福感有显著的正向影响，无论他们是否有住房贷款。参加社会保险对无住房贷款的居民和租房者，以及在公共部门工作对有住房贷款的居民和租房者都产生了积极影响。

根据本书研究结果，事实上，房价预期在中国城市居民幸福感中扮演着重要的角色，尤其是有住房的居民。对房价上涨的预期将提升有住房贷款的居民获得更好住房贷款的可能性，但降低无住房贷款的居民获得更好住房贷款的可能性。与政府对房地产市场调控不同，可以用几种方法提升城市居民的主观幸福感。政府可以制定一些鼓励单身人士结婚的政策，进一步提高单身人士的生活质量。此外，帮助人们获得更好的健康状况也是一种方式。最后，政府可以构建一个良好的社会环境，让人们期望未来经济会更好，从而提升居民的主观幸福感。

8
城乡居民通胀承受能力微观调查分析

8.1 引言

2017 年 9 月，全国居民消费价格指数，即 CPI 环比上涨 0.5%，同比上涨 1.6%，物价呈现温和上涨的趋势。通货膨胀将使居民生活成本压力与日俱增，低收入家庭生活也将变得更加艰难。面对物价水平的上涨，农村与城镇家庭会有不一样的敏感性和不同的承受能力。政策制定者极为关注城乡居民通胀承受能力适时调整相关政策，以防止通胀超过居民承受能力而引发社会动荡（王朝明、马文武，2013）。

居民对通货膨胀压力的容忍或承受程度，包含居民的经济承受能力和心理承受能力。居民承受能力是一个国家的基础性承受能力，较强的通胀承受能力对整个国家的繁荣发展起到基础性作用。超乎居民承受能力的严重通货膨胀会引起居民的不满，更有甚者可能会影响社会的安定。研究居民的通货膨胀承受能力，不仅是宏观层面的要求，更重要的是全面了解居民的生活水平和通胀承受能力，有利于政府部门制定相应的政策，提高全民生活质量。从我国价格改革的经验来看，每次价格改革都在一定程度上造成物价水平上涨，引发通货膨胀。因此，在推进资源要素价格改革的过程中，要十分重视居民"逢价格改革，必通货膨胀"的预期，让通胀预期管理成为资源要素价格改革的重要政策配套。

城乡居民通胀承受能力有多大？什么因素会影响通胀承受能力？回答这些问题，对于在资源要素价格改革的过程中防范通胀风险无疑具有重要的现实意义。本章首先基于近 600 份被调查者样本数据，从微观视角出发构建经济计量模型，实证研究影响居民通胀承受能力的因素，定量估计城乡居民通胀承受能力。

8.2 通货膨胀承受能力影响因素

8.2.1 调查问卷基本情况

本书问卷的内容主要包括两大部分。第一部分为访问者的基本情况，包括户籍、职业、学历、性别、年龄、住房租赁与否、家庭人口数、物品贬值程度、通胀态度、物价上涨与否、消费观念、应对措施、是否考虑资产减值损失及 2015 年和 2016 年家庭年收入与年支出，即个体特征变量。第二部分为通货膨胀的心理感受，包括调控政策满意度、住房条件满意度、教育体制满意度、医疗政策满意度、社保制度满意度、生活质量满意度、工作满意度、收入水平满意度，这些是满意度指标，选项设定为"很不满意""不满意""基本满意""较为满意""非常满意"5 个等级，赋值为 1~5。第二部分还涉及其他主观问题，包括通胀敏感度、通胀原因了解度、通胀政策了解度、未来增收自信度以及物价上涨严重度。具体的变量指标选取与赋值如表 8-1 所示。

表 8-1　被访问者个体特征变量与指标解释

变量名称	变量定义
家庭幸福感（$Y1$）	非常不幸福 = 1；不幸福 = 2；一般 = 3；幸福 = 4；非常幸福 = 5
通胀承受能力（$Y2$）	不能承受 = 1；不太能承受 = 2；基本可以承受 = 3；比较能够承受 = 4；完全可以承受 = 5
户籍（$X1$）	农村户籍 = 0；城镇户籍 = 1
是否贫困县（$X2$）	国家级 = 1；省级 = 2；不是；不知道 = 4
职业（$X3$）	公务员及事业单位 = 1；国有企业 = 2；外资企业 = 3；私有企业职员 = 4；个体工商户 = 5；农民 = 6；离退休人员 = 7；自由职业者 = 8；待业或者失业 = 9；其他 = 10
学历（$X4$）	初中及以下 = 1；高中/中专 = 2；大专 = 3；本科 = 4；硕士及以上 = 5
性别（$X5$）	女 = 0；男 = 1
年龄（$X6$）	30 岁以下 = 1；30~40 岁 = 2；40~50 岁 = 3；50~60 岁 = 4；60 岁以上 = 5
住房租赁与否（$X7$）	否 = 0；是 = 1
家庭人口数（$X8$）	3 人及以下 = 1；4 人 = 2；5 人 = 3；6 人 = 4；6 人以上 = 5

续表

变量名称	变量定义
物品贬值程度（X9）	110 元以下 = 1；110~130 元 = 2；131~150 元 = 3；151~180 元 = 4；180 元以上 = 5
通胀态度（X10）	担心会影响生活质量 = 1；无所谓 = 2；相信政府会做好调控 = 3
物价上涨与否（X11）	不会 = 1；不知道 = 2；会 = 3
消费观念（X12）	减少消费 = 1；消费更便宜的商品 = 2；不会调整消费 = 3；增加消费 = 4
应对措施（X13）	少消费，多存钱 = 1；消费和存钱比例基本不变 = 2；多消费，少存钱 = 3
是否考虑资产减值损失（X14）	完全不考虑 = 1；不怎么考虑 = 2；没想过 = 3；会考虑 = 4；首要考虑 = 5
2015 年居民年收入（Q1）	连续变量（单位：元）
2016 年居民年收入（Q2）	连续变量（单位：元）
2015 年居民年支出（Q3）	连续变量（单位：元）
2016 年居民年支出（Q4）	连续变量（单位：元）

通货膨胀的心理感受变量指标描述如表 8 - 2 所示。

表 8 - 2　通货膨胀心理感受变量与指标解释

变量名称	变量定义
调控政策满意度（z1）	很不满意 = 1；不满意 = 2；基本满意 = 3；较为满意 = 4；非常满意 = 5
住房条件满意度（z2）	很不满意 = 1；不满意 = 2；基本满意 = 3；较为满意 = 4；非常满意 = 5
教育体制满意度（z3）	很不满意 = 1；不满意 = 2；基本满意 = 3；较为满意 = 4；非常满意 = 5
医疗政策满意度（z4）	很不满意 = 1；不满意 = 2；基本满意 = 3；较为满意 = 4；非常满意 = 5
社保制度满意度（z5）	很不满意 = 1；不满意 = 2；基本满意 = 3；较为满意 = 4；非常满意 = 5
生活质量满意度（z6）	很不满意 = 1；不满意 = 2；基本满意 = 3；较为满意 = 4；非常满意 = 5
工作满意度（z7）	很不满意 = 1；不满意 = 2；基本满意 = 3；较为满意 = 4；非常满意 = 5
收入水平满意度（z8）	很不满意 = 1；不满意 = 2；基本满意 = 3；较为满意 = 4；非常满意 = 5
收入对比满意度（z9）	很不满意 = 1；不满意 = 2；基本满意 = 3；较为满意 = 4；非常满意 = 5
通胀敏感度（z10）	完全没有影响 = 1；有一定影响 = 2；基本没有影响 = 3；有比较大的影响 = 4；非常有影响 = 5
通胀原因了解度（z11）	完全不了解 = 1；不是很了解 = 2；基本了解 = 3；比较了解 = 4；完全了解 = 5

变量名称	变量定义
通胀政策了解度（$z12$）	完全不了解＝1；不是很了解＝2；基本了解＝3；比较了解＝4；完全了解＝5
未来增收自信度（$z13$）	完全没有信心＝1；不是很有信心＝2；基本有信心＝3；比较有信心＝4；完全有信心＝5
物价上涨严重度（$z14$）	不严重＝1；不是很严重＝2；一般＝3；比较严重＝4；很严重＝5

8.2.2　问卷基本统计

本研究共面向全国各地的家庭居民通过网络、实地调查等多种形式累计发放 700 份问卷，扣除无法回收和无效答卷，共收集有效问卷 582 份，问卷回收率为 83.14%，抽样调查有效。

本书问卷的被访者基本情况如表 8 - 3 所示。由被访者的户籍分布可以看出，城镇户籍比农村户籍稍微多点。从贫困县与否分布来看，调查对象大部分不是贫困县的，而属于国家级贫困县与省级贫困县的数量接近。调查对象的职业类别较为分散，个体工商户、农民、公务员及事业单位和其他占到了近七成，显示调查对象的职业选择更为广泛。在学历上，调查对象初高中居多，学历普遍不高，但大专及以上也占 36.4%。在性别上，男性比女性多，可能是受访男性偏多。在年龄上，40～50 岁的占半数以上。在住房租赁与否上，近九成的家庭拥有住房，租房的家庭较少，这也合乎中国传统上购房安家立业的思想。在家庭人口数上，近 90% 的家庭人口在 5 人及以下。从通货膨胀的相关统计变量看，在物品贬值程度上，11.2% 的调查对象认为物品贬值 180 元以上。在对待通货膨胀的态度上，超过半数的居民认为通货膨胀会影响生活质量，但也有 35.4% 的人对于政府会妥善治理通货膨胀持乐观态度。在物价上涨与否方面，有 45.7% 的人认为物价会继续上涨，也有 40.5% 的居民对物价上涨情况判断不清。在消费观念上，有 68.2% 的调查对象面对通货膨胀，会选择减少消费或者消费更便宜的商品。在应对通货膨胀措施上，56.2% 的人还是保持当前不变的存款消费比例，这可能与人们对通货膨胀认识不深刻有较大的关系。最后考虑通货膨胀带来的资产减值损失，52.6% 的人会考虑物价持续上涨给人们带来的资产贬值的心理感受。

表 8 - 3 被访问者的统计分布

项目	选项	数量（个）	占比（%）
户籍	农村户籍	261	44.8
	城镇户籍	321	55.2
贫困县与否	国家级贫困县	39	6.7
	省级贫困县	42	7.2
	不是	417	71.6
	不知道	84	14.4
职业	公务员及事业单位	96	16.5
	国有企业	57	9.8
	外资企业	6	1.0
	私有企业职员	50	8.6
	个体工商户	110	18.9
	农民	103	17.7
	离退休人员	11	1.9
	自由职业者	50	8.6
	待业或者失业	14	2.4
	其他	85	14.6
学历	初中及以下	204	35.1
	高中/中专	166	28.5
	大专	78	13.4
	本科	127	21.8
	硕士及以上	7	1.2
性别	女	235	40.4
	男	347	59.6
年龄	30 岁以下	53	9.1
	30 ~ 40 岁	157	27.0
	40 ~ 50 岁	320	55.0
	50 ~ 60 岁	47	8.1
	60 岁以上	5	0.9
住房租赁与否	否	511	87.8
	是	71	12.2

项目	选项	数量（个）	占比（%）
家庭人口数	3 人以下	212	36.4
	4 人	197	33.8
	5 人	103	17.7
	6 人	48	8.2
	6 人以上	22	3.8
物品贬值程度	110 元以下	14	2.4
	110～130 元	159	27.3
	131～150 元	237	40.7
	151～180 元	107	18.4
	180 元以上	65	11.2
通胀态度	担心会影响生活质量	325	55.8
	无所谓	51	8.8
	相信政府会做好调控	206	35.4
物价上涨与否	不会	80	13.7
	不知道	236	40.5
	会	266	45.7
消费观念	减少消费	253	43.5
	消费更便宜的商品	144	24.7
	不会调整消费	158	27.1
	增加消费	27	4.6
应对措施	少消费，多存钱	158	27.1
	消费和存钱比例基本不变	327	56.2
	多消费，少存钱	97	16.7
考虑资产减值损失	完全不考虑	12	2.1
	不怎么考虑	87	14.9
	没想过	154	26.5
	会考虑	306	52.6
	首要考虑	23	4.0

8.2.3 实证结果

首先对问卷中的通货膨胀心理感受样本数据进行信度与效度分析，可以得到总体的 Cronbach's Alpha 系数为 0.810 > 0.8，说明通货膨胀心理感受的问卷内部一致性和可靠性比较好。效度检验通常用的是因子分析的检验方法，由表 8-4 可知，通货膨胀心理感受因子的 KMO 值为 0.871，表明问卷测试结果是可信的。KMO 和 Bartlett 检验通常用来检验样本数据是否适合做因子分析，因此本书对通货膨胀心理感受的各个满意度指标进行 KMO 与 Bartlett 检验确定其是否可以做因子分析。

表 8-4 KMO 和 Bartlett 检验结果

	取样足够度的 KMO 度量	0.871
Bartlett 的球形度检验	近似卡方	2524.010
	df	91
	Sig.	0

从表 8-5 中能看出大部分变量提取的公因子方差在 0.5 以上，因此大部分变量能较好地被前面几个因子解释。从表 8-6 中可以得出，前 4 个因子的特征根值都大于 1，它们能够解释总方差的 60.829%（累计贡献率），虽然未达到一般要求的 80% 累计贡献率，但为后续模型分析简洁起见，我们只选择 4 个因子。

表 8-5 公因子方差

变量	初始	提取	变量	初始	提取
$z1$	1.000	0.528	$z8$	1.000	0.654
$z2$	1.000	0.517	$z9$	1.000	0.606
$z3$	1.000	0.545	$z10$	1.000	0.541
$z4$	1.000	0.669	$z11$	1.000	0.681
$z5$	1.000	0.691	$z12$	1.000	0.700
$z6$	1.000	0.617	$z13$	1.000	0.385
$z7$	1.000	0.669	$z14$	1.000	0.714

表 8 - 6 解释的总方差

主成分	初始特征根值			提取平方和载入		
	合计	方差的 %	累计 %	合计	方差的 %	累计 %
1	4.850	34.640	34.640	4.850	34.640	34.640
2	1.403	10.023	44.663	1.403	10.023	44.663
3	1.155	8.249	52.912	1.155	8.249	52.912
4	1.108	7.917	60.829	1.108	7.917	60.829
5	0.896	6.402	67.231			
6	0.780	5.568	72.799			
7	0.672	4.802	77.601			
8	0.596	4.255	81.856			
9	0.563	4.018	85.874			
10	0.495	3.533	89.407			
11	0.443	3.166	92.573			
12	0.373	2.662	95.235			
13	0.341	2.437	97.672			
14	0.326	2.327	100.000			

从表 8 - 7 的旋转成分矩阵来看，第一主成分主要由 $z2$、$z6$、$z7$、$z8$、$z9$ 五个变量组成，主要反映了居民对个人现状的满意程度；第二主成分主要由 $z1$、$z3$、$z4$、$z5$ 四个变量组成，主要反映的是居民对宏观政策的满意程度；第三主成分主要由 $z11$、$z12$、$z13$ 三个变量组成，反映的是居民对通货膨胀的了解程度；第四主成分主要由 $z10$、$z14$ 两个变量组成，主要反映的是居民对通货膨胀的心理预期。

表 8 - 7 旋转成分矩阵

变量	成分			
	1	2	3	4
$z7$	0.747			
$z9$	0.739			
$z8$	0.726			

续表

变量	成分			
	1	2	3	4
z6	0.717			
z2	0.654			
z5		0.792		
z4		0.782		
z3		0.673		
z1		0.549		
z12			0.821	
z11			0.778	
z13			0.517	
z14				0.792
z10				0.635

从上述的结果中我们可以看出居民的通胀承受能力在心理层面可以归结为个人现状满意度、宏观政策满意度、通胀了解度、通胀预期四个方面。因此通过因子分析可以将原本 14 个变量指标转变为 4 个主成分变量指标，达到了降维的目的。

表 8 - 8　成分得分系数矩阵

变量	成分			
	M1	M2	M3	M4
z1	0.050	0.203	− 0.046	− 0.077
z2	0.237	− 0.023	− 0.083	− 0.060
z3	− 0.036	0.335	− 0.104	0.097
z4	− 0.132	0.415	− 0.012	0.020
z5	− 0.144	0.419	0.011	− 0.004
z6	0.263	− 0.04	− 0.078	− 0.082
z7	0.273	− 0.101	0.026	− 0.034
z8	0.254	− 0.046	0.009	0.093
z9	0.309	− 0.124	− 0.025	0.142
z10	− 0.198	0.195	0.149	0.564
z11	0.024	− 0.173	0.493	0.111

变量	成分			
	M1	M2	M3	M4
$z12$	−0.156	0.024	0.536	0.014
$z13$	−0.027	0.017	0.290	−0.102
$z14$	0.189	−0.120	−0.106	0.705

根据表8-8的成分得分系数矩阵，可以得到个人现状满意度（M1）、宏观政策满意度（M2）、通胀了解度（M3）、通胀预期（M4）四个主成分的计算公式如下：

$$M1 = 0.050z1 + 0.237z2 - 0.036z3 - 0.132z4 - 0.144z5 + 0.263z6 + 0.273z7 + 0.254z8 + 0.309z9 - 0.198z10 + 0.024z11 - 0.156z12 - 0.027z13 + 0.189z14$$

$$M2 = 0.203z1 - 0.023z2 + 0.335z3 + 0.415z4 + 0.419z5 - 0.040z6 - 0.101z7 - 0.046z8 - 0.124z9 + 0.195z10 - 0.173z11 + 0.024z12 + 0.017z13 - 0.120z14$$

$$M3 = -0.046z1 - 0.083z2 - 0.104z3 - 0.012z4 + 0.011z5 - 0.078z6 + 0.026z7 + 0.009z8 - 0.025z9 + 0.149z10 + 0.493z11 + 0.536z12 + 0.290z13 - 0.106z14$$

$$M4 = -0.077z1 - 0.060z2 + 0.097z3 + 0.020z4 - 0.004z5 - 0.082z6 - 0.034z7 + 0.093z8 + 0.142z9 + 0.564z10 + 0.111z11 + 0.014z12 - 0.102z13 + 0.705z14$$

本书采用层次回归分析法来研究因子分析解释变量的作用，即在回归方程中增加因子分析解释变量。本书构建的层次回归模型可以分为三个步骤：用 Y 代表被解释变量、X_i 代表解释变量、M_j 代表因子解释变量。首先，做 Y 对 X 的回归，构建式（8.1）：

$$Y = \alpha_0 + \alpha_i X_i + \varepsilon_i \tag{8.1}$$

其次，做 Y 对 X_i、M_1 的回归，构建式（8.2）：

$$Y = \alpha_0 + \alpha_i X_i + \beta_1 M_1 + \varepsilon_i \tag{8.2}$$

再次，依次做 Y 对 X_i、M_2 的回归，构建式（8.3）：

$$Y = \alpha_0 + \alpha_i X_i + \beta_2 M_2 + \varepsilon_i \tag{8.3}$$

最后，对式（8.1）与式（8.2）、式（8.1）与式（8.3）的 OLS 回归结果进行比较，得出层次回归模型的结果。

接着引入多元阶层回归分析方法。本研究首先简单介绍中介变量的定义，根据 Baron 和 Kenny（1986）的研究可知，在探究自变量 X 对因变量 Y 的关系的过程中，如果 X 对 Y 的作用要通过 V 来实现，则 V 就是中介变量。为了分析通胀心理感受各个因子之间的关系，进行相关分析，采用的方法是皮尔逊相关分析法，具体如表 8-9 所示。

表 8-9 因子变量的皮尔逊相关性分析结果

		个人现状满意度	宏观政策满意度	通胀了解度	通胀承受能力	家庭幸福感
个人现状满意度	皮尔逊相关性	1	0.016	0.003	0.484 **	0.513 **
	显著性（双侧）	—	0.708	0.933	0	0
	N	582	582	582	582	582
宏观政策满意度	皮尔逊相关性	0.016	1	-0.014	0.197 **	0.367 **
	显著性（双侧）	0.708	—	0.729	0	0
	N	582	582	582	582	582
通胀了解度	皮尔逊相关性	0.003	-0.014	1	0.239 **	0.261 **
	显著性（双侧）	0.933	0.729	—	0	0
	N	582	582	582	582	582
通胀承受能力	皮尔逊相关性				1	0.464 **
	显著性（双侧）	0	0	0	—	0
	N	582	582	582	582	582
家庭幸福感	皮尔逊相关性	0.513 **	0.367 **	0.261 **	0.464 **	1
	显著性（双侧）	0	0	0	0	—
	N	582	582	582	582	582

*** 、 ** 、 * 分别表示 1%、5% 和 10% 的显著性水平。

由表 8-9 可知，在皮尔逊相关性分析中，个人现状满意度、宏观政策满意度和通胀了解度与通胀承受能力的相关系数分别为 0.484、0.197 和 0.239，它们的相关关系在 1% 的水平上是显著的，且呈正相关。而个人现状满意度、宏观政策满意度和通胀了解度与家庭幸福感的相关系数分别为 0.513、0.367 和 0.261，它们的相关关系在 1% 的水平上是显著的，且呈正相关。通过层次回归分析法来探讨通胀承受能力心理感受三大因子（通胀预期 M4 在回归过程中结果不显著予以剔除）对居民通胀承受能力的影响，具体实证回归结果如表 8-10 所示。

表 8 – 10 通胀承受能力的层次回归结果

	模型 1	模型 2	模型 3	模型 4	模型 5
常数项	2.153 *** (14.781)	1.422 *** (9.191)	1.662 *** (10.121)	1.857 *** (11.121)	0.518 *** (2.803)
户籍	0.325 *** (5.845)	0.280 *** (5.418)	0.348 *** (6.420)	0.317 *** (5.747)	0.291 *** (5.915)
贫困县与否	0.245 *** (6.646)	0.224 *** (6.549)	0.232 *** (6.474)	0.251 *** (6.879)	0.219 *** (6.730)
职业	– 0.075 *** (– 7.908)	– 0.070 *** (– 7.871)	– 0.075 *** (– 8.089)	– 0.071 *** (– 7.418)	– 0.063 *** (– 7.431)
住房租赁与否	– 0.389 *** (– 4.913)	– 0.255 *** (– 3.406)	– 0.382 *** (– 4.963)	– 0.404 *** (– 5.148)	– 0.262 *** (– 3.696)
通胀态度	0.165 *** (5.953)	0.117 *** (4.479)	0.131 *** (4.741)	0.147 *** (5.249)	0.057 ** (2.207)
2016 年支出	2.380 E – 006 *** (5.744)	1.573 E – 006 *** (4.001)	2.758 E – 006 *** (6.763)	2.253 E – 006 *** (5.471)	1.763 E – 006 *** (4.649)
个人现状满意度	—	0.310 *** (9.697)	—	—	0.321 *** (10.574)
宏观政策满意度	—	—	0.197 *** (5.884)	—	0.200 *** (6.579)
通胀了解度	—	—	—	0.126 *** (3.510)	0.163 *** (5.070)
N	582	582	582	582	582
调整 R^2	0.370	0.458	0.405	0.382	0.513
F	57.843 ***	71.034 ***	57.424 ***	52.315 ***	68.922 ***

*** 、 ** 、 * 分别表示 1% 、5% 和 10% 的显著性水平。

构建模型 1，这是一个基准模型。进行个体特征变量和通胀承受能力的回归分析，从表 8 – 10 中可以看出，在模型 1 中，个体特征变量的户籍、贫困县与否、职业、住房租赁与否、通胀态度、2016 年支出等的回归系数在 1% 的水平上具有显著性（Sig = 0.000 < 0.001），并且变量的容差和 VIF因子指标均可接受，被引入方程。而且，从回归结果来看，F 值为 57.843，效果十分明显，说明回归作用明显。从调整 R^2 来看，回归方程能够较好地解释总体变异的 37%。

构建模型 2，进行通胀承受能力对个体特征变量、个人现状满意度的回归分析，模型 2 的 R^2 为 0.458 > 0.370；各解释变量在 1% 的水平上显著，个人现状满意度十分显著，并且变量的容差和 VIF 因子指标均可接受。结果表明，个人现状满意度与通胀承受能力显著正相关。

构建模型 3，在模型 1 的基础上加入宏观政策满意度，进行通胀承受能力对个体特征变量、宏观政策满意度的回归分析。模型 3 的 R^2 为 0.405，对比模型 1 的调整后的 R^2 为 0.370，由于 0.405 > 0.370，模型 3 的解释效果更好，各解释变量在 1% 的水平上显著，宏观政策满意度十分显著，并且变量的容差和 VIF 因子指标均可接受。结果表明，宏观政策满意度与通胀承受能力显著正相关。

构建模型 4，在模型 1 的基础上加入通胀了解度，进行通胀承受能力对个体特征变量、个人现状满意度、通胀了解度的回归分析。在模型 4 中加入通胀了解度调整后的 R^2 为 0.382，对比模型 1 的调整后的 R^2 为 0.370，由于 0.382 > 0.370，模型 4 的解释效果更好，说明加入通胀了解度能够更好地解释通胀承受能力；各解释变量在 1% 的水平上显著，通胀了解度十分显著，并且变量的容差和 VIF 因子指标均可接受。结果表明，通胀了解度与通胀承受能力显著正相关。

模型 1 在人口通胀统计变量和通胀承受能力回归后得到的调整 R^2 为 0.370；在模型 1 的基础上加入个人现状满意度后，模型 2 的调整 R^2 变为 0.458，说明个人现状满意度变量加入模型后调整 R^2 增加了 0.088；在模型 1 的基础上加入宏观政策满意度，模型 3 的调整 R^2 变为 0.405，说明宏观政策满意度加入模型后调整 R^2 增加了 0.035；在模型 1 的基础上加入通胀了解度，模型 4 的调整 R^2 变为 0.382，说明通胀了解度加入模型后调整 R^2 增加了 0.012。结果表明，个人现状满意度相比宏观政策满意度和通胀了解度来说，对通胀承受能力的影响更加显著。

构建模型 5，在模型 1 的基础上加入个人现状满意度、宏观政策满意度、通胀了解度，进行通胀承受能力对个体特征变量、个人现状满意度、宏观政策满意度、通胀了解度的回归分析。模型 5 的调整 R^2 为 0.513，对比模型 1 至模型 4 的调整 R^2，模型 5 的解释效果最好，并且变量的容差和 VIF 因子指标均可接受。这说明加入个人现状满意度、宏观政策满意度和通胀了解度，能够更好地解释居民的通胀承受能力，且在 1% 的水平上都是显著的，呈正相关关系。

8.3 城乡居民通货膨胀承受能力测定与比较

8.3.1 通胀承受能力测定方法

通胀承受能力更多考察的是城乡居民对通胀压力的承受能力。这种承受能力不仅包括对物价持续上涨的压力的承受能力，也包括对物价上涨预期的承受能力，是客观经济因素与心理因素的综合评价指标。从心理因素角度去衡量通胀承受能力是不现实的，因此从客观经济因素角度去度量通胀承受能力是可取的。客观经济因素可以划分为消费与储蓄，度量消费与储蓄之间的替代效应即可反映城乡居民对通胀的心理预期和评价。可测定的价格效应分为替代效应和收入效应，我们借用斯勒茨基方程来实现价格的替代效应和收入效应的分离。

假定城镇居民收入为 I，只用于消费 C 和储蓄 S，因此有 $I = C + S$，消费品的原价为 P_0，储蓄利率为 r_0，消费品需求量为 Q_0，于是有 $I_0 = P_0 Q_0 + S_0$。而当消费品价格为 P_1，储蓄利率为 r_1 时，原来的经济组合 (Q_0, S_0) 依旧可以支付的需求量为斯勒茨基需求，表示为 $D_0^s [P_1, r_1, Q_0, S_0 (1 + r_0) / (1 + r_1)]$，此时原来经济组合可支付的收入为 $I = P_1 Q_0 + S_0 (1 + r_0) / (1 + r_1)$。斯勒茨基需求得到满足时有以下恒等式成立：

$$D_0^s \left(P_1, r_1, Q_0, S_0 \cdot \frac{1 + r_0}{1 + r_1} \right) \equiv D \left(P_1, r_1, P_1 Q_0 + \frac{1 + r_0}{1 + r_1} \cdot S_0 \right) \tag{8.4}$$

由式（8.4），得到：

$$\frac{\partial D(P_1, r_1, I)}{\partial P_1} = \frac{\partial D_0^s \left(\frac{1 + r_0}{1 + r_1} \right)}{\partial P_1} - \frac{\partial D(P_1, r_1, I)}{\partial I} \cdot Q_0$$

$$\underset{\substack{\text{总效应} \\ \text{（马歇尔需求）}}}{} \quad \underset{\substack{\text{替代效应} \\ \text{（斯勒茨基需求）}}}{} \quad \underset{\text{收入效应}}{} \tag{8.5}$$

式（8.5）为城乡居民的斯勒茨基方程，它的含义为消费品 Q 的价格改变时，家庭居民消费品 Q 需求的变动由两大部分组成：第一部分为替代

效应 $\dfrac{\partial\ D_0^s\left(\dfrac{1+r_0}{1+r_1}\right)}{\partial\ P_1}$，是单纯由价格引起的消费需求的变化；第二部分为收入

效应 $-\dfrac{\partial\ D\ (P_1,\ r_1,\ I)}{\partial\ I}$，是由价格变动带来的居民实际收入变动引起的

消费需求量的改变。

发生通胀时，物价上涨，消费者基于理性预期会在原来的消费约束下，调整消费与储蓄的比例，达到最大效用。假设城乡居民的效用函数 $U\ (C,$ $S)$ 满足柯布－道格拉斯函数形式，由于该函数形式取对数后对其最大值的求解没有影响，因此可以将最大值的求解转化为对数形式后的最大化求解。

$$U(C,S)=\alpha\ln Q+(1-\alpha)\ln S \tag{8.6}$$

收入预算约束为：$I=P_1Q+S$；

拉格朗日函数为：$L=\alpha\ln Q+\ (1-\alpha)\ \ln S+k\ (I\text{-}PQ\text{-}S)$。

由一阶条件，可得：

$$\begin{cases}\dfrac{\partial L}{\partial Q}=\dfrac{\alpha}{Q}-kP=0\\[2mm]\dfrac{\partial L}{\partial S}=\dfrac{1-\alpha}{S}-k=0\\[2mm]\dfrac{\partial L}{\partial k}=I-PQ-S=0\end{cases}$$

得到：

$$Q=\frac{\alpha I}{P} \tag{8.7}$$

式（8.7）即城乡居民的消费需求函数，替代效应为：

$$\frac{\partial D^{'}(P,r,Q,S)}{\partial P}=-\frac{\alpha I}{P^2}+\frac{\alpha}{P}\cdot Q=\frac{\alpha(PQ-I)}{P^2}=-\frac{\alpha S}{P^2} \tag{8.8}$$

式（8.7）表示对城乡居民单纯由价格上涨引起的消费需求量降低的量化程度，说明人们的实际生活水平下降了。也就是说，城乡居民要保持原有的消费水平，就必须增加 $\alpha S/P$ 作为消费支出。$\alpha S/P$ 与收入之比，$\alpha S/PI$ 表示通胀对居民收入的削减程度，而反过来 $PI/\alpha S$ 则为居民的通胀承受范围。在通常的经济行为中，消费更强调的是一种自发性行为，因此收入 I 用 $I-C_0$ 代替，C_0 为自发消费所需的支出。故可以得到：

$$V = \frac{P(I - C_0)}{\alpha_s} \tag{8.9}$$

通过式（8.6）可知 $\alpha = C/I$，其经济含义为平均消费倾向 APC，且有消费方程 $C = C_0 + cI$（定义 c 为边际消费倾向 MPC）与 $I = C + S$ 有：

$$V = \frac{P[I - (C - cI)]}{\alpha(I - C)} = \frac{P(1 + c - \alpha)}{\alpha(1 - \alpha)} \tag{8.10}$$

式（8.10）为城乡居民通胀承受能力的测定公式，它由当前物价水平（即 CPI）、平均消费倾向和边际消费倾向所决定。参考相关文献，边际消费倾向 c 一般是用本年与上年的居民人均消费支出的差额除以本年与上年的居民人均可支配收入的差额，本书将边际消费倾向 c 引入时变参数模型进行估计。一般的回归模型可用式（8.11）表示：

$$y_t = x_t'\beta + u_t, t = 1, 2, \cdots, T \tag{8.11}$$

式（8.11）中回归方程所估计的参数在样本期间是固定的，即 β 是不变的，可以采用普通最小二乘法（OLS）、工具变量法等常用的经济计量模型进行估计。事实上，由于受到经济改革、外部环境变化和国家政策变化等因素的冲击，我国经济结构正在逐渐发生改变，而采用固定参数模型无法反映这种经济结构的变化。因此，需要采用时变参数模型进行估计，时变参数模型描述为：

$$y_t = x_t'\beta_t + u_t, t = 1, 2, \cdots, T \tag{8.12}$$

式（8.12）中，β_t 是随时间改变的，体现出解释变量对因变量影响关系的改变。假设 β_t 能够由 AR（1）过程描述：

$$\beta_t = \psi\beta_{t-1} + \varepsilon_t \tag{8.13}$$

式（8.12）和式（8.13）构成一个状态空间模型，其中可变参数 β_t 是不可观测变量，代表时变边际消费倾向，本书利用状态空间模型卡尔曼滤波估计法对 β_t 进行估计。

用城市居民人均可支配收入来表示城市收入 I，用城市居民家庭人均现金消费支出来表示消费支出 C，城市的平均消费倾向 α 用本年的城市居民家庭人均现金消费支出除以本年的城市居民人均可支配收入表示。与城市不同的是，农村收入 I 的相应指标是农村居民家庭人均纯收入，消费支

出 C 则用农村居民家庭人均消费支出表示，农村的平均消费倾向 α 用本年的农村居民家庭人均消费支出除以本年的农村居民家庭人均纯收入表示。由于中国经济在某些年份存在结构变化的特征，因此本书采用时变参数模型估计城市和农村的边际消费倾向。由物价水平 P、平均消费倾向 α、边际消费倾向 c，能够求出城市和农村的通胀承受能力值。修正的城市居民边际消费倾向如图 8-1 所示，从中可以看出修正后的城市曲线比较平滑，具有合理性。

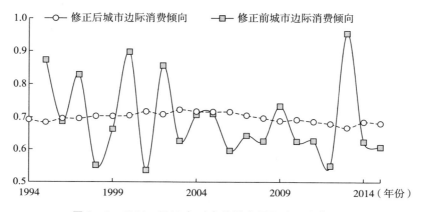

图 8-1　1994~2015 年时变的城市居民边际消费倾向

1994~2015 年的农村居民的通胀承受能力值如表 8-11 所示，城市居民的通货膨胀承受能力值如表 8-12 所示。以上的数据均来源于国家统计局的年度统计。

表 8-11　1994~2015 年中国农村居民通胀承受能力值

年份	承受能力值	年份	承受能力值	年份	承受能力值
1994	8.2236	2002	5.0760	2010	5.4853
1995	7.9998	2003	5.2048	2011	5.5218
1996	7.0021	2004	5.3959	2012	5.3731
1997	5.8978	2005	5.7115	2013	5.9307
1998	5.1525	2006	5.9300	2014	6.2074
1999	4.8402	2007	6.0403	2015	6.3551
2000	4.9964	2008	5.9373		
2001	5.1184	2009	5.5885		

表 8 – 12　1994 ~ 2015 年中国城市居民通胀承受能力值

年份	承受能力值	年份	承受能力值	年份	承受能力值
1994	7.2875	2002	5.3895	2010	4.8981
1995	6.9742	2003	5.4091	2011	4.9258
1996	6.2639	2004	5.4432	2012	4.7154
1997	5.9555	2005	5.2953	2013	4.7220
1998	5.5882	2006	5.1429	2014	4.7591
1999	5.4147	2007	5.1384	2015	4.6884
2000	5.6406	2008	5.0739		
2001	5.4272	2009	4.7293		

　　为了更为直观地看出城市居民与农村居民通胀承受能力的长期变动趋势并进行对比分析，将表 8 – 11 和表 8 – 12 中中国城乡居民通胀承受能力值绘制成如图 8 – 2 所示的折线图。

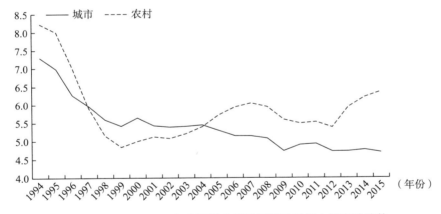

图 8 – 2　1994 ~ 2015 年中国城乡居民通胀承受能力值变动趋势

　　从图 8 – 2 中可以看出，我国城市和农村居民通胀承受能力值及变动走势具有以下特点。第一，由于考虑了我国经济结构突变的特性，城市和农村居民通胀承受能力值不会出现较为极端的值，基本在 4.5 到 8.5 的范围内波动。第二，城市和农村居民通胀承受能力值 2000 年前保持较为一致的下降趋势，而 2000 年后两者的趋势是相反的，农村居民的通胀承受能力值呈现上涨的趋势，城市居民通胀承受能力值仍旧呈较为缓慢的下降趋势。第三，城市居民的通胀承受能力值在长期范围内呈较为明显的下降趋势，最大值是 1994 年的 7.2875，进入 21 世纪后下降的趋势趋于平缓，逐步趋于稳态。第四，农村居民的通胀承受能力值在 1994 年处于峰值 8.2236，明显高于城市，并且波动性比较大，2000 年前农村居民通胀承受能力值下降的速度明显快于城市，而进入 21 世纪后农村居民通胀承受能力值呈现明显的上升趋势。第五，城市和农村居民通胀承受能力值都有剧烈波动和相对稳定两个阶段，只不过城市和农村有差异。城市是在 2000 年前波动较为剧烈，进入 21 世纪后逐步趋于平缓。农村在 2000 年前下降趋势较为明显，21 世纪初期处于平缓上升期，而 2008 年国际金融危机过后呈现先下降再上升但相对平缓的波动趋势。第六，在进行数据统计的 22 年间，城市和农村居民通胀承受能力值平均值分别为 5.403、5.863，农村的数值略高一点，但差异很小。

下文具体结合我国经济运行的背景、外部宏观经济环境和制度变革，深入探讨我国城市和农村居民通胀承受能力阶段性变化的特点与具体原因。第一，城市和农村居民通胀承受能力的影响因子基本上是一致的，只不过它们的影响力度不同。第二，当下，通胀不再是决定通胀承受能力的唯一因素，经济紧缩和不景气会对通胀承受能力产生更大的影响，特别是美国次贷危机和欧洲主权债务危机对农村居民的冲击更大，会从就业层面改变农村居民通胀承受能力。农民工进城务工是一种大趋势，表明农民的主要收入来源不再局限于农业收入，进城务工已经成为农民收入的支柱之一，而一旦经济形势不好，由于农民工的工作技能较为单一，其就业形势就很严峻，没有稳定的收入来源会带来一系列不良反应。第三，20 世纪 90 年代初是我国计划经济向市场经济转型的经济体制改革时期，给城市和农村都带来了不同程度的冲击，在经济体制转变的过程中，城市受到地方政府财政的扶持和保护，能够更好地抵御通胀的冲击，而农村基础设施和社会福利保障相对薄弱，制度变迁对农村居民的冲击明显高于城市，因此农村居民的通胀承受能力值下降的速度明显快于城镇。第四，我国已经基本完成了由计划经济向市场经济的转型升级，城市和农村居民对未来的经济预期以及通胀承受能力也趋于平稳。制度变迁是居民通胀承受能力不断发生异动的根本原因。第五，稳定的经济体制是通胀承受能力稳定的基础前提，尽管经济体制改革的试点始于农村，但由于政府对城市的扶持力度更大，市场经济首先形成于城市，如果农民得到更多的保障，其就会对经济有更大的信心。进入 21 世纪，农村居民通胀承受能力是高于城市居民的。

8.4　本章小结

不同收入群体对通胀有着不同的承受能力，经济行为主体的通胀承受能力既受到收入等客观因素的影响，也受到生活满意度等主观因素的影响。深入研究居民的通胀承受能力，对于政府稳步推进资源要素价格改革、减少价格改革对人民群众生活水平的负向冲击、维护社会和谐稳定，具有重要的参考价值。本章基于问卷调查与中国家庭金融调查（2011）的数据构建计量模型，对通胀承受能力影响因素进行实证分析，调查分析与实证分析结果表明，城乡居民通胀承受能力总体呈现下降趋势，但近年来有增强的趋势。居民生活现状满意度、宏观政策满意度和通胀了解度提高，能够增强居民的通胀承受能力。居民的心理整体满意度和通胀了解度越高，越能更好地应对通胀压力。除此以外，客观的经济、物质条件同样会直接或者间接影响居民的通胀承受能力。

9
基于混频数据抽样模型的通货膨胀
实时预报与短期预测

9.1 引言

通货膨胀会给价格体系带来噪声，使价格信号失真，干扰投资以及储蓄决策的执行，进一步加剧物价的波动。在短期至中期，物价波动可能会使货币当局采取多种通货膨胀治理政策，从而使货币政策成为经济波动的干扰源，影响经济产出和就业的稳定。同时，通货膨胀的不确定性也会给通货膨胀带来溢出效应，进而导致更高的平均通货膨胀率和通货膨胀预期。

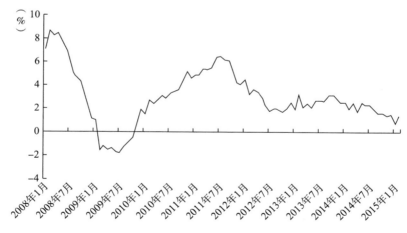

图 9 - 1 CPI 同比增长率变动趋势（2008 年 1 月至 2015 年 1 月）

如图 9 - 1 所示，CPI 在 2008 ～ 2012 年震荡上行，经历了 2012 年 10 月的波谷之后，CPI 并没有按照周期规律出现大幅攀升，而是小幅波动低位运行。这与国际国内经济形势有关。当前我国处于结构性调整的新常态阶段，经济增速有所放缓，一些产能过剩行业如化工、钢铁等不景气；全球经济所呈现的不确定性持续加大，如新兴经济体经济处于颓势困境、贸易争端不断，发达经济体面临货币政策分歧、地缘政治风险以及石油等大宗商品价格波动风险等。

目前，中国正处于经济结构性调整的关键时期，但高投入、高耗能的粗放型经济增长方式依旧明显，能源和原材料的消耗量巨大。受到资源禀赋的局限以及需求量的大幅上升的影响，我国大宗商品的进口量显著增加，成为多种初级产品的最大进口国与消费国，大宗商品的对外依存度居高不下。以原油和铁矿石为例，自我国取代日本成为全球顶级铁矿石需求国，2014 年进口量达到 9.325 亿吨，相比 2013 年增长了 13.8%，对外依存度进一步提高到 78.5%。作为仅次于美国的全球第二大原油进口国，中国 2014 年原油进口量达到 3.08 亿吨，同比增长 9.45%。原油对外依存度 1993 年仅为 6%，但随着我国经济的快速发展，原油需求量剧增，2010 年原油对外依存度突破 50% 的警戒线，2013 年达到 59%。根据原油消耗状况和需求趋势，国际能源机构预测我国 2020 年原油对外依存度将超过 70%。而据英国石油公司估算，2030 年中国将跃居美国之上，成为全球第一大原油消费国。在国际原材料需求方面，我国是大豆、铜、天然橡胶等原料的第一大消费国，镍、锌等进口量也居于世界前列。

虽然我国在不少国际大宗商品的进口量上处于领先地位，但"中国需求"并未赋予我国大宗商品价格决定权，大宗商品价格往往由国际市场左右，我国在国际贸易中一直处于被动地位。而近年来大宗商品价格跌宕起伏，成为冲击我国物价水平的关键因素。随着资源要素价格改革的深化，资源价格与国际接轨是必行之路。在此背景下，国际资源价格冲击对国内通胀水平变化的影响将更加不确定，研究大宗商品价格对我国通胀的影响乃至在通胀预测模型中考虑大宗商品价格的预测作用，具有现实的合理性与必要性。

当下对 CPI 的预测大都基于传统计量模型，而利用同频数据的传统 CPI 预测模型需要对高频数据进行低频化处理，这会使信息面临失真风险，降低模型的预测精度。同时，同频模型只能进行样本外的短期预测而无法进行月度实时预报，因而会影响预测的及时性。本章借助混频数据模型加强通货膨胀短期预测、实时预报，具有重要的现实意义。本章将在高频金融数据的基础上选取股指、利率、汇率和多种大宗商品价格作为备选预测变量。由于数据变量较多，首先利用随机搜索变量选择方法（Stochastic Search Variable Selection，SSVS）对 27 个高频数据变量进行筛选，选出原油价格等 7 个对 CPI 影响较大的变量作为混频数据模型的预测变量。最后建立单变量混频数据抽样（Mixed Frequency Data Sampling，MIDAS）模型和多变量 MIDAS 对 CPI 进行预测并与 OLS 和自回归模型的预测精度对比，选出最优的预测模型，为通货膨胀预测提供有用的工具和方法。

9.2　混频数据模型介绍

MIDAS 和混频向量自回归模型（MF-VAR）是混频数据中两类代表性模型。MIDAS 模型可以有效地避免混频数据同频化处理带来的信息损失，因此应用十分广泛。MIDAS 模型能够结合不断更新的高级计量方法并应用于更加复杂的宏观经济分析与预测中，这都充分说明了 MIDAS 模型具有相当强的拓展性。而 MF-VAR 模型同样以处理混频数据为出发点，根据数据频率的倍差将不同频率的数据以方程的形式表示出来，再利用卡尔曼滤波方法和状态空间模型实现参数估计和变量预测。

9.2.1　基础 MIDAS 模型

基础 MIDAS 模型是指用非线性最小二乘方法进行估计的单变量混频数据模型和多变量混频数据模型。单变量混频数据模型是最基本的 MIDAS 模型，它利用滞后权重多项式建立一个高频预测变量与一个低频被预测变量之间的回归关系，并由非线性最小二乘方法对模型进行估计，用以研究高频变量对低频变量的预测能力。

单变量 MIDAS（m，K）模型的表达式如下：

$$y_t = \beta_0 + \beta_1 W(L^{\frac{1}{m}};\theta) x_t^{(m)} + \varepsilon_t^{(m)} \tag{9.1}$$

其中，y_t 是低频被预测变量，$x_t^{(m)}$ 是高频预测变量；m 表示高频频率与低频频率的比值，例如 y_t 的频率为季度，$x_t^{(m)}$ 的频率为月度，那么 $m = 3$，若两者间是月度与日度之间的关系，则可以根据数据的具体情况设置，本研

究设 $m = 18$。$W(L^{\frac{1}{m}};\theta)$ 为滞后权重多项式，且 $W(L^{\frac{1}{m}};\theta) = \sum_{k=0}^{K} w(k;$ $\theta) L^{\frac{k}{m}}$，K 为高频变量的最大滞后阶数，$w(k;\theta)$ 为权重函数，$L^{\frac{1}{m}}$ 为高频滞后算子，因此有 $L^{\frac{k}{m}} x_t^{(m)} = x_{t-k/m}^{(m)}$。由于此模型的滞后是高频数据的权重滞后，因此无法进行样本外预测。

实证研究中参数化的加权多项式函数主要有四种，包括 Almon 滞后多项式、指数 Almon 滞后多项式、Beta 多项式和步函数多项式，Ghysels 等（2006）给出了这四种加权函数的具体表达形式，如式（9.2）至式（9.5）所示，可以看出各函数权重之和已经被假设为 1。

第一，Almon 滞后多项式的表达式为：

$$w(k;\theta) = \frac{\theta_0 + \theta_1 k + \theta_2 k^2 + \cdots + \theta_p k^p}{\sum_{k=1}^{K}(\theta_0 + \theta_1 k + \theta_2 k^2 + \cdots + \theta_p k^p)} \tag{9.2}$$

第二，指数 Almon 滞后多项式的表达式为：

$$w(k;\theta) = \frac{\exp(\theta_0 + \theta_1 k + \theta_2 k^2 + \cdots + \theta_p k^p)}{\sum_{k=1}^{K}\exp(\theta_0 + \theta_1 k + \theta_2 k^2 + \cdots + \theta_p k^p)} \tag{9.3}$$

目前使用频率最高的权重函数形式为指数 Almon 滞后多项式，一方面利用它能够获得类型各异的加权函数；另一方面，它可以确保赋予变量的权重为正，从而使回归模型具有逼近残差为 0 的优良特性。本书利用双参数的指数 Almon 滞后多项式，并按照 Clements 和 Galvão（2008）的要求，假设 $\theta_1 \le 300$、$\theta_2 \le 0$，以此对参数进行约束，从而获得预测通货膨胀所需的权重表达式。

第三，Beta 多项式。Beta 多项式函数一般是指仅含有两个特定参数的多项式函数，也可以根据需要构造出含有多种形态的权重函数，可以将 Beta 多项式具体表现成如下形式：

$$w(k;\theta_1;\theta_2) = \frac{f(k/K,\theta_1;\theta_2)}{\sum_{k=1}^{K}f(k/K,\theta_1;\theta_2)} \tag{9.4}$$

其中，$f(x,a,b) = \dfrac{x^{a-1}(1-x)^{b-1}\Gamma(a+b)}{\Gamma(a)\Gamma(b)}$，$\Gamma(a) = \int_0^{\infty} e^{-x}$ $x^{a-1}\mathrm{d}x$。

第四，步函数多项式具体形式可以表示为：

$$w_i(\theta_1,\cdots,\theta_p) - \theta_1 I_{i \in [a_0,a_1]} + \sum_{p=2}^{p} \theta_p I_{i \in (a_{p-1},a_p)} \tag{9.5}$$

其中，$a_0 = 1 < a_1 < a_p = N$，$I_{i \in (a_0,a_p)} = \begin{Bmatrix} 1, & a_{p-1} \leqslant i \leqslant a_p \\ 0, & a_{p-1} \geqslant i,\ i \geqslant a_p \end{Bmatrix}$。

h 步提前的 MIDAS（m，K，h）模型克服了单变量 MIDAS（m，K）模型只能进行月度 CPI 样本预测的局限性，可以在当月对 CPI 进行实时预报和短期预测，具体表达形式如下：

$$y_t = \beta_0 + \beta_1 W(L^{1/m};\theta) x_{t-h/m}^{(m)} + \varepsilon_t^{(m)} \tag{9.6}$$

其中，h 代表提前步数，m 表示为日度变量的频率。当 h 小于 m 时，使用当月的日度变量数据进行预测，一般称为实时预报。传统 CPI 预测模型往往利用同频月度数据，相比于 MIDAS（m，K，h）模型数据频率较低，会降低信息的完全性，同时由于月度信息发布时间一般在下个月 9 日，会造成月度信息的时滞。但是，MIDAS（m，K，h）模型充分利用其在数据频率上的优势，一方面可以利用日度高频变量预测月度 CPI，能充分利用对预测 CPI 有用的日度信息；另一方面也可以在本月 CPI 未公布之前，在当月对其进行实时预报。根据本研究的设置 $m = 18$，若 $h = 9$，表明要在本月结束之前提前 9 天实时预报本月的 CPI，并且用到了本月第 9 天的信息；同样，若 $h = 8$ 则表明利用当月前 10 天的信息对 CPI 进行实时预报，并更新 $h = 9$ 时的预报结果。以此类推，若 $h = 1$，即可以用最新公布的 17 天的数据对当月的通胀率进行实时预报，并更新 $h = 2$ 时的预报值。当 $h > 18$ 时，此模型可以对本月之外的 CPI 进行预测，同时修正该月度外的预测值。因此，利用 h 步提前的 MIDAS（m，K，h）模型可以实现月度 CPI 实时预报和短期预测，同时也可以利用新近数据及时更新和修正月度外的预测结果。

9.2.2 AR-MIDAS 模型

由于经济系统具有惯性，如宏观经济变量 CPI、GDP 等，前一期与后一期之间往往存在自相关关系，因此加入自回归项是合理且必要的。Stock 和 Watson（2003）建议将预测变量的滞后项加入模型之中以提高预测效果。Clements 和 Galvão（2008）认为应引入动态自回归项并将其作为一般因素。就本书 CPI 预测而言，CPI 滞后项可以表示一种市场预期。本书的实证结果也表明带有自回归项的混频数据模型预测精度显著提高。包含 1 阶滞后项的提前 h 步预测的 AR-MIDAS 模型的表达式为：

$$y_t = \beta_0 + \lambda y_{t-1} + \beta_1 W(L^{1/m}; \theta)(1 - \lambda L) X_{t-h/m}^{(m)} + \varepsilon_t^{(m)} \tag{9.7}$$

当 $h = 0$ 时，此模型即为自回归混频数据模型，与不附加自回归项的 MIDAS（m，K）模型类似，此时只能进行样本内预测而不能进行实时预报与短期预测。需要说明的是，加入 $1 - \lambda L$ 是为了消除自回归项 y_{t-1} 带来的"伪季节效应"。

9.2.3　多元 MIDAS 模型

多元 MIDAS 模型的具体表达式为：

$$y_t = \beta_0 + \sum_{i=1}^{n} \beta_{1i} W_i [L^{(1/m)}; \theta] x_{i,t}^{(m)} + \varepsilon_t^{(m)} \tag{9.8}$$

如果考虑到被预测变量同时受到自身因素的影响，则可以在模型中加入自回归因子，从而形成多元 M（n）– MIDAS-AR 模型：

$$y_t = \lambda y_{t-p} + \sum_{i=1}^{n} \beta_{1i} W_i (L^{(1/m)}; \theta) x_{i,t}^{(m)} + \varepsilon_t^{(m)} \tag{9.9}$$

其中，n 代表预测因子数目，p 为滞后阶数。为获得各个预测因子 $x_i^{(m)}$ 对被预测因子 y 的作用 β_{1i}，不同预测因子所对应的加权函数参数向量 θ_i 必须各自设定，但如果各个预测因子的特性具有相似性，则可以赋予每个预测因子相同的权重，本书采取的是相同的权重多项式。

9.2.4　MIDAS 模型估计方法

Ghysels 等（2004）最早利用非线性最小二乘法对单变量和多变量情况下的混频数据模型进行参数估计，也就是说在参数向量 θ 已知的情况下，借助最小二乘法可以获得：

$$\beta = \Big[\sum_{t=h}^{T} x_{t-h}(\theta) x_{t-h}(\theta)'\Big]^{-1} \Big[\sum_{t=h}^{T} x_{t-h}(\theta) y_t\Big] \tag{9.10}$$

其中，$x_{t-h}(\theta) = [1, W(L^{1/m}; \theta) X_{t-h}^{(m)}]$，$\beta = (\beta_0, \beta_1)'$。对于参

数首先要进行前置约束 $\theta_1 \leqslant 300$、$\theta_2 \leqslant 0$，其次赋予参数 θ 不同初始值用以测验优化过程与初始值之间的无关性。Clements 和 Galvão（2008）详述了 MIDAS – AR 模型以及多变量 MIDAS – AR 模型的参数估计步骤。

第一，对参数进行前置约束 $\theta_1 \leqslant 300$、$\theta_2 < 0$，估计未加入自回归项情况下的 MIDAS 模型以获得误差 $\hat{\varepsilon}_t$，并计算 λ 的初值 $\hat{\lambda}_0 = \left(\sum \hat{\varepsilon}_{t-h}^2 \right)^{-1} \sum \hat{\varepsilon}_t \hat{\varepsilon}_{t-h}$。

第二，基于新建的被预测因子和预测因子 $y_t^* = y_t - \hat{\lambda}_0 y_{t-h}$ 和 $x_{t-h}^* = x_{t-h} - \hat{\lambda}_0 x_{t-2h}$，通过非线性最小二乘方法（NLS）对 $y_t^* = \beta_0 + \beta_1 W(L^{1/m}; \theta) x_{t-h}^* + \varepsilon_t$ 进行参数估计，计算出向量 θ 的估计值 $\hat{\theta}_1$。

第三，利用从新估计方程的残差中获得的 λ 的新值 $\hat{\lambda}_1$，利用新的初始参数值 $\hat{\lambda}_1$ 和 $\hat{\theta}_1$，并借助 BFGS 算法，通过最小化残差平方和，得到最终的参数估计值 $\hat{\lambda}$ 和 $\hat{\theta}$。

9.2.5 MIDAS 回归模型的扩展

本节将简单介绍引入因子变量 F 的混频 MIDAS 的扩展模型，用以提高预测精度和估计效果，其中因子模型：

$$X_t = \Lambda_t F_t + u_t$$
$$F_t = \Phi F_{t-1} + \eta_t$$
$$u_{it} = a_{it}(L) u_{it-1} + \varepsilon_{it} \tag{9.11}$$

结合了因子的 MIDAS 模型是一种以同频月度数据、低频季度数据、高频日度数据为预测变量的混频数据模型的扩展形式。Andreou 等（2010）将此模型表示为 FADL-MIDAS（PF，P_Y^Q，P_X^D），表达式如下：

$$
\begin{aligned}
Y_{t+1}^Q &= \mu + \sum_{i=0}^{PF-1} \beta_i^F F_{t-1}^Q + \sum_{j=0}^{P_Y^q-1} \mu_J Y_{t-j}^Q \\
&+ \beta \sum_{i=1}^{P_X^q-1} \sum_{i=0}^{N_D-1} w_{N_D \cdot i + j \times N_D}(\theta^D) X_{N_D-1, t-j}^D + u_{t+1}
\end{aligned} \tag{9.12}
$$

其中，F^Q 是引入的因子变量，目的在于推广加入自回归滞后项的混频数据模型。

9.2.6 MF-VAR 模型

为了便于研究，本节将以季度 GDP 数据为解释变量、以月度 GDP 数据为被解释变量介绍 MF-VAR 模型。

基础 MF-VAR 模型：将缺省的低频数据当作高频数据的潜在不可观测值，并利用时间分解方法从季度 GDP 中获得月度 GDP 数据，为了通过低频 GDP 增长率 y_t 得到高频 GDP 增长率 $y_t^{(m)}$ 的预测值，可以进行加总运算得到式（9.13）：

$$y_t = \frac{1}{3}y_t^{(m)} + \frac{2}{3}y_{t-1/m}^{(m)} + y_{t-2/m}^{(m)} + \frac{2}{3}y_{t-3/m}^{(m)} + \frac{1}{3}y_{t-4/m}^{(m)} \tag{9.13}$$

利用被预测高频 GDP 增长率 $y_t^{(m)}$ 变量与高频因子 $x_t^{(m)}$ 就可以构建形成两因子的 VAR 模型，即：

$$\Phi[L^{(m)}]\begin{bmatrix} y_t^{(m)} - u_y^{(m)} \\ x_t^{(m)} - u_x \end{bmatrix} = u_t^{(m)} \tag{9.14}$$

其中，$\Phi[L^{(m)}] = \sum_{i=1}^{p} \Phi_i L^{(i/m)}$，且 $u_t^{(m)} \sim N(0, \Sigma)$。为进一步得到 MF-VAR 的状态空间方程，首先需要定义如下两个状态向量，即：

$$s_{t_m} = \begin{pmatrix} z_{t_m} \\ \vdots \\ z_{t_m-4} \end{pmatrix}, \text{且 } z_{t_m} = \begin{pmatrix} y_{t_m}^* - u_y^* \\ x_{t_m}^* - u_x^* \end{pmatrix} \tag{9.15}$$

结合上述方程，构建状态空间框架下的混频 MF-VAR 模型，如下所示：

$$s_{t_m+1} = As_{t_m} + Bv_{t_m}$$

$$\begin{pmatrix} y_{t_m} - u_y \\ x_{t_m} - u_x \end{pmatrix} = Cs_{t_m}\begin{pmatrix} y_{t_m} - u_y \\ x_{t_m} - u_x \end{pmatrix} = Cs_{t_m} \tag{9.16}$$

其中，$v_{t_m} \sim N(0, I_2)$，且 $u_y = 3u_y^*$。在状态空间形式下，计算均值参数 u_x、u_y 十分不容易。为避免估计困难，转而计算中心化后的参数，此时的系统矩阵就变为：

$$A = \begin{bmatrix} A_1 \\ A_2 \end{bmatrix}, \text{且 } A_1 = \begin{bmatrix} \Phi_1 \cdots \Phi_p 0_{2 \times 2(5-P)} \end{bmatrix}, A_2 = \begin{bmatrix} I_8 0_{8 \times 2} \end{bmatrix}, B = \begin{bmatrix} \Sigma^{1/2} \\ 0_{8 \times 2} \end{bmatrix}, C = \begin{bmatrix} H_0 \cdots H_4 \end{bmatrix}$$

$$(9.17)$$

其中，C 是包含 $H(L_m) = \sum_{i=0}^{4} L_m^i$ 滞后多项式的矩阵，即：

$$H(L_m) = \begin{bmatrix} 1/3 & 0 \\ 0 & 1 \end{bmatrix} + \begin{bmatrix} 2/3 & 0 \\ 0 & 0 \end{bmatrix} L_m + \begin{bmatrix} 1 & 0 \\ 0 & 0 \end{bmatrix} L_m^2 +$$

$$\begin{bmatrix} 2/3 & 0 \\ 0 & 1 \end{bmatrix} L_m^3 + \begin{bmatrix} 1/3 & 0 \\ 0 & 0 \end{bmatrix} L_m^4 \qquad (9.18)$$

根据加总方程的约束，仅考虑 $p \leq 4$ 的矩阵 A 和 B，也可以通过修改状态矩阵和系统矩阵获得 $p > 4$ 时的表达式。式（9.18）的状态空间方程能够利用最大似然方法和预期最大化方法估计得出，但是需要考虑因 GDP 数据的自然属性和公布的频率而造成的月度 GDP 数据的缺省问题。

MF-VAR 模型：结合因子模型的 MF-VAR 模型。结合因子模型的 MF-VAR 模型首先采用动态因子模型的估计方法从大量因子模型中萃取因子，然后在状态空间模型框架下分析混频数据。考虑如下 n 个经过均值为 0、方差为 1 标准化后的平稳高频向量 $x_t^{(m)} = [x_1^{(m)}, \cdots, x_t^{(m)}]'$，则动态因子模型可以表示为：

$$x_t^{(m)} = \Lambda f_t^m + \xi_t^m, \xi_t^m \sim N(0, \Sigma_\xi) \qquad (9.19)$$

$$f_t^{(m)} = \sum_{i=1}^{p} A f_{t-i}^{(m)} + \zeta_t^{(m)} \qquad (9.20)$$

$$\zeta_t^{(m)} = B\eta_t, \eta_t \sim N(0, I_p) \qquad (9.21)$$

其中，式（9.19）是因子方程，式（9.20）定义了潜在因子的运动法则，根据式（9.20）和式（9.21）的定义可以看出潜在因子由一个 p 维标准白噪声序列驱动。为了便于预测分析，定义 $y_t^{(m)}$ 是可观测低频变量 y_t 的高频潜在变量，且假定随机的高频因子 $f_t^{(m)}$ 是平稳的，则高频潜在变量与高频共同因子的关系可以表述为：

$$y_t^{(m)} = \beta' f_t^{(m)} \qquad (9.22)$$

而可观测低频变量 $y_t^{(m)}$ 与高频潜在变量 y_t 之间的关系可以表示为：

$$y_t = \frac{1}{m} \sum_{i=1}^{m} y_t^{(m)} \qquad (9.23)$$

将式（9.18）和式（9.22）表示成状态空间模型如下：

$$\begin{bmatrix} x_t^{(m)} \\ y_t \end{bmatrix} = \begin{bmatrix} \Lambda & 0 & 1 \\ 0 & 0 & 1 \end{bmatrix} \begin{bmatrix} f_t^{(m)} \\ y_t^{(m)} \\ y_t \end{bmatrix} + \begin{bmatrix} \xi_t^{(m)} \\ \varepsilon_t \end{bmatrix} \qquad (9.24)$$

$$\begin{bmatrix} I_t & 0 & 0 \\ -\beta' & 1 & 0 \\ 0 & -\frac{1}{m} & 1 \end{bmatrix} \begin{bmatrix} f_{t+1}^{(m)} \\ y_{t+1}^{(m)} \\ y_{t+1} \end{bmatrix} = \begin{bmatrix} A_1 & 0 & 0 \\ 0 & 0 & 0 \\ 0 & 0 & \Xi_{t+1}^{(m)} \end{bmatrix} \begin{bmatrix} f_t^{(m)} \\ y_t^{(m)} \\ y_t \end{bmatrix} + \begin{bmatrix} \zeta_{t+1}^{(m)} \\ 0 \\ 0 \end{bmatrix} \qquad (9.25)$$

BMF-VAR 模型：以贝叶斯方法为基础的 BMF-VAR 模型通过混频数据进行处理来实现对目标变量的预测。通过对所设置的潜在变量也就是低频变量的未观测值进行抽样来获得缺省值，抽样有两个前提：第一，高频变量必须满足向量自回归的联合分布；第二，未知高频数据所服从的分布必须得到已知低频数据的线性约束。贝叶斯框架下的 BMF-VAR 模型相比于递归形式下的卡尔曼滤波，进一步解决了 Gibbs 抽样下的似然和后验难题。假设存在 k 阶潜在高频变量 $\{Y_\tau^*\}_{\tau=1}^{T}$ 满足自回归过程 VAR（p），那么贝叶斯框架下的 BMF-VAR 模型可以具有如下表达式：

$$Y_t^* = c + \sum_{i=1}^{p} \varphi_i Y_{t-1}^* + \varepsilon_t \qquad (9.26)$$

其中，$\varepsilon_t \sim N（0，\Omega）$，式（9.26）中所标注的 t 的频率大小与 VAR 过程中最高频率的变量一致；列向量 Y_t^* 是潜在未知变量，不能直接观测。所以需要设定一种关于可观测信息的一般情况。假如 $\{Y_t^*\}_{t=1}^{T}$ 是 $\{Y_\tau^*\}_{\tau=1}^{T}$ 的 VAR 方程中首个数据向量，假定在数据区间 $[a，b]$ 中，即 $1 \leqslant a \leqslant b \leqslant T$，且 $a，b \in N$，多个高频不可观测变量 Y_a^*，Y_{a+1}^*，$\cdots$，Y_{b-1}^*，Y_b^* 可以通过加总 $\bar{Y}_{a,b} = \sum_{j=0}^{b-a} Y_{a+j}^*$ 成为单一已知向量序列，然后构建一般情况：

$$Y_a = Y_{a+1} = \cdots = Y_{b-1} = N.A. Y_a = \bar{Y}_{a,b} \qquad (9.27)$$

当 $a = b$ 是 $\{Y_t\}_{t=1}^{T}$ 的特殊情况，表明高频值能够直接获得。变量 $\{Y_t\}_{t=1}^{T}$ 既包括可观测已知数据，也包括加总形式，这是因为在得到大量缺失元素的过程中加总的周期性变化得到了体现。但在一些情况下，低频数据是通过高频值以加总平均的计算方式得到的，而不仅仅是求和得到的，我们可以将式（9.27）简单表示为 $Y_b = (b - a + 1) \overline{Y}_{a,b}$。

为了形成 $k \times T$ 维的向量矩阵 Y，需要对 VAR 过程中的 k 个因素均进行上述的计算并将其整合，最后得到一个联合矩阵，即 Y。值得注意的是，由于 Y 中存在不少缺失数据，为了操作方便，有必要设定一个 $k \times T$ 维的逻辑矩阵 E，在 (i, j) 是 N. A. 的情况下令 E 的值为 0，反之令其为 1。将逻辑矩阵 E 标记为列向量 $\vec{E}$ 的组合，与这种情况相对应的向量 $\vec{Y}$ 此时也是联合矩阵 Y 的列向量组合，令 $Y^* = (Y_1^*, Y_2^*, \cdots, Y_T^*)$，且 $\vec{Y}^*$ 是 Y^* 的列堆积矩阵。贝叶斯框架下的 BMF-VAR 模型的关键作用是估计出自回归方程（9.26）中的参数 $\Theta \equiv \{C, \varphi_1, \varphi_2, \cdots, \varphi_P, \Omega\}$，以及在已知数据集合 Y 的帮助下得到未知的不可观测集合 Y^*。

9.3 基于 SSVS 方法的 CPI 预测变量选择

建立多元回归模型的关键是进行变量选择。与其他研究不同的是，本书提出随机搜索变量选择方法（Stochastic Search Variable Selection，SSVS）对 CPI 预测中所用到的高频变量进行筛选，减少预测变量个数，同时简化 MIDAS 预测模型，即 SSVS-MIDAS 模型。

在多元回归模型中，已知因变量 Y 以及自变量 X_1, X_2, $\cdots$, X_p，为了建立最优模型 $Y = X_1^* \beta_1^* + X_2^* \beta_2^* + \cdots + X_p^* \beta_q^* + \varepsilon$，关键的因素是找到最合适的变量 X_1^*, X_2^*, $\cdots$, X_p^*，于是 AIC 以及 BIC 等准则应运而生，但这些方法是基于 2^p 个子模型的比较，当变量个数 p 较大时，计算十分困难。为了降低计算难度，研究者通常使用启发式方法来关注潜在子集。例如，逐步回归法，考虑向前选择或向后剔除，基于 R^2 按顺序加入或排除变量。SSVS 方法的基本思想是将一个用于变量识别的分层贝叶斯正态混合模型嵌入回归模型中，利用 Gibbs 抽样方法从后验概率中抽样，利用示性变量选择模型的预测变量，通过不断计算最终得到后验概率最高的子模型（Mitchell and Beauchamp，1988）。Gibbs 抽样中当示性变量后验均值较高或为 1 时，变量就会被识别；当示性变量的后验均值较小或为 0 时可以被排除在子集之外（Verdinelli and Wasserman，1991）。

9.3.1　基于分层模型的变量选择方法

首先，建立因变量为 Y，预测因子为 X_1，$\cdots$，X_p 的回归模型，其矩阵表达式为：

$$Y = X\beta + \varepsilon \tag{9.28}$$

其中，Y，ε 是 $n \times 1$ 阶向量，$X = [X_1, X_2, \cdots, X_p]$ 且 $X_i = [X_i^{(1)}, X_i^{(2)}, \cdots, X_i^{(n)}]'$ 是 $n \times p$ 阶矩阵，$\beta = (\beta_1, \beta_2, \cdots, \beta_p)'$，$\sigma^2$ 是方差，且 β、σ^2 未知，$\varepsilon \sim N(0, \sigma^2 I_n)$。记 $\hat{\beta} = (X'X)^{-1}X'Y$，模型的似然函数可以表示为：

$$
\begin{aligned}
f(Y|\beta,\sigma^2) &\propto (\sigma^2)^{-\frac{n}{2}} \exp\left\{ -\frac{1}{2\sigma^2}(Y-X\beta)'(Y-X\beta) \right\} \\
&\propto (\sigma^2)^{-\frac{n}{2}} \exp\left\{ -\frac{1}{2\sigma^2}(\beta-\hat{\beta})'X'X(\beta-\hat{\beta}) \right\} \\
&\quad \times \exp\left\{ -\frac{1}{2\sigma^2}(Y-X\hat{\beta})'(Y-X\hat{\beta}) \right\}
\end{aligned}
\tag{9.29}
$$

为提取更多信息，将式（9.29）看作一个更大的分层模型的子模型。这个模型的关键在于，β 向量的每一个因子 β_i 都是服从方差不同的两个正态分布。这种设置方法与"钉板"混合（Mitchell and Beauchamp，1988）相类似。但我们的方法与之最重要的不同之处是我们没有将 β_i 的初始值设为 0。通过引入示性变量 $\gamma_i = 0$ 或 1，正态混合模型可以表示为：

$$\beta_i | \gamma_i \sim (1-\gamma_i)N(0,\tau_i^2) + \gamma_i N(0,c_i^2\tau_i^2) \tag{9.30}$$

$$P(\gamma_i = 1) = 1 - P(\gamma_i = 0) = p_i \tag{9.31}$$

其中，$\gamma = (\gamma_1, \cdots, \gamma_p)$，$\gamma_i$ 的引入使我们对问题的分析更加方便，这源于 Tanner 和 Wong（1987）的数据扩展思想。示性变量 γ_i 的作用是当所选择模型包含 X_i 时，$\gamma_i = 1$；反之，当 $\gamma_i = 0$ 时，表示 X_i 不在模型中。此处对 $\gamma_i = 0$，$\beta_i \sim N(0, \tau_i^2)$ 以及 $\gamma_i = 1$，$\beta_i \sim N(0, c_i^2\tau_i^2)$ 这种构建方式做出以下解释。首先，将 τ_i（>0）设置得较小，因此若 $\gamma_i = 1$，β_i 也将较小，可以被合理地估计为接近 0。其次，把 c_i（>1）设置得较大，因此

如果 $\gamma_i = 1$，那么模型中的 β_i 也将会得到非 0 的估计值。关于 c_i 和 τ_i 的选择，将在下一节予以介绍。根据这种解释，p_i 是当 β_i 为非 0 估计时的先验概率，而此时 X_i 应该被加入模型中。把式（9.28）看作 $\beta_i \mid \gamma_i$ 的先验分布，因此可以写成一个多元正态分布：

$$\beta \mid \gamma \sim N_p(0, D_r R D_r) \tag{9.32}$$

其中，$\gamma = (\gamma_1, \cdots, \gamma_p)$，$R$ 是先验相关矩阵，且 $D_\gamma \equiv diag\ [a_i\tau_1, \cdots, a_p\tau_p]$。当 $\gamma_i = 0$ 时，$a_i = 1$；当 $\gamma_i = 1$ 时，$a_i = c_i$。D_γ 是满足式（9.30）的先验方差矩阵。这里同样把 $\tau_1, \cdots, \tau_p$ 设置得较小，把 $c_1, \cdots, c_p$ 设置得较大，以至于 $\gamma_i = 0$ 时，对应的 β_i 收敛于 0，而 $\gamma_i = 1$ 时，β_i 发散。关于伯努利分布式（9.31），边际离散分布 $f(\gamma)$ 将对应于 γ 的 2^p 种可能。再加上 $f(\gamma)$，构成了一个多元的混合先验模型。在正态分布中，由于均值已知，方差未知，最后一个需要解决的问题是残差 σ^2 的先验分布。因此，建立逆共轭伽马先验分布：

$$\sigma^2 \mid \gamma \sim IG(v_\gamma/2, v_\gamma\lambda_\gamma/2) \tag{9.33}$$

其中，v_γ 和 λ_γ 依赖于 γ，这样就建立了与 σ^2 与 β 之间的联系。根据模型的似然函数和参数的先验分布，可以获得 β、σ^2 的条件后验密度：

$$\pi(\beta \mid Y, \sigma^2, \gamma) \propto f(Y \mid \beta, \sigma^2)\pi(\beta \mid \gamma)$$

$$\propto \mid \sigma^2 I \mid^{-\frac{1}{2}} \exp\{-(2\sigma^2)^{-1}(\beta - \dot{\beta})'X'X(\beta - \dot{\beta})\} \mid D_\gamma R D_\gamma \mid^{-\frac{1}{2}} \exp\left[-\frac{\beta'(D_\gamma R D_\gamma)^{-1}\beta}{2}\right]$$

$$\propto N\{A_r[\sigma^{-2}(X'X)\dot{\beta}], A_r\}, A_r = [\sigma^{-2}X'X + (D_\gamma R D_\gamma)^{-1}]^{-1}$$

$$\tag{9.34}$$

$$\pi(\sigma^2 \mid Y, \beta, \gamma) \propto f(Y \mid \beta, \sigma^2)\pi(\sigma^2 \mid \gamma)$$

$$\propto \mid \sigma^2 \mid^{-\frac{n}{2}} \exp\{-(2\sigma^2)^{-1}(Y-X\beta)'(Y-X\beta)\}(\sigma^{-2})^{\frac{v_\gamma}{2}+1}\exp[-v_\gamma\lambda_\gamma(2\sigma^2)^{-1}]$$

$$\propto IG\left[\frac{n + v_\gamma}{2}, \frac{(Y-X\beta)'(Y-X\beta) + v_\gamma\lambda_\gamma}{2}\right]$$

$$\tag{9.35}$$

利用 $f(\gamma \mid Y)$ 识别最佳模型：我们的目的是将正态线性模型（9.28）嵌入分层混合模型，进而获得含有变量选择信息的边际后验分布 $f(\gamma \mid Y)$ $\propto f(Y \mid \gamma)f(\gamma)$。基于数据 Y，对应于 2^p 种可能的 γ，后验概率都要对先验概率进行替换和更新。因此，$f(\gamma \mid Y)$ 可以提供一个大小序列用于变量的选择。

9.3.2　γ 的先验分布设定

$f(\gamma \mid Y)$ 应该包含关于 X_1，$\cdots$，X_p 子集的所有可得信息，尽管当 p 较大时，2^p 种选择方式使得这似乎有些困难，但对称性因素可以使其得到简化。由 γ 的伯努利分布可得：

$$f(\gamma \mid Y) = \prod_{i=1}^{p} p_i^{\gamma_i} (1-p_i)^{(1-\gamma_i)} \tag{9.36}$$

由此得到变量 γ 的先验密度函数，从中可以看出 X_i 与 X_j 独立（$i \neq j$）。均匀先验分布 $f(\gamma \mid Y) = 2^{-p}$ 是式（9.36）的特殊情况（当 $p_i = 1/2$ 时）。根据模型的似然函数和参数的先验分布可以得到 γ 的条件后验密度：

$$\pi[\gamma_j \mid \beta, \sigma^2, \gamma_{(-j)}, Y] \propto f(Y \mid \beta, \sigma^2) \pi[\beta \mid \gamma_{(-j)}, \gamma_j]$$
$$\pi[\sigma^2 \mid \gamma_{(-j)}, \gamma_j] \pi[\gamma_{(-j)}, \gamma_j] \tag{9.37}$$

令 $a_j = f(Y \mid \beta, \sigma^2) \pi[\beta \mid \gamma_{(-j)}, \gamma_j = 1] \pi[\sigma^2 \mid \gamma_{(-j)}, \gamma_j = 1] \pi[\gamma_{(-j)}, \gamma_j = 1]$

$b_j = f(Y \mid \beta, \sigma^2) \pi[\beta \mid \gamma_{(-j)}, \gamma_j = 0] \pi[\sigma^2 \mid \gamma_{(-j)}, \gamma_j = 0] \pi[\gamma_{(-j)}, \gamma_j = 0]$

可得 $P[\gamma_i = 1 \mid \beta, \sigma^2, \gamma_{(-j)}, Y] = \dfrac{a_j}{a_j + b_j}$，$P[\gamma_i = 0 \mid \beta, \sigma^2,$

$Y] = \dfrac{a_j}{a_j + b_j}$，因此，由于示性变量 $\gamma_j \sim Binomial\{1, P[\gamma_j = 1 \mid \beta, \sigma^2,$

$\gamma_{(-j)}, Y]\}$，即有：

$$\pi[\gamma_j \mid \beta, \sigma^2, \gamma_{(-j)}] \propto \{P[\gamma_i = 1 \mid \beta, \sigma^2, \gamma_{(-j)}, Y]\}^{\gamma_i}$$
$$\{P[\gamma_i = 0 \mid \beta, \sigma^2, \gamma_{(-j)}, Y]\}^{1-\gamma_i} \tag{9.38}$$

9.3.3　τ_i 和 c_i 的选择

针对式（9.30）中 τ_i 的选择，应该使得当 $\beta_i \sim N(0, \tau_i^2)$ 时 β_i 趋向于 0。类似地，c_i 的选择应该使得当 $\beta_i \sim N(0, c_i^2 \tau_i^2)$ 时 β_i 有不为 0 的估计值。从贝叶斯的角度来看，要选择一个 c_i 令 β_i 显著不为 0，但也不能太大而无法实现。因此，可以考虑正态分布 $N(0, \tau_i^2)$ 和 $N(0, c_i^2 \tau_i^2)$ 的密度函数，它们相交于 $\xi(c_i) \tau_i$，其中 $\xi(c_i) = \sqrt{2(\log c_i) c_i^2 / (c_i^2 - 1)}$。这表明当 $|\beta_i| > \xi(c_i) \tau_i$ 时，$N(0, c_i^2 \tau_i^2)$ 要

比 N （0，τ_i^2）的密度大。这个交点密度的增长速度非常缓慢，例如，$c_i =$ 10，100，1000，10000，100000 对应于 ξ （c_i）≈ 2.1，3.1，3.7，4.3，4.8。另外，c_i 是 N （0，τ_i^2）与 N （0，$c_i^2\tau_i^2$）在 0 处的高度比，因此 c_i 可以被解释为"β_i 接近于 0 时，可以排除 X_i 的先验可能性"。

选择 τ_i 和 c_i 的一种半自动化方法可以通过考虑两个正态分布函数（$\hat{\beta}_i \mid \sigma_{\beta_i}$，$\gamma_i = 0$）$\sim N$ （0，$\sigma_{\beta_i}^2 + \tau_i^2$）和（$\hat{\beta}_i \mid \sigma_{\beta_i}$，$\gamma_i = 1$）$\sim N$ （0，$\sigma_{\beta_i}^2 + c_i^2\tau_i^2$）的交点以及在 0 点的高度来获得。令 $t_i\sigma_{\beta_i}$ 表示交点，$\sigma_{\beta_i}^2$ 是 $\hat{\beta}_i$ 的最小二乘估计。因此有：

$$P(\gamma_i = 1 \mid \hat{\beta}_i, \sigma_{\beta_i}) > p_i，当且仅当 \hat{\beta}_i / \sigma_{\beta_i} > t_i \tag{9.39}$$

其中，τ_i 是门槛，在这一点上较大边际概率使得 X_i 包含于模型之中。较小的 τ_i 会使模型更加复杂，反之会使模型更加简洁。$\hat{\beta}_i$ 在 0 点时的边际密度函数的相对高度可以表示为：

$$r_i \equiv \sqrt{\frac{\sigma_{\beta_i}^2/\gamma_i^2 + c_i^2}{\sigma_{\beta_i}^2/\gamma_i^2 + 1}} \tag{9.40}$$

其中，r_i 是当 $\hat{\beta}_i = 0$ 时的边际后验概率。同时要注意，不应该被这种单因素的视角所误导，因为我们的问题在本质上是多元的。例如，模型的选择是由密度函数 P （$\gamma \mid \beta$，σ）而不是 P （$\gamma_i \mid \hat{\beta}_i$，$\sigma_{\beta_i}$）所决定的。式（9.39）和式（9.40）中的 τ_i 与 r_i 只是 σ_{β_i}/τ_i 和 c_i 的函数，因此可以考虑通过调节 σ_{β_i}/τ_i 和 c_i 来获得满意的 r_i 与 τ_i（σ_{β_i} 是与最小二乘估计下的 $\hat{\beta}_i$ 相对应的观测标准差）。这种方法还有一个显著的特点，当 X_i 成倍地扩大或缩小时，相对应的统计变量值是不发生改变的。

在设置 σ_{β_i}/τ_i 时，一个关键是区分由 σ_{β_i} 所决定的 β_i 的统计显著性和由 τ_i 所决定的 β_i 的实际显著性。例如，如果将 σ_{β_i}/τ_i 设置得较大，β_i 就会被选入模型中，即使抽样的不确定性强于它的显著性；反之，如果将 σ_{β_i}/τ_i 设置得较小，就避免了仅仅因其影响的显著性而加入了非重要变量。τ_i 和 c_i 是用于有效校准 f （$\gamma \mid Y$）的调优常量，但并不是用这些特定的设置来保证获得想要的结果，而是希望从变动的设置中提取更多的信息。

9.3.4 R 的选择

矩阵 R 表示为在 γ 条件下的 β 的先验相关矩阵，同 τ_i 和 c_i 的选择一样，我们把 R 看作校准 $f(\gamma \mid Y)$ 的调优常量。在选择 R 的过程中，很有必要考虑 β 的后验协方差矩阵，即：

$$(\sigma^{-2} X'X + D_\gamma^{-1} R^{-1} D_\gamma^{-1})^{-1} \tag{9.41}$$

对于极限情况 $R = I$，在 γ 条件下，β 所包含的元素是相互独立的，对于另一种极限情况 $R \propto (X'X)^{-1}$，先验相关矩阵与 Zellner-g 先验值的广义形式相同。可以看出，当 $R = I$ 时，后验相关系数将会比设计的相关系数小，而当 $R \propto (X'X)^{-1}$ 时，后验相关系数与设计的相关系数相同。另外，在高度共线的回归模型中，我们往往考虑选择 R 和 $\tau_1, \cdots, \tau_p$ 来减弱后验协方差的病态（Soofi，1990）。因此，我们会赋予 R 先验值，尽管这会增加对计算的要求。

9.3.5 v_γ 和 λ_γ 的选择

在为逆先验伽马函数选择 v_γ 和 λ_γ 时，可以将式子看作一个虚拟实验，其中 v_γ 是观测数量，$[v_\gamma / (v_\gamma - 2)] \lambda_\gamma$ 是 σ^2 的先验估计。典型的情况是，这些变量都是固定变量（$v_\gamma \equiv v$，$\lambda_\gamma \equiv \lambda$）或者只依赖 $|\gamma|$，即向量 γ 中非零元素的个数。例如，由于维度越高，方差越小，我们可以使 $[v_\gamma / (v_\gamma - 2)] \lambda_\gamma$ 成为 $|\gamma|$ 的减函数。

Gibbs 最优模型：SSVS 方法需要一个分层正态混合模型，用以将后验分布 $f(\gamma \mid Y)$ 在较优的预测子集上施加更多的权重，因此需要提取此类信息。然而，提取此类信息，往往需要计算 $f(\gamma \mid Y)$ 中的 2^p 个后验概率，这就有悖于我们极力减轻计算负担的初衷。因此，SSVS 利用 Gibbs 搜索的方法产生序列 $\gamma^1, \cdots, \gamma^m$，使之在多种情况下可以迅速收敛于 γ，且 $\gamma \sim f(\gamma \mid Y)$。这样一个序列可以快速有效地获得，比计算 2^p 个后验概率要容易很多。另外，此序列可以当作重要的观测值，在很多情况下，它包含了有关变量选择的重要信息。这是因为那些高概率的 γ 将会高频率地出现，从而很容易识别，而那些出现频率较小的可以被忽视。

SSVS 方法利用 Gibbs 搜索的方法产生辅助 Gibbs 序列 β^0，σ^0，γ^0，β^1，

β^2，$\cdots$，β^j，σ^j，γ^j，其中 γ^1，γ^2，$\cdots$，γ^m，嵌入这个遍历马尔可夫链中。β^0 和 σ^0 的初始值是对式（9.28）进行最小二乘估计得到的，γ^0 的初始值设定为 $\gamma^0 \equiv (1，1，\cdots，1)$，$\beta^j$，$\sigma^j$，$\gamma^j$ 的子序列值是由先后产生的模拟值根据以下迭代抽样方案获得的。利用这种方案能够快速而有效地获得模拟值。

迭代抽样方案如下。

步骤一：通过从 $\beta^j \sim N_p\,[\,A_{\gamma^{j-1}}\,(\sigma^{j-1})^{-2}\,]\,X'X\beta_{LS}，A_{\gamma^{j-1}})$ 中抽样产生系数向量参数 β^j。其中，$A_{\gamma^{j-1}} = [\,(\sigma^{j-1})^{-2}X'X + D_{\gamma^{j-1}}^{-1}R^{-1}D_{\gamma^{j-1}}^{-1}\,]^{-1}$，且 $D_\gamma^{-1} = diag\,[\,(a_1\tau_1)^{-1}，\cdots，(a_p\tau_p)^{-1}\,]$ 较容易计算获得。

步骤二：从 $\sigma^2 \sim f\,(\sigma^j \mid Y，\beta^{j-1}，\gamma^{j-1}) = IG\,(\dfrac{n+v_{\gamma^{j-1}}}{2}，\dfrac{|\,Y\text{-}X\beta^j\,|^2 + v_{\gamma^{j-1}}\lambda_{\gamma^{j-1}}}{2})$ 中抽样而获得 σ^2。

步骤三：从 $\gamma_i^j \sim f\,[\,\gamma_i^j \mid Y，\beta^j，\sigma^j，\gamma_{(i)}^j\,] = f\,[\,\gamma_i^j \mid \beta^j，\sigma^j，\gamma_{(i)}^j\,]$ 抽样获得 γ^j 的分量 γ_i^j。其中，$\gamma_{(i)}^j = (\gamma_i^j，\cdots，\gamma_{i-1}^j，\gamma_{i+1}^{j-1}，\cdots，\gamma_p^{j-1})$。我们注意到，此分布并不依赖于 Y，这种关键性的简化减少了计算要求，使序列 γ^1，$\cdots$，γ^m 更快地收敛。之所以不依赖于 Y 是源于分层结构的特征，即 γ 只是通过 β 影响 Y。γ_i^j 的每一个分布都是伯努利分布，概率为：

$$P[\,\gamma_i^j = 1 \mid \beta^j，\sigma^j，\gamma_{(i)}^j\,] = \frac{a}{a+b} \tag{9.42}$$

$$a = f[\,\beta^j \mid \gamma_{(i)}^j，\gamma_i^j = 1\,]f[\,\sigma^j \mid \gamma_{(i)}^j，\gamma_i^j = 1\,]f[\,\gamma_{(i)}^j，\gamma_i^j = 1\,] \tag{9.43}$$

$$b = f[\,\beta^j \mid \gamma_{(i)}^j，\gamma_i^j = 0\,]f[\,\sigma^j \mid \gamma_{(i)}^j，\gamma_i^j = 0\,]f[\,\gamma_{(i)}^j，\gamma_i^j = 0\,] \tag{9.44}$$

值得注意的是，当先验参数 σ 是常数，即 $v_\gamma \equiv v$，$\lambda_\gamma \equiv \lambda$ 时，式（9.43）和式（9.44）可以分别简洁地表示为 $a = f\,[\,\beta^j \mid \gamma_{(i)}^j，\gamma_i^j = 1\,]\,p_i$，$b = f\,[\,\beta^j \mid \gamma_{(i)}^j，\gamma_i^j = 0\,]\,(1\text{-}p_i)$。另外，在先验相关矩阵 $R = I$ 的条件下，式（9.44）中对于 $\gamma_{(i)}^j$ 的依赖可以被消除，进而更加简化了计算要求。

通过重复连续抽样，获得了 Gibbs 序列 β^0，σ^0，γ^0，β^1，$\cdots$，β^j，σ^j，γ^j，$\cdots$。序列 γ^1，$\cdots$，γ^m 是一个均匀遍历马尔可夫链，几何收敛于平稳分布 $f\,(\gamma \mid Y)$。这个属性的结果随着序列 γ^1，$\cdots$，γ^m 增加，已经实现的 γ 值的经验分布将会收敛于实际后验分布 $f\,(\gamma \mid Y)$。经验表明，当 $f\,(\gamma \mid Y)$ 达到峰值时，收敛速度很快。此时，$f\,(\gamma \mid Y)$ 包含关于变量选择最多的信息。

特别地，当序列 γ^1，…，γ^m 达到近似平稳，对应于最优变量 X_1，…，X_p 的 γ 值将会出现最高的频率，这是因为这些值在 $f(\gamma \mid Y)$ 下有着最高的频率。因此，一个简单的有关 γ 的高频值制表可以用于识别潜在最优变量子集。低频的 γ 可以被忽略，因为它们所对应的是最没有可能性的变量子集。若在序列 γ^1，…，γ^m 中没有高频值出现，就可以得到结论：m 值太小或者是数据包含的信息太少，无法用于模型的区分比较。虽然只是一个简单的高频 γ 值制表，但其作用是显著的。例如，人们往往将 $\gamma_i = 1$ 时的边际频率作为选择变量 X_i 的依据。但实际上，除非变量 X_1，X_2，…，X_p 之间没有相关关系，否则这种简化的方法就有误导作用。一般地，X_i 的加入必须和其他变量联系在一起，考虑其相关关系。因此，需要参考条件频率而非边际频率。

尽管对于序列中的初始值有一定的依赖，但忽视由 Gibbs 抽样得出的前几个值并不可取。必要的是，应该把 SSVS 作为一种探索方法，用以确定具有较大 $f(\gamma \mid Y)$ 的 γ。因此，建议序列中 m 的选择应该在可行范围内，最大限度地减小频率估计偏误。另外，应该指出的是，序列 γ^1，γ^2，…，γ^m 的收敛在一定的情况下是很缓慢的，例如，当 τ_i 较小而 c_i 较大时，β_i 的先验分布接近"钉板"混合。这样的设置会在一定程度上抑制 Gibbs 序列中 γ_i^j 从 0 转移到 1 或从 1 转移到 0。

9.3.6 基于 SSVS 方法预测变量的筛选

在评估通胀形势时，央行会参照货币供应量、商品价格、股票指数、通胀预期、汇率以及利率等多种经济金融指标。金融指标先于宏观数据的更新而变化，相对于宏观经济指标，具有实时性的特点和优势。假设市场是完全市场且金融市场成熟，那么金融数据就可以有效地反映通胀预期。因此，金融数据可以满足通胀预测的两个条件，即通胀相关性和实时获得性。

本书的预测变量集的选择主要是借鉴已有文献的研究成果。Boughton和 Branson（1990）利用大宗商品价格预测 CPI；Stock 和 Watson（2003）将银行间隔日拆借利率、股指和汇率用于通胀预测；Ribon 和 Suhoy（2011）利用国债利率、汇率、国际原油及农产品价格，建立混频数据模型预测通胀率，取得显著的效果；龚玉婷等（2014）将六个金融变量作为混频预测的日度变量，包括股票收益、长期国债利率、短期利率、长短期利差变化量、粮食价格变化率和能源价格变化率。本书利用高频混频变量数据预测月度通胀率，选择的预测数据主要有两类，一类是能源、农产品和基础原材料等国际大宗商品的价格以及汇率等信息；另一类是国内资产价格、利率等信息，由于货币供应量只有月度数据，不利于做单变量混频数据模型预测，因此选择与货币流动性相关度较高的利率变量作为货币供应量的替代变量。首先，随着我国改革开放的不断深化，我国物价水平与国际大宗商品价格的联动性越来越强，国际大宗商品价格的上涨会以进口的方式传导至国内，继而通过直接消费渠道、生产渠道和间接渠道引起我国通胀率上升。国际大宗商品价格的上涨引致的国内通货膨胀的本质是"成本上升型"通货膨胀，且相比于货币供应量和产出缺口，大宗商品价格的波动幅度更大。因此，利用其日度数据作为预测变量可以及时掌握国际市场价格变动趋势进而研究其对我国 CPI 的影响。其次，人民币汇率的变动会影响我国企业的进口成本，从而影响国内商品价格。再次，股票作为重要的金融资产，可以有效捕捉市场对未来 CPI 的预期，并通过供给与需求渠道对当期的消费和投资产生重要影响，从而带来商品和服务价格水平的波动（龚玉婷等，2014）。最后，利率的变动可以影响货币流动性，同时也包含市场对未来的预期（Monteforte and Moretti，2013）。

本书选取 27 个高频预测变量，包括 10 种农产品价格，6 种能源商品价格，8 种基础原材料商品价格以及深证综指、人民币兑美元汇率、银行间同业拆借利率（具体变量名称参见表 9－1）。需要指出的是，本书并未用国际铁矿石价格数据，是因为被普遍使用的国际铁矿石价格普氏指数从2011 年开始公布，数据量较少，不利于保证模型估计的准确性。另外，由于中国对铁矿石缺少定价权，对外依存度较高，其价格与国际价格的相关性也较高，所以研究中国铁矿石价格对通胀率的影响也从另一个方面体现了国际铁矿石的影响。其中，V1～V9 为期货价格，数据来自芝加哥期货交易所；V10 以及 V19～V23 为现货价格，数据来自美国能源信息署（EIA）；V11～V16、V18 为现货价格，数据来自彭博数据库；黄金、铁矿石现货价格数据来自 Wind 金融资讯终端；CPI 同比增长率来自国家统计局；汇率来自国泰安数据库；同业拆借利率来自中国外汇交易中心；深证综指数据来自深证交易所。高频变量过多会使混频数据模型的估计变得十分困难，从而无法保障 MIDAS（m，K，h）模型的简洁性。因此，对预测变量进行合理化筛选不仅可以简化预测模型，同时也会降低估计难度。

变量筛选：SSVS 方法可以有效地对预测变量进行筛选。Hautsch 和 Yang（2014）利用数据驱动的 SSVS 方法从 23 个经济指标中筛选出与 GDP 相关性较大的预测变量。本书为了减少预测变量个数从而简化混频数据模型，应用 SSVS 变量选择方法，筛选出与 CPI 相关性较强的预测变量。

表 9 - 1　预测变量名称

变量	V1	V2	V3	V4	V5	V6	V7	V8	V9
	玉米	燕麦	大米	大豆	大豆粉	大豆油	小麦	活牛	瘦肉猪
变量	V10	V11	V12	V13	V14	V15	V16	V17	V18
	原油	白银	铜	铝	锌	镍	铂金	利率	棉花

注：仅列出其中的 18 个预测变量。

由于变量的筛选需要同频数据，因此首先对 27 个高频变量进行同频月度化处理，将日度数据加总后求月度均值得到与 CPI 同频的数据变量集合。本节使用月度 CPI 同比增长率作为被预测变量，时间区间为 2009 年 1 月至 2014 年 2 月。日度变量的时间区间为 2008 年 1 月 1 日至 2014 年 2 月 27 日，对月度变量平均化后进行同比增长率的计算，得到与 CPI 同比增长率相对应的预测变量时间区间。在同频的基础上，对 27 个备选变量进行筛选，选出预测变量子集用以简化混频数据模型。本书示性变量 γ 先验选取为 $P(\gamma = 1) = 0.5$，τ_j 取 β 最小二乘估计的标准差的均值，$(\sigma^2)^0$ 取方差的最小二乘估计值，R 取单位阵 I，抽样次数为 50000，去掉前 10000 个样本。具体筛选步骤如下。

首先，对全变量模型进行 Gibbs 抽样，各变量对应的示性变量后验均值如表 9 - 2 所示。

表 9 - 2　示性变量后验均值

变量	V1	V2	V3	V4	V5	V6	V7	V8	V9
后验均值	0.897	0.324	0.397	0.537	0.274	0.681	0.364	0.687	0.469
变量	V10	V11	V12	V13	V14	V15	V16	V17	V18
后验均值	0.854	0.353	0.541	0.818	0.466	0.506	0.571	0.747	0.600
变量	V19	V20	V21	V22	V23	V24	V25	V26	V27
后验均值	0.746	0.565	0.834	0.354	0.601	0.819	1.000	1.000	1.000

其次，按照后验均值的大小，筛选出子集变量。需要说明的是，我们

首先对后验均值设置门槛使其在一定程度上满足接近 1 的标准，这类似于检验统计量显著性 P 值的设置，但标准设置在 0.9 显然不合理，会将变量全部排除，但设置过小又会选入过多的变量而有悖于简化模型的初衷，因此设置门槛值为 0.8，选择 8 个变量作为进一步筛选的缩减子集，包括深证综指，人民币兑美元汇率，玉米、铝、原油、柴油的期货价格数据以及铁矿石、黄金的现货价。同时说明这几个变量对 CPI 的影响较为显著。

最后，对缩减的变量子集进行随机变量搜索，筛选结果显示，包含深证综指、人民币兑美元汇率、玉米价格、原油价格、柴油价格、铁矿石价格及黄金价格这 7 个变量的子集后验概率要高于其他变量子集，成为最佳选择，部分子集的后验概率如表 9 - 3 所示。

表 9 - 3　几种具有较大后验概率的模型变量选择结果

模型变量	后验概率
V1，V10，V21，V24，V25，V26，V27	0.0312
V1，V10，V24，V25，V27	0.0271
V10，V24，V13，V25，V26	0.0228
V10，V13，V21，V24，V25，V27	0.0213
V10，V13，V24，V25，V26，V27	0.0179

值得注意的是，从筛选的结果看，利率被排除在预测模型之外，这表明在我国，在进行 CPI 预测的过程中，利率起到的作用相对较小，这可能是因为利率的调整会对存款和贷款产生同向影响，进而同时对需求与供给产生作用，导致 CPI 发生不确定变动。也就是说，提高利率一方面会带来资金的回笼，减少需求过剩的状况；另一方面也会导致企业贷款减少、供给下降，因而 CPI 的变动方向未知。

另外，我们在选择利率变量时是基于传统的经济理论：利率与货币流动性之间具有较强的相关关系。而货币流动性是通货膨胀产生的关键因素（李斌，2010），但利率变量在筛选中被剔除表明，我国利率与货币流动性之间的相关关系并不显著，所以对 CPI 的影响较小。

9.4　基于 MIDAS 模型的通货膨胀预测

上一节中我们已对 27 个预测变量进行了筛选，选择了 7 个高频变量作为本节单变量 MIDAS 混频数据模型的预测变量。这 7 个变量分别为深证综指，人民币兑美元汇率，玉米、原油、柴油的期货价格和铁矿石、黄金的现货价格。但原油作为柴油的重要原料，其价格与柴油价格相关性较大。因此，在多元混频数据模型的预测中将柴油价格变量剔除，只研究剩下 6 个变量对 CPI 的预测。

9.4.1　数据处理与基准预测模型

CPI 样本数据的时间区间为 2008 年 1 月至 2015 年 1 月，日度变量的时间区间为 2008 年 1 月 1 日至 2015 年 2 月 17 日。其中，2015 年 2 月去掉非工作日共有 12 个数据，主要为实时预报以及短期预测而准备。这里有一个重要的现实问题，即观测值不连续。由于每个月有 28 天至 31 天不等，且非交易日及节假日无数据更新，加之数据来源不同所造成的数据缺失情况也不同，实际观测量为每个月 18 ~ 23 天。Andreou 等（2010）和 Hamilton（2008）分别将金融资产交易日固定为每月 22 天。因此，为使预测数据最大限度地保持真实性，本书从每个月中选取 19 个交易日，对数据缺失部分进行插值计算。计算的具体过程是：选取当月现有数据，以日期为自变量，以指标数据为因变量，采用线性插值法弥补缺失数据。

模型中所使用的数据以增长率的形式表示，日度数据是利用每月 19 个原始日度数据计算日度增长率得出的，每月有效数据量是 18，因此设置日度频率为 18；月度 CPI 数据则直接计算同比增长率。因此，处理后的日度数据时间区间为 2009 年 1 月 1 日至 2015 年 2 月 17 日，月度数据的时间区间为 2009 年 1 月至 2015 年 1 月。另外，由于基准模型中需要同频月度数据，参考郑挺国和尚玉皇（2013）的月度数据季度化处理方法，本书先利用日度原始数据计算月度平均再求其同比增长率从而得到最终的同频月度数据。

为了比较 MIDAS 模型预测效果的优劣，要对其相对预测精度进行评估。因此，实际应用中常常选取一些简单的传统计量模型作为比较和参照的对象，这就是基准模型。本书主要采用多元回归和自回归这两个模型，其中 MIDAS 预测模型的类型、基准模型及其滞后阶数的选择是随着高频数据预测期步长值和自回归滞后阶数的不同而变化的。一般来说，CPI 的发布日期为下个月 9 日，而日度数据发布只滞后 2 天左右。基准模型是月

度同频模型，只能用样本区间内最终公布的月度数据来进行预测，如 $y_{t|t+1}$ 表示 $t+1$ 月最终公布的 t 月 CPI 数据，在 1 步向前的同频 AR（1）模型中，可以使用 $y_{t|t+1}$ 对 $y_{t-1|t+1}$ 进行回归估计，得到估计系数之后，再利用 $y_{t|t+1}$ 来预测 $t+1$ 月的 CPI。模型的预测精度采用均方预测误差根（RMSFE）来度量，预测模型相对优劣程度是用均方预测误差根的比值（rRMSFE）来分析的，即预测模型的 RMSFE 和基准模型的 RMSFE 的比值，如果比值小于 1，则说明预测模型相比对应的基准模型具有比较优势。

9.4.2　单变量 MIDAS 模型的实时预报和短期预测

首先，利用单变量高频金融数据，在滞后权重多项式 $w(k; \theta)$ 下构建单变量混频数据模型 MIDAS (m, K)，进而确定在进行全样本估计以及样本内预测时，MIDAS 模型的最优权重滞后阶数 K。其次，基于 MIDAS (m, K, h) 模型利用全样本最优滞后阶数对 CPI 进行实时预报与短期预测，其中，权重函数 $w(k; \theta)$ 为指数 Almon 的权重函数，其参数采用非线性 OLS 估计得到。另外，本书设定指数 Almon 多项式权重函数中的两个参数 $\theta_1 \leq 2/5$ 和 $\theta_1 \leq 0$。最后，在单变量 MIDAS 模型中加入通胀率的自回归项，以获得 MIDAS (m, K, h) - AR (p) 模型的样本内预测性能的比较分析，以及获得通胀率的实时预报值和短期预测值。

在单变量 MIDAS (m, K) 模型中分别利用原油价格、柴油价格、汇率、股指、玉米价格、黄金价格、铁矿石价格 7 个解释变量来确定在整个样本区间最优滞后阶数 K（利用模型估计的均方误差根来判定）。在不同的预测变量下，模型估计的均方误差根如图 9 - 2 所示。

图 9 - 2 表明对于同一预测变量，在不同的滞后阶数下，混频数据模型估计精度具有差异且波动性较大。根据各模型估计的精度，选择预测变量的最优滞后阶数。原油价格、柴油价格、汇率、股指、玉米价格、黄金价格、铁矿石价格的最优滞后阶数分别为 10 天、26 天、29 天、45 天、49 天、15 天、30 天。在最优滞后阶数下，由于各解释变量对通胀的预测能力和冲击方式不同，模型的估计精度也不同。根据最优滞后阶数下的均方误差根的大小可以得出，预测能力由强到弱依次是原油价格、黄金价格、股指、柴油价格、铁矿石价格、玉米价格、汇率。但除汇率估计精度最

差、原油价格估计精度最优外，其他变量的解释能力相差不大。原油价格在全样本估计中对 CPI 具有较强的解释能力。这说明原油价格在推动我国 CPI 的变动上占有很大比重。在汇率方面，由于汇率的传递效应较低，具有不完全的特点（吉玉萍，2010），汇率浮动并未对价格调整起到关键作用。由于各变量滞后期都以天数计算，最大滞后期也少于 3 个月，因此，在作用机制方面，各解释变量对通胀的影响具有短期性。

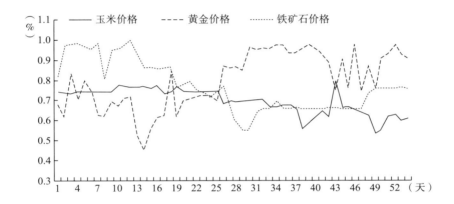

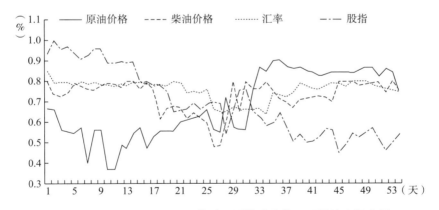

图 9 – 2　MIDAS（m，K）模型不同滞后阶数 K 下的均方误差根

为考察混频数据模型的优劣，进一步比较混频数据模型与基准模型的预测效果，本书将 2009 年 1 月至 2014 年 1 月作为估计样本数据区间，2014 年 2 月至 2015 年 1 月作为预测样本区间，对其进行预测。图 9 – 3 给出在不同的滞后阶数下，各变量的样本内预测的预测精度。

由图 9 – 3 可以看出，原油价格、柴油价格、汇率、股指、玉米价格、

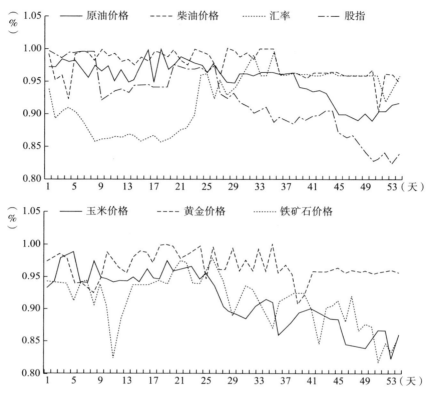

图 9-3 不同滞后阶数 K 下的样本内预测的均方预测误差根

黄金价格、铁矿石价格的样本内预测的最优滞后阶数分别为 50 天、51 天、15 天、53 天、53 天、39 天、51 天，这与全样本估计的最优估计结果不同，表明 2014 年 2 月至 2015 年 1 月，经济环境有结构性变动，从而导致预测模型不稳定，因此可以将结构性突变参数或者虚拟变量加入模型，用以提升预测模型精度，这将是以后研究的方向。另外，在样本内预测精度上，铁矿石价格的预测精度最高，股指次之，这表明在国际大宗商品中，铁矿石的价格波动对我国的通货膨胀影响较为显著，进而也印证了近年来铁矿石价格波动在输入型通胀中起到了至关重要的作用。同时，股指具有较高的预测能力，这说明我国资产价格在维持 CPI 的稳定方面值得给予更多的关注。最后，从样本内预测的均方误差根的比值 rRMSFE 来看，MIDAS（m，K）模型在预测方面具有比较优势，总体优于多元回归基准预测模型（见表 9-4）。

表 9 - 4　MIDAS（m，K）模型样本内预测比较优势

变量	模型	rRMSFE$_{OLS}$
原油价格	MIDAS（18，50）	0.98
柴油价格	MIDAS（18，51）	0.87
股指	MIDAS（18，53）	0.95
汇率	MIDAS（18，15）	1.01
玉米价格	MIDAS（18，53）	0.93
黄金价格	MIDAS（18，39）	1.03
铁矿石价格	MIDAS（18，51）	0.82

9.4.3　MIDAS(m，K，h)模型样本内与样本外预测效果比较

h 步向前预测的 MIDAS（m，K，h）模型也称为 h 期向前预测模型，其中 h 是基准预测期。h 步向前预测 MIDAS（m，K，h）模型是单变量 MIDAS（m，K）模型的扩展，当预测期 $h = 0$ 时，单变量 MIDAS（m，K，h)模型就退化为 MIDAS（m，K）模型。这表明该模型同样具有样本内预测的功能。另外，h 步向前预测 MIDAS（m，K，h）模型可以进行样本外预测，并在其过程中及时利用最新数据信息进行样本外实时预报。参考刘汉和刘金全（2011）的滞后阶数选取方法：根据单变量 MIDAS（m，K）的样本内预测结果选取最优滞后阶数并作为 MIDAS（m，K，h）模型样本内预测时的权重滞后阶数。因此，原油价格、柴油价格、汇率、股指、玉米价格、黄金价格、铁矿石价格的样本内预测权重滞后阶数分别为 50 天、51 天、15 天、53 天、53 天、39 天、51 天。由于月度 CPI 的公布日期为下个月 9 日，只能在月度信息公布之后进行实时预报和短期预测。因此，本书在预测时选取的时间节点为每个月的第 11 个、12 个有效日期，对应的基准预测期 h 为 6、7、24、25、42、43。

表 9 - 5　MIDAS（m，K，h）模型样本内预测比较优势

变量	预测期 h					
	6	7	24	25	42	43
原油价格	1.092	1.188	1.271	1.293	1.292	1.382
柴油价格	1.072	1.081	1.128	1.121	1.272	1.281

续表

变量	预测期 h					
	6	7	24	25	42	43
汇率	1.105	1.060	1.243	1.227	1.528	1.674
股指	0.956	0.975	1.045	1.170	1.363	1.375
玉米价格	0.952	0.996	1.022	1.063	1.028	1.126
黄金价格	1.107	1.127	1.154	1.338	1.307	1.327
铁矿石价格	0.877	0.931	0.986	1.057	1.056	1.131

从表 9 – 5 中可以看出在进行样本内预测时，除股指、铁矿石价格和玉米价格在部分预测期内具有比较优势外（相对多元回归模型），其他单变量模型的比较优势都较小或者没有。MIDAS（m，K，h）模型随着 h 的增大，表现越来越差，这说明利用 h 步滞后的高频数据对 2014 年 2 月至 2015 年 1 月进行样本内预测，效果较差，这主要是因为滞后步数越大所能利用的近期信息越少。因此，在近期信息量减少的情况下，预测效果变差。也就是说，当利用远离预测区间的数据进行通货膨胀预测时，效果并不比同频 OLS 估计模型好，且随着预测期的增加，比较劣势愈加明显。但是本书依旧给出 MIDAS（m，K，h）模型的均方预测误差根比、实时预报结果和短期预测结果，以便下文对有无自回归项、单变量和多变量的预测效果进行对比。

表 9 – 6　MIDAS（m，K，h）的实时预报结果与短期预测结果

变量	月份	预测期 h					
		6	7	24	25	42	43
原油价格	2	2.13	2.18	2.19	2.24	2.01	2.23
	3			3.11	3.52	3.12	2.59
	4					2.15	2.22
柴油价格	2	2.25	2.27	2.28	2.27	2.28	2.30
	3			2.34	2.15	2.30	2.48
	4					2.16	2.19
汇率	2	1.57	1.65	1.49	1.38	1.47	1.36
	3			1.85	1.87	1.89	1.82
	4					2.23	2.27

续表

变量	月份	6	7	24	25	42	43
				预测期 *h*			
股指	2	1.22	1.26	1.26	1.26	1.26	1.27
	3			1.56	1.56	1.56	1.55
	4					1.88	1.55
玉米价格	2	2.57	2.73	2.75	2.28	2.56	2.23
	3			1.49	1.54	1.30	1.42
	4					1.38	1.57
黄金价格	2	2.63	2.75	2.71	2.78	2.61	2.68
	3			2.78	2.68	2.35	2.69
	4					2.34	2.50
铁矿石价格	2	2.05	2.09	2.07	2.09	2.11	2.14
	3			2.67	2.65	2.21	2.55
	4					2.23	2.31

表 9 - 6 是利用最优滞后阶数（全部样本数据估计的最优滞后阶数）和 2015 年 2 月更新的 12 天数据进行通胀率预测的结果。预测结果显示，股指和汇率对 CPI 预测值影响偏小，这说明股指在近期波动较小，股市运行稳定，有利于消费者和投资者形成合理的 CPI 预期；汇率在央行限制的 1% 波动区间内并未出现大幅波动，但近期持续振荡下行，对通胀率具有提升作用。

相比之下，大宗商品价格变量对 CPI 预测值影响偏大，2015 年 2 月通胀率实时预报值为 2% ~ 3%，且随着预测期 *h* 的增大，通胀率呈上升趋势，说明大宗商品价格在今后几个月内会有较大幅度的增长，是推动通胀率上浮的重要原因。值得一提的是，原油价格经过 2014 年下半年的大幅下跌之后开始攀升，在 CPI 的预测中表现突出，拉动了通胀率的上涨。利用以上 7 个预测指标对通胀率的预测显示，我国 CPI 在 2015 年 3 月和 4 月出现一定程度的波动，且变量不同，对 CPI 变动的预测值也不同，但整体来说，在 1% ~ 3% 的区间内徘徊。

对于宏观经济预测，如预测 GDP 增长率，自回归项往往会包含在解释变量中（Stock and Watson，2003）。对于本书的通胀预测，其滞后项在很大程度上代表市场对 CPI 的预期。另外，MIDAS（m，K，h）模型在与 OLS 模型进行预测精度的比较中，表现较差。因此下文将利用加入自回归项的 AR（p）- MIDAS（m，K，h）模型进行样本内预测，从而比较 AR（p）- MIDAS（m，K，h）模型与基准模型、MIDAS（m，K，h）模型的优劣，样本内预测区间设定为 2014 年 2 月至 2015 年 1 月。

表 9 - 7　AR（p）- MIDAS（m，K，h）样本内预测比较优势

变量	预测期 h					
	6	7	24	25	42	43
原油价格	0.73	0.96	0.96	0.95	1.08	1.16
柴油价格	0.79	0.91	0.98	0.92	1.02	1.06
汇率	0.75	0.98	0.92	1.04	1.11	1.09
股指	0.89	0.93	0.98	0.96	1.06	1.17
玉米价格	0.95	0.96	0.89	1.07	1.08	1.16
黄金价格	0.93	0.96	0.96	0.95	1.08	1.16
铁矿石价格	0.77	0.93	0.99	0.96	0.96	0.97

表 9 - 7 给出了 AR（p）- MIDAS（m，K，h）样本内预测的预测优度，可以看出，加入自回归项的混频数据模型，估计精度在一定程度上得到提高，预测效果有了明显改善。这说明通胀有很大的惯性，过去的通胀情况会对未来的通胀形成预期，不加入自回归项的 MIDAS 模型没有很好地拟合月度 CPI 数据自相关的性质。再者，预测变量不同，通胀的样本内预测精度也具有差异，且随着提前步数 h 的变化，各变量的样本内预测比较优势也是变化的。汇率、玉米价格在预测期 $h \leqslant 24$ 时具有比较优势；股指、柴油价格、石油价格、黄金价格在预测期 $h < 25$ 时具有比较优势；铁矿石价格的比较优势最为明显，在两个半月的预测期内都具有比较优势。这说明，国际大宗商品价格中铁矿石对我国通胀的预测优势明显。另外，需要说明的是，由于加入自回归项 AR（1），模型只能进行 2 月的实时预报而不能进行 3 月、4 月的短期预测。由表 9 - 8 可以看出加入自回归项后的通胀实时预测结果相比之前有一定幅度下降，说明我国通胀有缓解之势，甚至有通缩的风险，因此要采取预防措施防止经济下行。

表 9-8 AR（*p*）-MIDAS（*m*，*K*，*h*）的实时预报

变量	月份	预测期 *h*					
		6	7	24	25	32	33
原油价格	2	1.20	1.25	1.21	1.24	1.29	1.25
柴油价格	2	1.08	1.23	1.22	1.25	1.27	1.31
汇率	2	1.06	1.18	1.22	1.22	1.23	1.26
股指	2	1.19	1.22	1.23	1.14	1.19	1.24
玉米价格	2	1.17	1.21	1.19	1.23	1.25	1.27
黄金价格	2	1.21	1.20	1.25	1.24	1.31	1.29
铁矿石价格	2	1.19	1.26	1.23	1.25	1.24	1.28

9.4.4 多元 MIDAS 模型的实时预报效果与短期预测效果

上文的混频数据模型建立在单变量基础上，但是单变量混频数据模型预测优势不大，需要进一步改善。因此，下文利用多元混频数据模型进行模型的估计、样本内预测、样本外短期预测以及实时预报，试图改善预测精度。

本书将 6 个解释变量（原油价格、汇率、股指、玉米价格、黄金价格、铁矿石价格）加入多元混频预测模型中，对模型进行估计和样本内预测，为了处理的简便，本书针对不同变量采用相同的权重函数。另外，模型的估计、样本内预测、样本外短期预测以及实时预报所对应的样本区间与单变量混频数据模型一致。

多元混频数据模型的估计结果显示，权重滞后阶数的不同会带来估计精度差异，估计精度 RMSFE 如图 9-4 所示。

子样本的估计均方误差根小于全样本估计的均方误差根，这表明 2014 年 2 月至 2015 年 1 月的通胀环境与 2009 年 1 月至 2014 年 1 月有一定的差异，这与 2014 年以来通胀形势趋缓的现实情况相符。图中还显示了利用样本内预测估计结果计算出的 2014 年 2 月至 2015 年 1 月通胀率的均方误差根，当滞后阶数 *K* 为 10 时预测精度最高，这是对混频数据模型通胀预测具有短期性特点的进一步验证。此外，单变量的混频数据模型样本内预测的最优滞后阶数也都显著高于多元模型的最优滞后阶数。以上情形表明，对 2014 年 2 月至 2015 年 1 月的通胀预测是以短期作用为主的预测，且多

元 M（n）- MIDAS（m，K）模型更适合进行预测期较短的 CPI。另外，与单变量的样本内预测精度相比，多元模型估计效果有了较大幅度的提高，表明多元模型更有利于进行 CPI 预测。

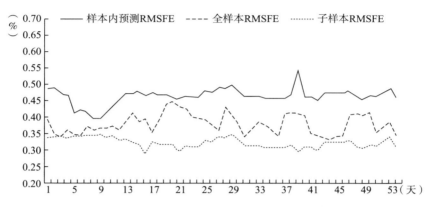

图 9 - 4　多元 MIDAS 模型估计均方误差根与均方预测误差根

表 9 - 9 列出多元 M（n）- MIDAS（m，K，h）模型样本内预测的比较优势指标 $RMSFE_{OLS}$，由表中数据可以看出，预测期 h 越大，混频数据模型的比较优势越小；另外，混频预测模型的比较优势随着滞后阶数的增加不断增强，这进一步巩固了利用混频数据模型进行通胀预测的优势。对比表 9 - 9 的结果，可以看出多元混频数据模型预测的比较优势相比于单变量有很大的改善，由此说明，2014 年 2 月至 2015 年 1 月，受多种因素的影响，各变量的综合作用给通胀环境带来了冲击，只是作用的大小不同。

表 9 - 9　多元 M（n）- MIDAS（m，K，h）样本内预测优势

h	$K = 6$	$K = 18$	$K = 30$	$K = 42$	$K = 54$
6	0.79	0.79	0.76	0.84	0.95
7	0.72	0.81	0.77	0.88	0.97
24	0.84	0.82	0.79	0.86	0.97
25	0.87	0.91	0.97	0.97	0.86
42	1.01	1.14	1.15	1.17	1.22
43	1.06	1.13	1.29	1.13	1.19

与单变量混频数据模型类似，多变量混频数据模型也可以利用更新的数据对通货膨胀进行短期预测和实时预报。表 9 - 10 给出了滞后阶数 $K =$

30，多元混频数据模型实时预报和短期预测的结果。结果显示实时预报通胀率维持在1%～1.6%，这比单变量混频数据模型的预测值要小一些，样本外预测结果也偏小，说明CPI在未来一两个月内涨幅较小。当混频MIDAS模型预测期 h 较大时，精确性不高。因此，本书认为预测结果应以 h 较小（ $h < 25$ ）时的估计为主要参考，当日度数据更新后，再利用多元混频数据模型进行预测，从而充分发挥混频数据模型的实时预测优势，提高预测的精度，并不断修正和更新预测期 h 较高时的预测值。

表 9 – 10　多元 M （ n ） – MIDAS （ m ， K ， h ） 模型的实时预报与短期预测

预测期 h （ $K = 30$ ）						
时间	6	7	24	25	42	43
2015 年 2 月	1.25	1.26	1.29	1.32	1.53	1.36
2015 年 3 月			1.13	1.28	1.61	1.15
2015 年 4 月					1.13	1.17

最后，本书将自回归项 AR （1） 加入多元混频数据模型，权重滞后阶数分别选用6天、18天、30天、42天、54天进行样本内预测，相对预测精度结果如表9 – 11所示。表中显示加入自回归项后，只有预测步数 h 较小时，多元混频数据模型的样本内预测才具有比较优势，但与单变量混频数据模型相比，相对优势有了很大的提高。由于比较优势明显，所以预测可信度要高于单变量混频预测。另外，对于不同的滞后阶数，预测比较优势没有明显不同。因此，随机选取 $K = 30$ 作为滞后阶数，对通胀率进行预报。

表 9 – 11　多元 M （ n ） – MIDAS （ m ， K ， h ） – AR （ p ） 模型样本内预测效果比较

h	$K = 6$	$K = 18$	$K = 30$	$K = 42$	$K = 54$
6	0.66	0.74	0.76	0.67	0.75
7	0.72	0.73	0.75	0.73	0.81
24	0.82	0.81	0.86	0.78	0.78
25	0.86	0.89	0.90	0.76	0.76
42	1.01	0.92	0.98	1.07	0.92
43	1.08	1.14	1.07	1.13	1.08

另外，与单变量自回归模型类似，由于只加入了CPI的一阶自回归项，

因而只能进行实时预报而不能进行短期预测。根据表 9 – 12 的实时预报结果可以看出，在较小的 h 内，通货膨胀的预测值为 1.2% ~ 1.6%，与未加入自回归项的多元模型预测结果基本一致。

表 9 – 12　多元 M（n）– MIDAS（m，K，h）– AR（p）模型的实时预报

月份	预测期 h			（$K = 30$）		
	6	7	24	25	42	43
2	1.23	1.28	1.31	1.32	1.62	1.48

9.4.5　大宗商品价格在 CPI 预测中的作用

为了着重研究国际大宗商品价格因素在提高我国通胀预测精度上的作用，我们将大宗商品价格变量排除在模型之外，只研究股指和汇率对 CPI 预测的影响。基于这两种变量，结合预测效果较好的多元 M（n）– MIDAS（m，K）模型，对 CPI 进行样本内预测，并将此模型简称为 MOD1，前文所建立的全变量混频数据模型称为 MOD2。两个模型样本内预测精度 RMSFE 对比情况如图 9 – 5 所示，MOD2 的预测精度显著高于 MOD1，在最优滞后阶数下，预测精度相差 34.2% 左右，这表明加入大宗商品价格变量可以显著提高预测精度。这也警示我们，要及时关注大宗商品价格波动，并对大宗商品炒作行为加以防范，减轻价格炒作因素的干扰。

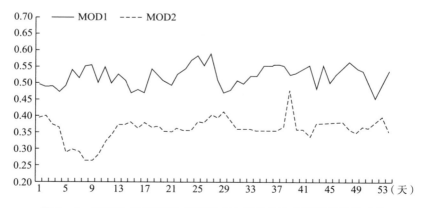

图 9 – 5　MOD1 和 MOD2 模型样本内预测的均方预测误差根对比

9.5 本章小结

通胀水平是反映宏观经济形势重要的变量之一，如何对其进行有效预测是中国人民银行和学术界共同关注的重要问题。特别是在资源要素价格改革的背景下，一般物价水平变化会比平常更为激烈，加强预测并及时公布未来通货膨胀率信息，可以稳定公众通胀预期，为央行制定货币政策提供决策参考，还能为各类经济主体进行资产增值保值操作提供事实依据。

本章旨在研究利用混频数据模型进行中国 CPI 实时预报与短期预测的结果。首先，利用 SSVS 方法对多种预测变量进行筛选，筛选出 7 个变量作为混频数据模型的预测变量。其次，利用多种混频数据抽样模型进行 CPI 的样本内预测和样本外实时预报和短期预测，给出了预测结果的相对精度和绝对精度。综合以上分析，得出以下结论。

第一，利用 SSVS 方法在包括多种大宗商品价格、汇率和股指在内的 27 个变量集合中筛选出 7 个变量子集，包括原油价格、汇率、股指、玉米价格、柴油价格、铁矿石价格和黄金价格，这些变量所对应的示性变量值也相对较高，是较好的 CPI 的预测变量。

第二，无论是单变量还是多变量混频数据模型，相比于 OLS 和 AR 基准模型，在较短的基准期内都具有比较优势，除 MIDAS（m，K，h）模型外，但当基准期较长时，会出现比较劣势，这表明利用混频数据模型进行短期实时预报具有优越性。另外，自回归项的加入可以使单变量 MIDAS（m，K，h）由相对劣势转化成相对优势，多变量混频数据模型的预测精度也有一定的提高，这说明自回归项在一定程度上包含了对未来通货膨胀的预期，对提高 CPI 预测水平具有重要作用。

第三，各变量对通胀率的解释能力和作用方式是有差别的。在样本内预测方面，铁矿石价格、股指和原油价格对 2013 年 3 月至 2014 年 2 月的通胀率具有较强的解释能力，是影响通胀率波动的重要因素；而汇率对通胀的预测能力较弱。值得注意的是，股指在样本内预测中具有相对良好的表现，这说明股指在一定程度上包含了未来通胀的信息。因此，应该对股指等金融资产价格多加关注，以帮助相关部门判断经济走势与物价变动趋势。多变量 MIDAS 模型的实时预报和短期预测结果均显示我国通胀率有所缓解，物价水平有所回落。在较短的基准预测期内，通胀率为 1.2% ~ 1.6%，而在较长的基准预测期内，预测结果有较大波动，因此需要及时利用更新的数据对通胀率进行监测。

第四，大宗商品价格变量对改善我国 CPI 预测精度具有显著的作用。与不包含大宗商品价格变量的混频数据模型相比，全变量混频数据模型样本内预测的绝对精度提高 35% 左右。这说明，大宗商品价格对我国 CPI 波动起到了重要的推动作用，及时发现石油、铁矿石等大宗商品价格变动并采取应对措施，可以减缓国内价格的波动，维护稳定的经济环境。针对大宗商品定价权缺失的问题，我国可以通过合理开发新的大宗商品期货种类来丰富期货品种，通过建立完善的期货市场来提升大宗商品对外贸易话语权，变被动为主动，有效预防价格波动对我国经济的冲击。同时，要有计划地降低对大宗商品的进口依赖，建立完善的资源战略储备机制以及与其相关的法律机制。

总之，样本内的预测结果显示，混频数据模型在我国 CPI 的样本内预测方面具有相对同频数据模型的比较优势。模型的估计和预测结果表明原油价格和铁矿石价格波动是近年来影响我国 CPI 的重要因素，体现了国际大宗商品价格变化在影响通胀率波动方面起到了关键作用，对于通胀的防控起到了警示作用；实时预报和样本外短期预测结果说明，我国通胀率趋于缓和，因此要防范经济下行风险，防止经济进入通缩期。同时，MIDAS模型良好的预测能力也提醒我们应该及时利用混频数据的优势对通货膨胀进行实时预报和预测修正。

10
通货膨胀结构性因素分解与长期趋势分析

10.1　引言

  2000 年至今，CPI 经历了多次较大幅度的波动。2008 年 2 月，CPI 同比增速一度高达 8.7%，2008 年美国次贷危机发生后，2009 年 7 月 CPI 增速也曾低至 −1.8%。之后 CPI 波动比较平稳，但一度也出现通缩的迹象。CPI 的波动会对国民经济和社会大众的生活质量造成很大影响。CPI 快速增长会导致市场价格失真，生产者大量增加供给，从而导致经济过热，居民生活质量下降，引发社会动荡；反之，若 CPI 长时间处于一个较低的水平，则会使市场萧条，生产者消极生产，社会出现大面积的失业，同样也会造成经济的大幅萎缩。因此，掌握 CPI 波动结构特征、波动周期，并进行较为科学和精确的预测，进而评估与监测资源要素价格改革造成的通胀压力，具有重要的实践意义。

  CPI 波动是不同因素在不同时间尺度下综合作用的结果。这些因素既包括供给冲击等短期因素，也包括中长期的季节性、货币性、国际性因素。然而，由于上述不同的影响因素具有不同的周期性，选择合适的模型刻画 CPI 波动特征是实务界与学术界面临的一大挑战。实际上，不同因素在多个时间尺度下共同作用导致了 CPI 的波动，波动呈现明显的非平稳性、非线性和非对称性。若要深入研究引起 CPI 波动的不同影响因素所带来的具体效果，就要使用相应的周期对 CPI 数据进行划分，对各个影响因素进行单一的研究，为后续的模型选择和结果解释提供更有利的依据。国内外学者常用的计量方法主要有 ARIMA 模型、向量自回归模型、BP 神经网络模型等，各种方法研究的侧重有所不同，但都旨在对 CPI 的波动情况进行挖掘和分析。如张鸣芳等（2004）运用 X – 12-ARIMA 模型对上海市的 CPI 指数进行了季节调整、分析和预测，认为剔除季节因素影响的 CPI 序列能更好地反映经济发展状况。王宏利（2005）在传统方法的基础上进行改进，使用偏最小二乘法与 BP 神经网络模型对 2005 年的 CPI 进行预测，研究结果表明，影响我国物价走势的因素已由货币政策为主转变为以宏观经济变量结构性控制为主。张成思（2009）通过 Grid-bootstrap 中值无偏估计对参数进行估计，基于 VAR 模型对我国 CPI 八大类子成分的自身动态传导特征进行实证研究，研究结果表明，货币政策与外界货币政策的冲击对 CPI 的各类子成分的影响差异较大。谭本艳和柳剑平（2009）借鉴协整检验中的长期驱动和短期驱动方法，从 CPI 分类指数的角度入手，对我国 CPI 波动的长期和短期影响因素进行深入的分析和研究，而该方法由 Darrat 和 Zhong（2002）首次提出。王少平等（2012）运用增广因子 VAR 模型（FAVAR）对中国 CPI 的宏观成分和宏观冲击进行研究，证明了宏观因素是促使 2010 ~ 2011 年发生通货膨胀的重要因素。顾光同（2018）基于 X – 12-ARIMA 对调整的我国 CPI 和八大类子成分的统计特征、波动情况和惯性水平进行研究，发现虽然 CPI 暂不存在显著结构性变化，但与八大类子成分的统计特征、波动情况和惯性水平存在显著的差异。李国祥等（2017）基于 Census X12 季节调整法和 HP 滤波法对我国 CPI 波动规律进行研究，结果表明 CPI 波动大致分为 4 个周期且受季节因素影响较大，但长期 CPI 呈逐渐上涨趋势，且由总供给和总需求不平衡引起的短期波动远远小于季节变动和长期通货膨胀对物价的冲击。

现有研究成果无疑具有重要的参考价值，但是仍存在一些需要改进的地方。一方面，这些文献多采用单变量在同一时间维度上的时序研究方法，只能对纵向的时间信息进行挖掘，而忽略了时域和频域的相关性，从而无法全面地对 CPI 的内在特征进行考察。另一方面，CPI 波动受到多方面因素影响，很难通过简单的线性模型对其进行建模描述，故而不能进行精确的预测和分析，而非线性模型则可以更好地弥补这一缺陷。再者，资源要素价格改革短期内可能对 CPI 产生正向冲击，但长期这种冲击可能会消失，也可能是一种持久性的正向冲击。因此需要对 CPI 进行结构分解，这将有利于判断资源要素价格改革的综合影响，从而更好地预测 CPI 的长期趋势。本书采用国际上较为前沿的集成经验模态分解方法对 CPI 波动进行结构分解研究，针对分解后的 CPI 各个本征模态函数分量进行特征描述，分别建立相对应的数学模型，并进行预测。

10.2　集成经验模态分解方法

经验模态分解（Empirical Mode Decomposition，EMD）由 Norden 提出，最早是用于制定工程信号解决方案的方法，后来被广泛用于气象和生物医学等领域。EMD 方法基于分量的周期性，将具有不同频率的本征模态函数（Intrinsic Mode Function，IMF）从时间序列数据中筛选并提取出来，用以反映数据的内在特征。每个本征模态函数都拥有不同的函数形式，可以是线性函数，也可以由非线性函数构成。利用这种分解方法可以更直观地反映序列的内在波动特征，并且这种分解方法是以数据本身为驱动的，而不是在建模之前选择基函数形式，因而具有较好的后验性和自适应性。通过 EMD 方法来进行时域和频域的分析，可以较为清晰地反映出各个频率分量出现的时间段，同时相较于传统的时间序列模型，它能够更好地反映时间序列数据的随机特征以及周期特征。近年来，EMD 方法也被用于经济金融领域的实证研究，如 Huang 等（2003）、Zhang 等（2008）、王晓芳和王瑞君（2012）、何建敏和白洁（2015）、刘梦怡（2018）等。

EMD 方法假定任何信号都是由 IMF 组成的，并且 IMF 的一系列幅度及相位都会随着时间的变化而变化。IMF 分量一定要满足以下条件：第一，过零点的个数和极值点个数相等或者最多相差一个；第二，其上下包络必须围绕时间轴局部对称。接着在原序列中分离出不同频率的波动以及趋势，具体操作步骤如下。

步骤 1：算出时间序列 $s(t)$ 所有的极大值点和极小值点。

步骤 2：基于三次样条插值，通过所有的极大值、极小值分别构造出时间序列 $s(t)$ 的上下包络线。

步骤 3：由所构造出的上下包络线，算出 $s(t)$ 的局部均值 $m_1(t)$ 以及 $s(t)$ 与 $m_1(t)$ 的差值 $h_1(t) = s(t) - m_1(t)$。

步骤 4：重复进行步骤 1 至步骤 3，直到 $h_{1k}(t) = h_{1(k-1)}(t) - m_{1k}$

(t) 与 IMF 的定义要求相吻合，则可认为 $h_{1k}(t)$ 是一个 IMF 分量，记 $c_1(t) = h_{1k}(t)$，$r_1(t) = s(t) - c_1(t)$，$s(t) = r_1(t)$。

步骤 5：重复进行以上步骤，一直到 $r_n(t)$ 小于已设定值或变为单调函数，以及 $c_n(t)$ 满足给定终止条件，那么就完成了时间序列 $s(t)$ 的 EMD 筛选过程。其中，最后一个余量 $r_n(t)$ 表示序列的长期趋势效应的因子。$s(t)$ 可表示为 $s(t) = \sum_{i=1}^{n} c_i(t) + r_n(t)$，每个 IMF 分量都是窄带信号。

EMD 虽然有诸多优势和先进性，但也存在一些缺陷待改进，其中一个缺陷是：同一个 IMF 可以由多个时间序列加总，这些时间序列的频率大多不相同；另一个缺陷则是同一个时间序列可能会用于构成不同的 IMF。这两个缺陷导致了 EMD 对时间序列的分解并不很彻底。Wu 和 Huang（2009）为了克服这一缺陷，提出了具有有效抗混叠分解能力的集成经验模态分解（Ensemble EMD，EEMD）方法。

本书将 EEMD 方法应用在分析 CPI 特征上，有助于客观地研究 CPI 各个提取 IMF 波动的结构特征，为进一步预测打下基础。具体过程如下。

步骤 1：$s(t)$ 加入白噪声 $\nu_i(t)$，即 $s_i(t) = s(t) + \nu_i(t)$。

步骤 2：将新序列 $s_i(t)$ 进行 EMD 分解。

步骤 3：对上述两个步骤进行重复操作，并在此过程中加入不同的白噪声，使用 IMF 的集成均值来代替 EEMD 的分解结果。在集成过程中，随机白噪声会相互抵消，从而使模态更加清晰可辨。再使用最终误差的标准差 ε_n 控制白噪声的加入，即 $\varepsilon_n = \varepsilon / \sqrt{N}$，其中 ε 是白噪声的标准差，N 是加入白噪声的次数。

10.3　CPI 结构特征分解结果

10.3.1　数据与描述性统计

随着人民生活水平的不断提高，消费结构逐步升级，服务性消费需求显著增长，越来越成为拉动经济增长的强有力支柱，同时服务项 CPI 占 CPI 一篮子消费品（服务）的权重日益增加，研究服务项 CPI 价格指数，对于研究 CPI 长期趋势有着重要意义。由于服务项 CPI 数据的可得性，本书选取 2000 年至 2018 年的服务项 CPI 同比数据。以上数据均来源于 Wind 数据库。由图 10-1 可知，2000 年以来 CPI 经历 3 个较明显的波峰和波谷，波峰和波谷间距短，序列呈现不平稳状态。CPI 偏度为 0.757，峰度为 0.678，服务项 CPI 趋势与 CPI 大体相同，但走势更加平滑，波动率明显小于 CPI，偏度为 −1.400，峰度为 2.974。对 CPI 序列和服务项 CPI 序列进行自相关性检验，采用 JB 统计量，结果认为在 5% 的显著性水平下拒绝无自相关的原假设，认为 CPI 与服务项 CPI 时间序列存在自相关现象，呈现惯性特征。

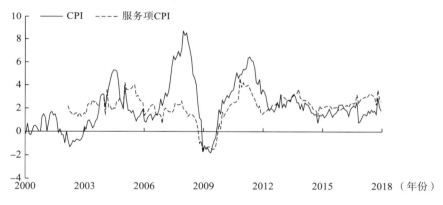

图 10-1 2000 年至 2018 年 CPI 与服务项 CPI 同比走势

10.3.2 CPI 与服务项 CPI 结构分解结果

基于以上所介绍的 EEMD 分析方法，本书假设集成次数 $N = 100$，白噪声方差 $\varepsilon = 0.2$，再把 CPI 序列分解成具有不同频率特征的 5 个 IMF 项以及一个趋势项。图 10-2 和图 10-3 表明，所分解出的 IMF 是按由高频到低频的顺序进行排列的，并且振动的幅度渐渐变大，波动性逐渐减弱，并在最后一个 IMF 中消除了序列周期性，函数呈现单调缓慢上升的趋势。

表 10-1 和表 10-2 分别是 IMF 平均周期、Kendall 相关系数、IMF 占 CPI 原序列方差的比例和 IMF 在 EEMD 分解中占总方差的比例，通过这 4 项指标可以进一步对 IMF 的特征进行考察。鉴于 IMF 的频率和幅度依时间路径而发生微小的变化，各个 IMF 的每个周期并不一致，因此用平均周期

表示 IMF 的频率显得更合理，其计算方式为总时间长度除以各个 IMF 峰点数。Kendall 相关系数用来衡量每个 IMF 与 CPI 原始序列的相关性。由于每

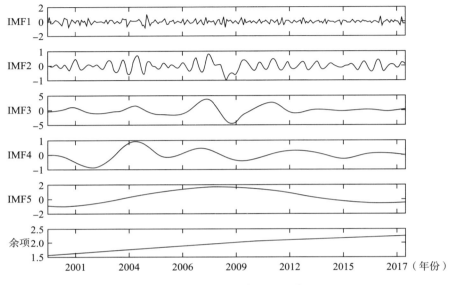

图 10 - 2 CPI 序列的 IMF 和余项

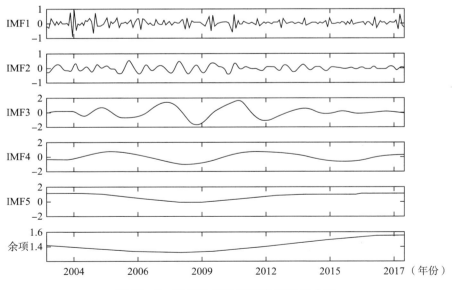

图 10 - 3 服务项 CPI 序列的 IMF 和余项

个 IMF 相互独立正交，用各个 IMF 的方差占 CPI 原序列方差的比例表示其对 CPI 波动的贡献程度。需要指出的是，各个 IMF 和余项方差之和不等于 CPI 原序列方差，正如 Peel 等指出的，这是由原始时间序列的非线性和三次样条插值结束条件的引入造成的。

表 10-1　CPI 与各 IMF 和余项的相关性、方差来源分析

IMF	平均周期（月）	Kendall 系数	方差	方差占原序列方差的比例（%）	方差占分解后比例（%）
IMF1	3.01	0.157	0.082	1.93	2.58
IMF2	7.30	0.418	0.076	1.78	2.38
IMF3	31.42	0.812	2.002	47.19	63.14
IMF4	36.67	0.615	0.146	3.43	4.58
IMF5	220	0.487	0.807	19.02	25.45
余项		0.301	0.058	1.37	1.84

表 10-2　服务项 CPI 与各 IMF 和余项的相关性、方差来源分析

IMF	平均周期（月）	Kendall 系数	方差	方差占原序列方差的比例（%）	方差占分解后比例（%）
IMF1	2.92	0.194	0.056	4.24	5.36
IMF2	6.29	0.236	0.036	2.65	3.35
IMF3	26.28	0.642	2.488	36.02	45.50
IMF4	61.33	0.650	0.287	20.43	25.81
IMF5	92.00	0.558	0.185	15.38	19.44
余项		0.354	0.006	0.42	0.53

表 10-1 中的 IMF1、IMF2 的平均周期分别是 3.01 个月以及 7.30 个月，其周期都不足 1 年，其方差占原序列方差的比例皆不超过 2%，其 Kendall 相关系数分别为 0.157 和 0.418，由此可说明因为 IMF1 和 IMF2 分量具有不稳定性、变动频繁以及周期性短等特征，其对 CPI 序列波动的贡献率较小，从数据上看，IMF1 和 IMF2 分量与 CPI 序列相关系数较小，IMF1 和 IMF2 分量的方差占原序列方差的比例较小。对于表 10-2 中的服务项 CPI，分解出的 IMF1 和 IMF2 周期与 CPI 分解出的前两个经验本征模态函数的周期接近，分别为 2.92 个月和 6.29 个月，其 Kendall 相关系数为

0.194 和 0.236，同样认为它们是由短期随机冲击事件影响所致。

从图 10 - 2 中可以看出，IMF3 到 IMF5 波动周期长且频率低，周期跨度均在一年以上，且两个分量的波动方向与原序列之间，尤其是与 IMF3 分量之间具有相同的变动方向，这说明 IMF3 到 IMF5 的相关性较强。从方差贡献率来看，IMF3 到 IMF5 占原序列比重较大，由此可以看出，IMF3 到 IMF5 对 CPI 序列波动的贡献率较大，是影响 CPI 波动的主要因素。

CPI 和服务项 CPI 分解的余项的 Kendall 相关系数分别为 0.301 和 0.354，说明该序列的变化较未分解的原序列更为平稳、缓慢。可将余项视为趋势项，体现 CPI 的长期走势。本书使用余项来代表核心 CPI 序列，是因为通过 EEMD 方法分解出的趋势项趋势缓慢上升，变化较为平稳，并且总是在原始序列上下波动，这体现了核心 CPI 的长期稳定性。

通过对原 CPI 序列进行 EEMD 分解，得到了 6 个频率不同、特征不同的分量，其中包括 5 个 IMF 分量及一个趋势项。高频的 IMF 分量表现出随机无序性，低频的 IMF 周期性较强，而余项则呈现较强的趋势性特征。根据这些特征并结合图 10 - 2，本书将 IMF1、IMF2 归为高频分量，而将 IMF3 到 IMF5 归为低频分量。两类 IMF 分量都各有含义，高频分量振幅小，波动剧烈，一般用于解释 CPI 在短时间内出现的不均衡现象，代表着对 CPI 影响较小的事件；低频分量振幅大，波动较为缓和，常常用于描述国际大宗商品价格波动、粮食危机、宏观政策变动、金融危机等影响较大的事件。

表 10 - 3　CPI 方差来源与三部分分量的相关系数

	Kendall 系数	方差	方差占原序列方差的比例（%）	方差占分解后比例（%）
高频分量	0.362	0.195	4.60	5.18
低频分量	0.971	3.513	82.82	93.27
趋势项	0.301	0.058	1.38	1.55

表 10 - 4　服务项 CPI 方差来源与三部分分量的相关系数

	Kendall 系数	方差	方差占原序列方差的比例（%）	方差占分解后比例（%）
高频分量	0.273	0.105	7.89	8.20
低频分量	0.958	1.180	87.89	91.36
趋势项	0.373	0.005	0.42	0.44

由表 10-3 可知，低频的 IMF 分量与原 CPI 序列的 Kendall 相关系数高达 0.971，由此说明 CPI 波动受低频分量的影响较大。从另一个角度来说，这是由于低频分量中包含了我国国民经济中的重要事件以及 CPI 长期波动的信息，该分量中包含的周期性反映了周期持续时间的长短，其振幅的大小反映了冲击对原序列的影响程度。本书用低频分量偏离核心 CPI（即趋势项）的持续时间和幅度来衡量重大事件冲击带来的影响。2004 年粮食危机和投资热导致低频分量偏离均衡水平上涨持续 1 年，最大偏离幅度为 1.81%；2007~2008 年的国际大宗商品价格上涨冲击对低频分量的影响时间为 16 个月，最大偏离幅度为 3.62%；始于 2008 年下半年的国际金融危机对低频分量的负向影响长达 28 个月，对 CPI 均衡水平最大产生 6.47% 的负冲击；2010 年底结束的我国的"4 万亿元"的投资计划和国际大宗商品价格上涨使低频分量上涨持续 10 个月；而欧债危机和国内经济从高速增长转向中高速增长对低频分量的影响至今还未消除。结合上述分析中 IMF 的分量特征，可以得出短期内无法被消除的低频分量是促使 CPI 大幅度波动的主要因素。

从趋势项的角度来看，趋势项与原始数据的相关系数为 0.301，对原序列的方差贡献率为 1.55%。由于 CPI 易受外部因素影响而呈现波动频繁特征，当趋势项平滑缓慢变动时，其对 CPI 原序列的方差贡献率没有低频分量大。尽管 CPI 容易受到外部冲击而产生大幅波动，但是指数在冲击结束后仍然会恢复到均衡水平，即在趋势项附近小幅波动，趋势项代表了 CPI 的内在特征，从而可以用来表示核心 CPI 的变动趋势。而从表 10-4 的结果看，服务项 CPI 的趋势项与原始序列的相关性为 0.373，方差贡献率为 0.44%，趋势项在 2009 年之前呈现稳定平衡的特征，但在 2009 年之后呈现快速上升的趋势，这表明随着劳动力工资水平的不断上升，服务项 CPI 步入长期稳定上涨的阶段。

10.4　通货膨胀长期趋势分析

2012 年以来，国际经济总体复苏较慢，"三期"叠加给我国经济增长带来了一定的压力，经济增速呈现下行的趋势。近年来，我国 CPI 整体温和上涨，涨幅在低位运行。展望我国物价中期趋势，不具备大幅上涨的基础，依然维持低位温和上涨的趋势。物价的波动很大一部分来自货币政策的变化，中国人民银行相关研究报告指出，货币政策将在未来一段时间内保持稳定的总量水平，并会通过宏观审慎和量化工具对物价进行预调和微调。从2015 年 1 月至 2018 年 4 月的人民币汇率、民间利率和 M2 增速数据看，人民币汇率在小幅度上升的同时，广义货币同比增速则保持着较低的水平（见图10－4）。在维持货币政策稳定的同时，由于借贷利率下滑，资金需求不高，总体看货币政策对物价水平还是起主要推动作用。

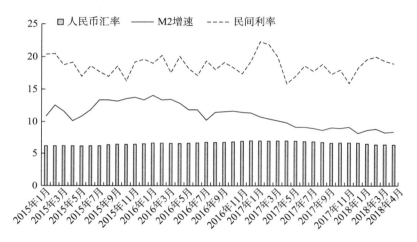

图 10－4　2015 年 1 月至 2018 年 4 月人民币汇率、民间利率和 M2 增速

从内需来看，预计国内消费、投资走势不会大幅推高 CPI。近年来，消费升级成为拉动内需的重要驱动力，已经赶超投资成为拉动经济增长的主要因素。由于网络购物的兴起，2017 年社会消费品零售总额增长 10.2%，其中网络零售额增长占比较大，达 32.2%。但是，虽然网络购物增速较快，但其在总消费需求中的占比仍不高。基本生活类商品的消费和消费升级依然是影响价格走势的关键。

以高新服务业和医疗业为代表的第三产业和高科技制造业仍是投资增长的主要动力。而传统产业的投资增速则变化不大，并且在未来一段时间内这种格局仍会保持。

由于受到政策的抑制，2017 年房地产投资同比增长了 7%，低于以往的水平。其中，一、二线城市房地产政策的抑制力度较大，三、四线城市房地产政策则较为宽松，因而房地产行业仍然是刺激投资增长的主要因素。

2017年以来，欧盟、美国等主要发达经济体经济呈现复苏态势，国外大宗商品价格、主要进口商品价格上涨明显。全球经济持续复苏，这必然会带动需求回暖，推升国际大宗商品价格上涨。2016年以来，大宗商品价格维持振荡上行的运行态势，推升我国进口商品价格，给CPI带来上涨的压力。此外，国际油价对我国通胀的传导过程存在一定的弹性和滞后性。

2018年，中国外贸形势存在很大的不确定性，以美国为首的贸易保护主义势力抬头，中国的对外贸易环境有所恶化，增加了中国经济走向的不确定性。

图10-5给出了反映国际大宗商品价格走势的RJ/CRB指数。RJ/CRB指数是全球商品价格的综合领先指数，涵盖能源类、金属类、农产品类等19种期货价格。自2017年7月以来，国际大宗商品价格开始新一轮的上涨。由于我国基础性产品的国际依存度不断提高，受国际市场价格波动程度逐步加深，必须重视部分重要商品价格上涨给我国通胀带来的冲击。

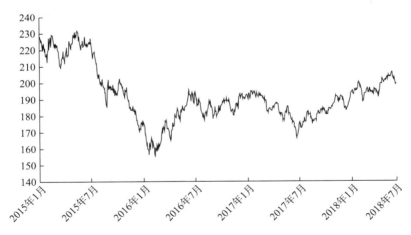

图10-5 2015年1月至2018年7月国际大宗商品价格走势的RJ/CRB指数

从CPI分项来看，食品CPI权重一般在30%左右，食品价格走势影响了CPI的走势。2017年以来食品价格持续走低，是2003年以来的首次下降，但进入2018年下降趋势得到遏制，猪肉价格暴涨成为食品类CPI增长的最大动力，同比涨幅持续扩大，鲜菜成为最大的拉动项。

需要引起重视的是，服务价格对CPI的影响日益增大。自2012年以来，服务价格同比增速持续高于 CPI，对 CPI 指数的贡献越来越大。2017
年以来服务类商品价格的持续上涨成为推动核心 CPI 和 GDP 平减指数上升
的主要因素，2017 年服务价格同比上升 3%，影响 CPI 上涨 1.1%。此外，
居民消费结构的升级、劳动力等要素成本上涨也是导致全国家政服务和养
老服务价格上涨的主要因素，旅游和教育服务价格也分别上涨 3.6% 和
3.1%。服务价格是影响我国 CPI 的长期因素，由于我国人口老龄化趋势加
深、劳动年龄人口不断下降，因此未来我国服务价格将会持续上升。

综上所述，我国宏观经济整体继续趋稳、消费和投资增速维持在平稳
区间、宽松的流动性环境和积极的财政政策、世界经济缓慢复苏、国际大
宗商品价格继续回升、人民币处于贬值通道等因素对物价水平都构成上涨
推力；而公众对宏观经济前景信心不足、房地产差异化调控措施效果逐步
显现、宏观经济增速下行压力长期存在等因素则对整体物价水平形成较大
的抑制作用。此外，国际贸易保护主义抬头，世界经济走势、国际事务及自
然气候条件等方面的不确定性，增加了物价走势的变数。综合考虑，2019 年
国内总需求仍然偏弱、货币供应量低位增长、国际大宗商品上涨速度放缓等
大背景并未改变，预计 2019 年全年通胀总体仍然温和，CPI 相对稳定，但生
产价格指数有所回落，甚至不排除接近通缩或进入实质性通缩的可能。

10.5　本章小结

本书应用 EEMD 方法，将 CPI 序列分解为 6 个分量，并按照其周期性
的不同将其划分为高频分量、低频分量及趋势项。其中高频分量包含 CPI
波动中的随机性信息，反映了 CPI 的短期不均衡现象；低频分量包含 CPI
波动的周期性信息，反映了 CPI 序列受重大事件影响的程度，其平均周期
较长，方差占原序列波动方差的比重较大，说明重大事件对 CPI 影响较大；
而趋势项则包含 CPI 的长期走势信息，反映了核心 CPI 的变动趋势。通过
对分解后的趋势项的分析发现，我国 CPI 短期波动较小，但长期处于缓慢
上升趋势。接着对影响 CPI 的国内外经济形势进行分析，无论从货币政策
还是投资、消费角度来看，CPI 都没有大幅上涨的基础，国外形势相对来
说不确定性比较大，综合考虑，预计中长期我国 CPI 仍将保持温和上涨，
并位于 2% ~3%。

11
结论与对策建议

过低的资源要素价格难以真实反映资源要素的稀缺程度，已成为制约我国经济发展方式转变的主要因素，是经济内外失衡的重要诱因。推进资源要素价格改革短期内可能增大通胀压力，但长期看，则有利于转变经济发展方式，调整和优化经济结构，推动经济高质量发展。随着资源要素价格改革的进一步深化，如何把通货膨胀控制在一个合理的区间范围内，避免人民群众生活水平降低，甚至引发社会不稳定现象，是一个非常具有现实意义的重大问题。本书主要结论与对策建议如下。

11.1 主要结论

（1）国际资源价格、原材料价格上涨的第一轮效应明显，但是对核心PPI影响不大。本书研究发现，国际资源价格、原材料价格上涨冲击的短期影响较大，即存在第一轮效应。从传导路径上看，国际原油价格和国际工业原材料价格冲击对我国工业部门的影响存在两条沿着产业链单向传导的路径，且在各自路径传输过程中，价格冲击的影响逐步减弱。从长期的影响看，国际资源价格冲击对工业部门 PPI 均无显著的长期影响。虽然国际原油、国际工业原材料价格上升会引起短暂的部门通货膨胀，但对各部门核心 PPI 的影响较为温和，这种短期的输入型通货膨胀不会影响各工业部门 PPI 中长期趋势，即不存在第二轮通货膨胀效应。

（2）从长期看，产业结构升级对通货膨胀有抑制作用，对通货膨胀的影响存在非线性关系。我国经济增长方式的转变，必然伴随着产业结构的调整。产业之间通过产业关联对经济产生影响，进而对通货膨胀（通货紧缩）的生成机制产生潜在的影响，因而产业结构升级、变迁可能引致通货膨胀（通货紧缩）的风险。基于偏离份额分析方法，对产业结构升级的通货膨胀效应进行分解，结果发现，中国通货膨胀主要还是货币现象，但是产业结构升级有抑制通货膨胀的作用，这是因为产业结构升级使各产业部门生产率提升，从而对部门价格有抑制作用。进一步研究发现，不同产业的结构转换效应不同：第一产业的结构转换效应为负；第二产业的产业结构变化效应显著提升了价格水平；第三产业的结构转换效应为正，但是影响较小。从各省份来看，产业结构升级对不同省份通货膨胀的影响在时间、幅度、方向上存在差异，但总体来说都是抑制通货膨胀的。同时还发现，产业结构升级对通货膨胀的影响存在显著的非线性关系：当产业结构升级速度低于门槛值时，产业结构的升级对价格水平影响不显著，而产业结构升级速度高于门槛值之后，则会对价格水平产生正的影响。

（3）从长期看，服务价格上涨影响 CPI 中长期趋势，并可能在长期内抬升通胀中枢。我国服务价格相对其他行业价格来说黏性更大。生产性服务业价格调整的黏性最强，流通性服务业价格的黏性相对适中，个人服务业以及社会服务业价格调整的黏性较小。进一步研究发现，在不同类型服务业内部服务项目价格黏性具有一定的异质性，但所有服务项目的价格黏性都高于食品和工业消费品。服务价格易升难降的黏性特征，给服务价格通胀带来了潜在压力。而从长期看，在现有技术水平以及竞争条件下，我国服务部门定价存在不合理的现象。流通性服务业和生产性服务业的价格高于合理价格，社会服务业的价格则低于合理价格，并且这种不合理程度还有逐年加深的倾向。特别是，服务价格被低估的有邮政业，教育事业，卫生、社会保障和社会福利事业以及公共管理和社会组织。随着公共服务价格改革的深化，这类服务价格存在潜在上涨的压力。我国消费品 CPI 与服务类消费 CPI 之间存在非线性的门槛协整关系，只有当二者发生的偏离程度在一定的范围之内，这种偏离才会向长期均衡位置调整。当二者的偏离程度过大，超过了一定的门槛值，系统会朝向均衡位置调整，因而这种调整过程是非线性和非连续的。当经济系统处在温和通货膨胀阶段，服务项目 CPI 和消费品 CPI 会存在互相传导的效应，因此需要同时关注二者的通胀率，因为当服务项目 CPI 或者消费品 CPI 过大时，很容易传导至另一方。综上所述，与食品价格受短期供给因素冲击容易波动从而对 CPI 短期影响比较大不同的是，服务价格易涨难跌的特征，以及资源要素价格改革可能导致部分服务价格存在潜在上涨压力，这决定了服务价格上涨在中长期可能给 CPI 带来潜在通胀压力。

（4）居民对房价变化的预期，在城市居民幸福感中扮演着重要的角色。严格落实中央"房住不炒"的房地产调控政策，降低房价上涨预期，有助于增强人民群众获得感、幸福感和安全感。虽然房价目前没有被纳入通货膨胀率中，但是房租价格和其他居住类价格是构成 CPI 的重要成分，房价上涨最终会通过各个渠道传导到通货膨胀中。同时，房价只涨不跌，房价持续上涨预期一段时间内长期存在，使人们产生了买房焦虑感，进而会影响人们的主观幸福感。本书实证研究发现，有房者比租房者更为幸福，而无住房贷款的居民幸福感高于有住房贷款的居民。在目前房价普遍上涨的大环境下，由于财富效应的影响，收入上涨、消费升级都会提升人们的幸福感。房价上涨的预期，对全款买房者幸福感的影响为负。一个可能的解释是虽然全款买房者的流动性比贷款买房者的流动性更强一些，但预期房价上涨意味着房价上涨获得贷款的难度增大，进而对幸福感影响为负。

（5）城乡居民通胀承受能力的变动呈现分化趋势，受个人对生活现状满意度、宏观政策满意度和通胀了解度等多种因素的影响。2000 年以前，城镇和农村居民通胀承受能力有共同下降的趋势。2000 年后两者的趋势是相反的，农村居民通胀承受能力呈现上升的趋势，城市居民通胀承受能力仍旧处于较为缓慢的下降趋势。调查研究发现，城乡居民的生活现状满意度、宏观政策满意度和通胀了解度是影响通胀承受能力的重要因素，均呈正相关关系，这说明城乡居民的心理整体满意度和通胀了解度的提升，都有利于抵抗通胀冲击。因此，管理好通胀预期，央行在沟通方面还大有可为。丰富沟通渠道、增加沟通流量、扩大沟通覆盖范围、创新沟通方式方法，都能对提高居民通胀了解度产生积极的影响。而这又能进一步提高居民的通胀承受能力，可以作为资源要素价格改革的政策配套选项。

（6）在资源要素价格改革进程中要加强对 CPI 的监测与预测，而基于随机搜索变量选择方法的混频数据预测模型（SSVS-MIDAS）提供了一种能够利用大规模混频变量数据信息实现 CPI 实时预报与更为准确的短期预测的方法。科学合理地预测 CPI，可以为判断未来经济形势提供参考，为政府宏观经济调控提供决策支持。随着我国外贸依存度的加深，一般物价水平与国际资源价格变化的联动性也愈加紧密。分析国际资源价格因素在

CPI 预测中的作用，既可以使通货膨胀预测更为科学，也有利于防范输入型通货膨胀。基于同频数据的传统 CPI 预测模型只能进行样本外预测而无法进行月度实时预报，进而会影响预测的及时性。本书提出 SSVS-MIDAS 模型对 CPI 进行实时预报与短期预测，结果表明：相比于基准模型，混频数据模型具有比较优势。而与单变量 MIDAS 相比，多变量 MIDAS 模型的绝对精度和相对精度都较高。各变量对通胀的解释能力和作用方式是有差别的。在样本内预测方面，铁矿石价格、股指和原油价格对通胀具有较强的解释能力，是影响通胀波动的重要因素，而汇率对通胀的预测能力较弱。加入大宗商品价格解释变量对提升我国 CPI 预测精度具有显著作用，与不包含大宗商品价格变量的混频数据模型相比，全变量混频数据模型样本内预测的绝对精度提高 35% 左右。多变量混频数据模型的实时预报和短期预测结果均显示我国通胀率在 3 个月（2015 年 2~4 月）内有所缓解，物价水平有所回落，有转向通缩的风险。在较短的基准预测期内，我国通胀率为 1.2%~1.6%。

（7）服务价格和 CPI 的上涨会导致居民整体幸福感大幅下降，因此必须警惕服务价格变动导致的福利损失。通过福利分析结果发现，服务价格上涨时，福利效应为负。服务价格上涨带来的福利损失，城市居民大于农村居民。而在福利损失占比上，农村居民在有些服务项上的损失是大于城市居民的。服务价格每上涨 1% 会使居民整体幸福感下降 1.115%。提高居民的家庭收入水平对提高居民的幸福感作用明显，家庭收入每提高 1% 会使居民整体的幸福感上升 2.282%。通货膨胀对居民的主观幸福感损害较大。通胀率每提高 1 个百分点会使居民整体的幸福感下降 1.831%。

11.2　政策建议

（1）抓住时机推进资源要素价格改革。

资源要素价格改革是市场化改革中的重要一环，对于理顺我国价格体系、转变经济发展方式和更好地保护生态环境，乃至实现经济高质量发展都有重大意义。因此，资源要素价格改革是大势所趋。政策制定者一方面要充分认识资源要素价格改革的重大意义；另一方面也要认识到资源要素价格改革不是一朝一夕的事。由于涉及方方面面的利益，资源要素价格改革不是急于一时之事，而应当以充分的耐心等待和把握改革的时机。由于资源价格改革的主要负面影响是拉高物价总水平，引致通货膨胀的发生，因此物价总水平上涨压力较小的时候就是进行资源价格改革的良好时机。政策制定者应当把握改革的良好时机，以渐进的方式有计划、有步骤地逐步调整不合理的资源价格，最终达成改革目标：发挥市场在资源配置中的决定性作用。从当前世界各国的经济状况来看，世界经济增长态势仍不容乐观，需求低迷之下资源性产品或将迎来有利的"调价时机"。政策制定者可以在物价上涨压力不大的背景下，着手进行资源要素价格改革的前期工作。资源价格改革要注意先易后难。显然，涉及面极为广泛的资源要素价格改革不可能一蹴而就。简单地与国际价格接轨，完全由市场定价必然会损害一部分群体的利益，对农民和其他低收入人群影响更大。资源价格改革工作较为复杂的、价格变动涉及利益方较多难以协调的，应该逐步理顺其利益关系，化解改革压力，最终完成价格改革任务。一些涉及千家万户的、对人民生活水平影响较大且较深远的资源的价格改革，同样要遵循缓步推行的策略。遵循先生产领域后消费领域的原则，可以在一定程度上降低资源要素价格改革的难度。

（2）价格改革与保障性政策有效配合。

在发生通胀的时期有针对性地推出存款保险贴补、物价补贴、税收减免等政策，避免居民生活质量下降。

理顺资源价格体系，对于维护市场经济健康发展、保护生态环境、促进经济社会可持续发展具有重大意义。但是同样不能忽略资源价格调整带来的通胀压力，以及居民的承受能力。既要保证资源要素价格改革顺利完成，也要保证由此带来的潜在通胀压力在居民的可承受范围内，可以将价格改革政策与居民的保障性政策结合起来。第一，存款保险贴补政策对于保障民生起到了较大的作用，值得政策制定者参考。建议若资源价格改革造成通货膨胀，可考虑给予中低收入群体存款保险贴补。第二，对中低收入群体进行物价补贴，尤其是对中低收入群体的消费篮子中占比最大的食品类进行物价补贴。由于农村居民的食品很大一部分是自己生产的，因此城镇低收入群体也是该政策应该重点关注的对象。此外，还可以参考美国的"营养补充援助计划"，为中低收入群体发放食品券，来增强他们的通胀承受能力。第三，税收政策也可以在发生通货膨胀期间起到保障民生的重要作用。对生产一般必需消费品的生产者给予税收减免优惠，可以使生产成本下降，进而促进生产增加和物价稳定。所得税政策和转移支付政策的调整，同样可以缩小居民收入分配差距，提高中低收入人群的通胀承受能力。此外，政府还可以通过落实和完善社会救助体系、建立保障标准与物价上涨挂钩的联动机制，实现对困难群众的生活保障。

（3）从严控制必须调整的资源性产品价格和公共服务收费，防止出现轮番涨价。

要认识到资源要素价格改革是大势所趋，同时也要认识到政府在价格调整过程中能够也必须起到主动把握、从严控制的作用，从而以最小的成本获取最大的改革收益。资源价格不涨，增长方式转变难实现。学术界普遍认为我国经济发展方式转变并未取得根本性的突破，经济发展方式仍然是比较粗放的。这与我国资源要素价格长期偏低有着密切联系。正是由于资源要素价格长期偏低，简单地采用"摊大饼""做规模"的方式就能取得较好的经济收益，集约型增长方式难以实现。资源要素价格改革滞后，给我国的资源能源利用、经济发展和环境保护带来了严峻挑战。因此，为了实现经济发展方式的转变，资源要素价格上涨是必要的。同时也要认识到，在调整资源要素价格方面，政府能够起到积极引导、合理控制的作用。政府要把握好调价的时机和力度，对必须调整的资源性产品价格"从严控制，防止出现轮番涨价"。在提高价格的同时，做好以下几个方面的工作，可以降低资源要素价格改革的成本，减轻人们受到的影响，维护社会稳定。第一，加强市场价格监管，尤其是涉及民生的如医疗药品、教育、农产品等。严厉打击囤积居奇等违法操纵市场的行为。第二，建立健全价格监测和预警制度，针对物价的急速变动制定应急方案。第三，对资源性产品的价格调整进行宏观把控，避免资源性产品价格上涨，超出居民承受能力。第四，从严管控生产资料尤其是农业生产资料价格上涨，避免出现农民负担迅速加重的现象。第五，加强民生领域价格监管，做好价格争议纠纷调解处理，维护群众合法权益。

（4）注意防范消费品价格通胀与服务价格通胀双向传导。

近年来，随着中国经济的不断发展，服务业的产业规模也持续扩大，服务消费支出已经成为人们消费支出的主要部分，然而服务价格还存在诸多的不合理之处。而对服务价格进行调整，势必会带来一定的通胀压力。因此，政府一方面要制定相关政策，缩小服务产品与价格管制范围，降低行业集中度与进入门槛，促进企业间的竞争，提高服务业的市场化水平。

另一方面要考虑市场化带来的物价上涨压力。从具体措施来看，供给侧改革主要针对的是经济结构改革，旨在调整经济结构，使要素实现最优配置，提升经济增长的质量和数量，由粗放型增长向集约型增长转变，使资源得到合理配置，从而优化价格结构，促使服务价格回归到合理区间，促进经济快速健康发展。管制服务类中有不少涉及供水、供电、交通等的公共服务，未来随着水、电、石油、天然气和煤炭等资源性产品的价格改革，公用事业产品价格会陆续上调，势必会给 CPI 带来较大压力。此外，由于服务价格存在易涨难跌的黏性价格特征，政府在制定政策的时候，必须充分考虑到这一因素，如在服务价格上涨较慢的时候，可以加快价格调整和改革的步伐，而在服务价格上涨较快的时候，可以考虑放慢或停止价格上调，以避免服务价格长期黏性居高不下，从而规避潜在通货膨胀风险。

（5）充分认识到国际大宗商品价格变化是一把"双刃剑"，管控好国际大宗商品价格变动带来的通货膨胀（通货紧缩）风险，特别是通胀与通缩快速转换的风险。

过去一段时间内，世界性的通货膨胀往往表现为国际大宗商品价格上涨带来的全球输入型通货膨胀，国际大宗商品价格已经成为短期内影响我国 PPI、CPI 的重要原因。货币政策的制定以及我国资源要素价格改革的推进，也都必须考虑到未来国际大宗商品价格上涨的压力。从目前的世界经济形势和大宗商品价格来看，近年来大宗商品价格基本保持比较平稳的态势，即使有的大宗商品价格上涨，其涨幅也不太大。因此当前不用过度考虑大宗商品价格上涨的压力，反而需要关注大宗商品价格下跌可能引起的输入型通货紧缩。

大宗商品价格变化是一把双刃剑。它既可能导致通货膨胀，也可能导致通货紧缩。2008 年国际金融危机爆发时各种大宗商品价格就曾出现暴跌，直接逆转了我国 2007～2008 年以来的严重通货膨胀形势，并使 2009 年的物价上涨率由正转负。因此，大宗商品价格变动带来的通货紧缩风险也是必须考虑在内的。结合研究结果，政府一方面应当充分认识到长期资源价格上涨的趋势，并在此基础上保证物价上涨的平稳性，保证居民的生活水平不至于下降；另一方面也要盯住大宗商品价格可能出现的下跌风险，保证不会发生严重的通货紧缩。

（6）现实存在低估通胀的可能，不宜因资源要素价格改革而提高通货膨胀容忍度。

部分学者认为，我国经济增长速度较快，为给资源要素价格改革留下政策空间，CPI的警戒线可以提高到4%～5%。这种观点忽略了我国现实中存在低估通货膨胀的可能。首先，房价在CPI统计中没有体现。尽管房价更多地被认为是一种资本价格而非消费价格，但是由于国人的传统思想，以及租赁市场的不完善，买房支出是国人一生中十分重要的一笔支出。这也意味着房屋价格实际上是国人消费篮子中的重要组成部分。而房价在CPI中的缺乏，很有可能在房价快速上涨的过程中使CPI被低估。其次，国内物价受政府政策影响，常常价格传导不顺，如某些商品出现批零价格倒挂，这些都难以反映到最终产品与服务价格中。在CPI的一篮子商品构成中，食品所占比重较大，而能源、服务等所占比重较小，不能真实反映我国通胀状况，客观上存在低估通胀的可能。最后，无论是通货膨胀还是资产价格泡沫均为货币现象。我国的货币总量已经很高，2019年8月广义货币达到193.5万亿元，狭义货币达到55.7万亿元。这个增幅是十分惊人的。在实际存款利率较低甚至为负利率的格局下，如果抬高通胀警戒线，可能会带来更高的通胀预期，致使货币政策陷入更严重的困境之中。

鉴于上述分析，我们研究认为，我国非但不应提升对通货膨胀的容忍度，反而应该守住通货膨胀率在3%～4%区间波动的底线。

（7）稳步推进资源要素价格改革的同时需要做好通胀预期管理。

通胀预期是居民对未来通胀水平的一种主观心理反应，虽然不一定导致实际上的通胀，但实践表明，通胀预期已成为实际通胀的助推剂，是决定真实通胀水平的重要因素。合理引导公众的通胀预期、使公众对治理通胀的决心有充分的信任，在某种意义上来说甚至比实质的通胀治理政策更为重要。考察我国治理通胀的历史会发现，预期管理是十分重要的。虽然要素价格改革对通胀的影响不如"价格闯关"那样直接，但是在全球流动性过剩的大背景下，必须警惕通胀预期的自我实现。

首先，做好与公众的沟通。在制定和实施货币政策的过程中，将央行的政策制定起因、政策制定意图和政策预期效果等多种因素通过各种渠道，如新闻发布会、纸媒、网络媒体等向公众传播，起到积极的引导作用。其次，提高宏观经济数据的质量和维度，以及数据的时效性。及时向公众公布价格、货币供应量等数据，进一步增加公布数据的频率。再次，对新闻媒体进行一定的引导。通胀预期的自我实现机制是对物价稳定的一个巨大挑战。而在这个机制中，新闻媒体一般会起到推波助澜的作用。应当对媒体的相关报道进行一定的引导，避免媒体为获取流量而夸大其词报道通胀形势，从而引发不良社会效应。从媒体自身角度说，一方面，加大对改革的宣传报道力度，让人民群众更了解和理解改革的意义和改革的具体内容，降低政府与群众之间的信息不对称性，避免因信息不对称而造成负面影响。另一方面，对于资源要素价格改革中出现的困难和矛盾，新闻媒体亦有责任进行全面调查和精准报道，同时将情况反映给政策制定者，更好地解决改革中存在的问题，积极营造良好的舆论氛围，最终使改革顺利完成。最后，也是最重要的，提升中国人民银行的通胀治理信誉，这是从根本上保证通胀预期管理的有效手段。只要中国人民银行对通胀的容忍度保持在较低水平，发生通胀时坚决治理，那么公众自然会增强对央行治理通胀的信心。

参考文献

［1］ 安虎森、叶金珍，2018，《房价对幸福感的影响及其作用机制》，《贵州社会科学》第 4 期。

［2］ 白金亚，2017，《国有企业竞争中立制度中国化研究》，硕士学位论文，上海师范大学。

［3］ 蔡晓陈，2012，《中国价格粘性的实证研究》，《中国经济问题》第 6 期。

［4］ 常清，2010，《宏观决策要参考期货价格指数》，《价格理论与实践》第 11 期。

［5］ 陈刚，2013，《通货膨胀的社会福利成本——以居民幸福感为度量衡的实证研究》，《金融研究》第 2 期。

［6］ 陈佳甫、张金鄂、谢博明，2012，《知人知面不知心》，《都市与计划》第 4 期。

［7］ 陈家旭，2013，《论居住物业服务价格的调整机制》，《上海房地》第 5 期。

［8］ 陈娟、余灼萍，2005，《我国居民消费价格的短期预测》，《统计与决策》第 2 期。

［9］ 陈磊、李颖、邵明振，2011，《经济周期态势与通货膨胀成因分析》，《数量经济技术经济研究》第 8 期。

［10］ 陈玉财，2011，《国际大宗商品价格波动与国内通货膨胀——基于中国数据的实证分析》，《金融评论》第 5 期。

［11］ 陈玉海，2009，《我国 CPI 预测数量研究》，博士学位论文，中南大学。

［12］ 崔友平、王建敏，1989，《治理通货膨胀的关键是产业结构的调整》，《理论探讨》第 5 期。

［13］ 邓翔、吕一清，2014，《我国消费品价格变动的主要特征：基于生存

240

分析方法》，《云南财经大学学报》第 5 期。

［14］刁雪林、杨鹏，2016，《新技术革命与电信服务价格的变化关系研究》，《价格月刊》第 5 期。

［15］丁一，2013，《我国财政政策与经济增长关系研究》，硕士学位论文，吉林大学。

［16］董忱，2019，《央行 LPR 改革落地》，《齐鲁周刊》第 33 期。

［17］杜伟，2007，《期货投机因素与油价——基于格兰杰因果检验和 ADL 模型的分析》，《经济科学》第 4 期。

［18］杜征征，2018，《通胀总体温和，利润分配转移：2019 年通胀形势展望》，《国开证券研究报告》第 12 期。

［19］段继红，2010，《国际油价冲击对中国宏观经济的影响》，《统计研究》第 7 期。

［20］樊纲，2008，《当前宏观经济形势及未来政策的取向》，《经济界》第 5 期。

［21］方远平、毕斗斗，2008，《国内外服务业分类探讨》，《国际经贸探索》第 1 期。

［22］干春晖、郑若谷，2009，《改革开放以来产业结构演进与生产率增长研究——对中国 1978～2007 年"结构红利假说"的检验》，《中国工业经济》第 2 期。

［23］高炳华，2001，《服务业定价模式研究》，《价值工程》第 4 期。

［24］耿鹏、齐红倩，2012，《我国季度 GDP 实时数据预测与评价》，《统计研究》第 1 期。

［25］耿鹏、赵昕东，2009，《基于 GVAR 模型的产业内生联系与外生冲击分析》，《数量经济技术经济研究》第 12 期。

［26］龚玉婷、陈强、郑旭，2014，《基于混频模型的 CPI 短期预测研究》，《统计研究》第 12 期。

［27］顾光同，2018，《基于 X‑12‑ARIMA 调整的中国 CPI 波动检验》，《统计与决策》第 11 期。

［28］顾昕、宁晶，2018，《政府治理改革下的行政成本上涨研究——基于鲍莫尔成本病理论的分析》，《国家行政学院学报》第 5 期。

［29］郭克莎，1990，《我国通货膨胀的治理与产业结构的调整》，《社会科

学家》第 1 期。

[30] 何建敏、白洁，2015，《基于 EEMD - VAR 的余额宝收益率影响因素研究》，《现代财经（天津财经大学学报)》第 8 期.

[31] 洪培丽，2011，《工资变动对物价的影响》，《知识经济》第 22 期。

[32] 胡援成、张朝洋，2012，《美元贬值对中国通货膨胀的影响：传导途径及其效应》，《经济研究》第 4 期。

[33] 黄虹、姜莹，2010，《上海市产业结构变动与失业的实证研究》，《预测》第 6 期。

[34] 黄乾，2009，《中国的产业结构变动、多样化与失业》，《中国人口科学》第 1 期。

[35] 黄荣哲、农丽娜，2012，《物价波动下的产业调整速度、信贷投放与财政支出》，《贵州财经学院学报》第 2 期。

[36] 黄少军，2000，《服务业与经济增长》，经济科学出版社。

[37] 吉玉萍，2010，《汇率波动的价格传递效应及政策启示》，硕士学位论文，华东师范大学。

[38] 蒋瑛琨、刘艳武、赵振全，2005，《货币渠道与信贷渠道传导机制有效性的实证分析——兼论货币政策中介目标的选择》，《金融研究》第 5 期。

[39] 李斌，2010，《从流动性过剩（不足）到结构性通胀（通缩)》，《金融研究》第 4 期。

[40] 李峰、高炳华，2012，《市场预期与房价关系研究——基于房地产市场异质有限理性预期的实证分析》，《价格理论与实践》第 7 期。

[41] 李冠霖，1996，《略论我国的服务价格关系》，《价格月刊》第 7 期。

[42] 李国祥、李永清、马天骄，2017，《基于 HP 滤波法的我国 CPI 波动规律研究》，《经济问题》第 10 期。

[43] 李海明，2009，《粘性价格理论：构建宏观经济学的微观基础》，《天津社会科学》第 4 期。

[44] 李江帆，1996，《现代市场经济中的服务价格模式》，《学术月刊》第 5 期。

[45] 李腊生、蔡春霞、张岩，2012，《我国居民通货膨胀承受力测度及压力测试》，《商业经济与管理》第 8 期。

［46］ 李磊、刘斌，2012，《预期对我国城镇居民主观幸福感的影响》，《南开经济研究》第 4 期。

［47］ 李鹏飞，2017，《中国服务业成本病问题研究》，硕士学位论文，天津财经大学。

［48］ 李荣梅、陈良民，2004，《企业内部控制与审计》，经济科学出版社。

［49］ 李涛、周开国、刘胜利，2014，《什么影响了居民物价的预期？——基于微观调查数据的分析》，《国际金融研究》第 5 期。

［50］ 李想，2011，《我国公共服务价格管理制度改革研究》，《价格理论与实践》第 10 期。

［51］ 李艳春、刘小青，2014，《山东省生产性服务业与制造业协同优化发展研究》，《商业时代》第 10 期。

［52］ 李泽广、王群勇、巴劲松、李津，2010，《分省投资与信贷关系中的"门槛效应"：审视投资增长的新视角》，《金融研究》第 5 期。

［53］ 李志平，2008，《完善我国服务业价格机制的几点思考》，《价格理论与实践》第 7 期。

［54］ 林伯强、王锋，2009，《能源价格上涨对中国一般价格水平的影响》，《经济研究》第 12 期。

［55］ 林江、周少君、魏万青，2012，《2012 城市房价、住房产权与主观幸福感》，《财贸经济》第 5 期。

［56］ 林毅夫，2007，《潮涌现象与发展中国家宏观经济理论的重新构建》，《经济研究》第 1 期。

［57］ 刘光第，1995，《调整产业结构对抑制通货膨胀有重大作用》，《投资研究》第 3 期。

［58］ 刘汉、刘金全，2011，《中国宏观经济总量的实时预报与短期预测》，《经济研究》第 3 期。

［59］ 刘汉，2013，《中国宏观经济混频数据模型的研究与应用》，博士学位论文，吉林大学。

［60］ 刘建、卢波，2016，《非传统安全视角下中国石油安全的测度及国际比较研究》，《国际经贸探索》第 7 期。

［61］ 刘江、刘旗，2016，《国有工业企业规模对资本效率的门槛效应》，《首都经济贸易大学学报》第 4 期。

[62] 刘金全、刘汉、印重，2010，《中国宏观经济混频数据模型应用》，《经济科学》第 5 期。

[63] 刘俊学、王小兵，2005，《试论高等教育服务价格》，《高等教育研究》第 2 期。

[64] 刘梦怡，2018，《EEMD 分解方法在我国股票市场分析预测中的应用》，硕士学位论文，山东大学。

[65] 刘起运、夏明，2007，《投入产出特征价格体系及对我国价格结构变化的经验验证》，中国投入产出学会年会。

[66] 刘起运、夏明，2007，《投入产出特征价格体系及对我国价格结构变化的经验验证》，中国投入产出年会。

[67] 刘尚亮，2011，《服务价格构成因素及定价策略研究》，《价格理论与实践》第 2 期。

[68] 刘伟、蔡志洲，2008，《注重价格更要重视价格结构》，《新财经》第 3 期。

[69] 刘小青、李艳春、田刚元，2014，《黄河三角洲生产性服务业对区域城市化发展的作用——以东营市为例》，《中国石油大学学报》（社会科学版）第 1 期。

[70] 刘晓红，2008，《应用扫描数据改进 CPI 的编制》，《统计研究》第 7 期。

[71] 刘晓明，2019，《煤炭资源税改革若干问题与对策建议》，《煤炭经济研究》第 4 期。

[72] 吕江林，2010，《我国城市住房市场泡沫水平的度量》，《经济研究》第 6 期。

[73] 吕盈，2018，《供给侧结构性改革下工业园区对产业优化升级的研究》，《现代管理科学》第 1 期。

[74] 罗楚亮，2006，《城乡分割、就业状况与主观幸福感差异》，《经济学年第季刊》第 2 期。

[75] 罗鸿斌，2017，《基于 EEMD 的股票市场影响因素和风险度量研究》，硕士学位论文，北京化工大学。

[76] 马妙娟，2012，《借鉴国外经验，稳步推进我国利率市场化》，《中国总会计师》第 7 期。

[77] 马忠普，2008，《资源性产品引发通货膨胀的变化趋势和特点》，《冶金管理》第 9 期。

[78] 门小琳，2011，《组合预测方法在我国 CPI 预测中的应用》，硕士学位论文，南京财经大学。

[79] 欧阳一漪、张骥，2018，《房价对居民主观幸福感的影响》，《消费经济》第 5 期。

[80] 潘敏、缪海斌，2012，《产业结构调整与中国通货膨胀缺口持久性》，《金融研究》第 3 期。

[81] 潘敏、缪海斌，2010，《银行信贷、经济增长与通货膨胀压力》，《经济评论》第 2 期。

[82] 潘雄锋、彭晓雪、李斌，2017，《市场扭曲、技术进步与能源效率：基于省际异质性的政策选择》，《世界经济》第 1 期。

[83] 渠慎宁、吴利学、夏杰长，2012，《中国居民消费价格波动、价格粘性、定价模式及其政策含义》，《经济研究》第 11 期。

[84] 任若恩、樊茂清，2010，《国际油价波动对中国宏观经济的影响：基于中国 IGEM 模型的经验研究》，《世界经济》第 12 期。

[85] 任泽平、潘文卿、刘起运，2007，《原油价格波动对中国物价的影响——基于投入产出价格模型》，《统计研究》第 11 期。

[86] 沙茹、李金叶，2019，《石油价格波动与宏观经济相关性研究》，《价格理论与实践》第 5 期。

[87] 邵宁，2011，《大宗商品对外贸易对我国通货膨胀影响的研究》，硕士学位论文，华东理工大学。

[88] 盛松成、吴培新，2008，《中国货币政策的二元传导机制》，《经济研究》第 10 期。

[89] 苏海南、刘秉泉，2018，《我国工资分配制度改革 30 周年回顾与展望》，《工人日报》10 月 28 日。

[90] 孙宁华、江学迪，2012，《能源价格与中国宏观经济：动态模型与校准分析》，《南开经济研究》第 2 期。

[91] 谈佳隆，2012，《倒逼利率市场化，大额定期存单利率上浮或是突破口》，《中国经济周刊》第 19 期。

[92] 谭本艳、柳剑平，2009，《我国 CPI 波动的长期驱动力与短期驱动力

研究》，《统计研究》第 1 期。

[93] 谭中和，2019，《建国 70 年中国工资收入分配制度变迁与改革实践》，《中国劳动》第 2 期。

[94] 田喜洲、苏燕艺，2007，《论小费、服务费及服务价格》，《价格理论与实践》第 3 期。

[95] 王彬、李成、马文涛，2010，《国际石油价格与通货膨胀的溢出效应及动态相关性》，《财经研究》第 4 期。

[96] 王朝明、马文武，2013，《我国城镇居民通货膨胀承受能力判断》，《中国经济问题》第 7 期。

[97] 王光平，2008，《樊纲建议尽快理顺价格机制以治理通胀》，《中国证券报》第 10 期。

[98] 王国太，2015，《全面放开服务价格是市场化的必然》，《建设监理》第 4 期。

[99] 王宏利，2005，《中国物件走势分析及其宏观调控》，《世界经济》第 7 期。

[100] 王建伟、王梅，2014，《中国经济增长与通货膨胀的组合性研究》，《广西财经学院学报》第 1 期。

[101] 王静、余宇新，2010，《考虑价格结构效应的经济增长理论探讨》，《生产力研究》第 2 期。

[102] 王娟、李兴绪，2009，《基于投入产出价格模型的工资上调效应分析》，《统计教育》第 4 期。

[103] 王军，2011，《不宜提高对通货膨胀的容忍度》，《中国金融》第 3 期。

[104] 王鹏，2011，《收入差距对中国居民主观幸福感的影响分析》，《中国人口科学》第 3 期。

[105] 王少平、朱满州、胡朔商，2012，《中国 CPI 的宏观成分与宏观冲击》，《经济研究》第 12 期。

[106] 王文静，2014，《税收、公共支出与经济增长关系研究》，硕士学位论文，山东财经大学。

[107] 王德文、王美艳、陈兰，2004，《中国工业的结构调整、效率与劳动配置》，《经济研究》第 4 期。

［108］王小平、宋羽，2007，《我国服务价格波动的实证分析与启示》，《价格理论与实践》第 12 期。

［109］王晓芳、王瑞君，2012，《上证综指波动特征及收益率影响因素研究》，《南开经济研究》第 6 期。

［110］王宇、李旭东、李自力，2009，《基于 BP 神经网络的我国 CPI 预测与对策》，《计算机科学》第 10 期。

［111］魏巍贤、高中元、彭翔宇，2012，《能源冲击与中国经济波动——基于动态随机一般均衡模型的分析》，《金融研究》第 1 期。

［112］温桂芳、刘喜梅，2004，《服务价格在服务业发展中的作用分析》，《价格理论与实践》第 9 期。

［113］吴成颂、唐越，2019，《流动性创造导致商业银行系统性风险增加吗？——基于利率市场化视角的实证分析》，《管理现代化》第 4 期。

［114］吴崇宇、周建涛，2014，《国际大宗商品价格传导机制的结构特征与路径特征》，《经济学动态》第 4 期。

［115］吴军、陈丽萍，2017，《损失厌恶视角的居民通货膨胀承受能力研究》，《国际金融研究》第 3 期。

［116］吴军、董志伟、涂竞，2011，《有效需求不足背景下的潜在通货膨胀压力——基于货币结构分析视角》，《金融研究》第 7 期。

［117］吴军、田娟，2008，《结构性通货膨胀解析——基于当前中国通货膨胀问题的思考》，《金融研究》第 9 期。

［118］吴军、肖威、涂竞，2011，《中国通货膨胀成因的量化分析》，《国际金融研究》第 11 期。

［119］吴亮，2014，《影响体育服务价格的因素与对策研究》，《价格月刊》第 6 期。

［120］夏荣尧，2009，《基于 ARIMA 模型的我国通货膨胀预测研究》，硕士学位论文，湖南大学。

［121］韩晓蕾，2018，《能源价格变动对中国经济的影响及对策分析》，硕士学位论文，南华大学。

［122］肖威，2014，《中国潜在通货膨胀压力研究》，博士学位论文，对外经济贸易大学。

［123］肖争艳、安德燕、易娅莉，2009，《国际大宗商品价格会影响我国

CPI 吗》，《经济理论与经济管理》第 8 期。

[124] 肖争艳、陈彦斌，2006，《宏观经济预期的测度》，《中国人民大学学报》第 3 期。

[125] 肖争艳、姚一旻、唐诗磊，2011，《我国通货膨胀预期的微观基础研究》，《统计研究》第 3 期。

[126] 邢占军，2011，《我国居民收入与幸福感关系的研究》，《社会学研究》第 1 期。

[127] 徐丹、佟仁成，2011，《投入产出粘性价格模型研究》，《管理评论》第 11 期。

[128] 徐剑刚、张晓蓉、唐国兴，2007，《混合数据抽样波动模型》，《数量经济技术经济研究》第 11 期。

[129] 徐颖科，2009，《防范我国能源供给体系失灵的公共政策》，《当代经济管理》第 8 期。

[130] 许光建、苏泠然，2018，《价格管理机构改革回顾与展望》，《公共管理与政策评论》第 5 期。

[131] 杨慧芳，2016，《中国服务业全要素生产率测算及鲍莫尔"成本病"检验》，硕士学位论文，山西师范大学。

[132] 杨静，2010，《商业银行中间业务服务价格存在的问题及治理对策》，《中国价格监督检查》第 12 期。

[133] 杨娟、刘晓君、彭苏颖，2016，《电力辅助服务价格研究》，《中国物价》第 8 期。

[134] 杨默如，2019，《中国税制改革 70 年》，《税务研究》第 10 期。

[135] 杨漾、王心馨、王灿，2015，《中国公布价格改革路线图：两年后竞争性领域价格基本放开》，《东方早报》10 月 16 日。

[136] 姚战琪，2009，《生产率增长与要素再配置效应》，《经济研究》第 11 期。

[137] 尹志超、吴雨、甘犁，2013，《金融可得性、金融市场参与和家庭资产选择》，《经济研究》第 3 期。

[138]《择机放开成品油价格 尽快全面理顺天然气价格》，2015 年 10 月 16 日，中国燃气网，http://www.chinagas.org.cn/hangye/news/2015 - 10 - 16/30526.html。

［139］曾力生，1991，《我国价格结构与理论价格的偏差分析》，《数量经济技术经济研究》第 8 期。

［140］张成思，2012，《媒体舆论、公众预期与通货膨胀动态机制》，中国金融四十人论坛。

［141］张成思，2009，《中国 CPI 通货膨胀率子成分动态传导机制研究》，《世界经济》第 9 期。

［142］张健华、常黎，2011，《哪些因素影响了通货膨胀预期：基于中国居民的经验研究》，《金融研究》第 12 期。

［143］张鸣芳、项燕霞、齐东军，2004，《居民消费价格指数季节调整实证研究》，《财经研究》第 3 期。

［144］赵超，2009，《资源倚重型经济结构变迁路径及其绩效评价——以山西为例》，《技术经济与管理研究》第 10 期。

［145］赵文哲、周业安，2009，《基于省际面板的财政支出与通货膨胀关系研究》，《经济研究》第 10 期。

［146］郑挺国、尚玉皇，2013，《基于金融指标对中国 GDP 的混频预测分析》，《金融研究》第 9 期。

［147］《中共中央 国务院关于推进价格机制改革的若干意见》，《人民日报》2015 年 10 月 16 日。

［148］中国经济增长与宏观稳定课题组，2008，《外部冲击与中国的通货膨胀》，《经济研究》第 5 期。

［149］Akay, A., Bargain, O., Zimmermann, K. F., 2012, "Relative Concerns of Rural-to-Urban Migrants in China," *Journal of Economic Behavior & Organization* 81 (2): 421 – 441.

［150］Alesina, A., Perotti, R., 2004, "Taxation and Redistribution in an Open Economy," *European Economic Review* 39 (5): 961 – 979.

［151］Alnaa, S. E., Ahiakpor, F., 2011, "ARIMA Approach to Predicting Inflation in Ghana," *Journal of Economics and International Finance* 3 (5): 328 – 336.

［152］Ambrey, C. L., Fleming, C. M., 2014, "Life Satisfaction in Australia: Evidence from Ten Years of the HILDA Survey," *Social Indicators Research* 115 (2): 691 – 714.

[153] Amirthanathan, G. E. , Pegram, G. G. S. , McMahon, T. A. , 2005, "Issues with the Application of Empirical Mode Decomposition Analysis," International Congress on Modelling and Simulation.

[154] Andreou, E. , Ghysels, E. , Kourtellos, A. , 2010, "Regression Models with Mixed Sampling Frequencies," *Journal of Econometrics* 158 (2): 246 – 261.

[155] Andrews, F. M, 1991, "Stability and Change in Levels and Structure of Subjective Well-Being," *Social Indicators Research* 25 (1): 1 – 30.

[156] Andrews, F. M. , Withey, S. B. , 1974a, "Developing Measures of Perceived Life Quality: Results from Several National Surveys," *Social Indicators Research* 1: 1 – 26.

[157] Andrews, F. M. , Withey, S. B. 1974b. "Social Indicators of Well-Being: America's Perception of Life Quality: Results from Several National Surveys," *Social Indicators Research* 1: 1 – 26.

[158] A, Paul Dolan, T. P. A, and M. W. B. , 2008, "DoWe Really Know What Makes Us Happy? A Review of the Economic Literature on the Factors Associated with Subjective Well-being-Science Direct," *Journal of Economic Psychology* 29. 1: 94 – 122.

[159] Appleton, S. , Song, L. , 2008, "Life Satisfaction in Urban China: Components and Determinants," *World Development* 36 (11): 2325 – 2340.

[160] Atkeson, A. , Ohanian, L. E. , 2001, "Are Phillips Curves Useful for Forecasting Inflation?", *Federal Reserve Bank of Minneapolis Quarterly Review* 25 (1): 2 – 11.

[161] Balke, N. S. , Fomby, T. B. , 1997, "Threshold Cointegration," *International Economic Review* 38: 627 – 645.

[162] Baumol, Willian J. , 1967, "Macroeconomics of Unbalanced Growth: The Anatomy of Urban Crisis," *The American Economic Review* 57 (3) .

[163] Baumol, W. J. , 1967, "Macroeconomics of Unbalanced Growth: The Anatomy of Urban Crisis," *The American Economic Review* 57 (3): 415 – 426.

[164] Bela Balassa, 1964, "The Purchasing-Power Parity Doctrine," *Journal*

of Political Economy 72 （6）．

［165］ Berument, H. , Tasci, H. , 2002, "Inflationary Effect of Crude Oil Prices in Turkey," *Working Papers* 316.

［166］ Bils, M. , Klenow, P. J. , 2004, "Some Evidence on the Importance of Sticky Prices," *Journal of Political Economy* 112 （5）: 947 – 985.

［167］ Bin, L. L. L. , 2012, "The Impact of Anticipation on Happiness of Urban Residents in China," *Nankai Economic Studies* （4）: 52 – 67.

［168］ Blanchflower, D. G. , MacCoille, C. , 2009, "The Formation of Inflation Expectations: An Empirical Analysis for the UK," *National Bureau of Economic Research.*

［169］ Blanchflower, D. G. , Oswald, A. J. , 2005, "Happiness and the Human Development Index: The Paradox of Australia," *National Bureau of Economic Research* 38 （3）: 307 – 318.

［170］ Blanchflower, D. G. , Oswald, A. J. , 2004, "Well-Being over Time in Britain and the USA," *Journal of Public Economics* 88 （7 – 8）: 1359 – 1386.

［171］ Boreham, P. , Povey, J. , Tomaszewski, W. , 2013, "An Alternative Measure of Social Wellbeing: Analysing the Key Conceptual and Statistical Components of Quality of Life," *Australian Journal of Social Issues* 48 （2）: 151 – 172.

［172］ Bos, C. S. , Franses, P. H. , Ooms, M. , 2002, "Inflation, Forecast Intervals and Long Memory Regression Models," *International Journal of Forecasting* 18 （2）: 243 – 264.

［173］ Boughton, J. M. , Branson, W. H. , 1990, "The Use of Commodity Prices to Forecast Inflation," *Staff Studies for the World Economic Outlook.*

［174］ Boyd, R. , Doroodian D. Thornton, 2000, "The Impact of Oil Price Volatility on the Future of the U. S. Economy," *Energy & Environment*, 11 （1）: 25 – 48.

［175］ Boyd, Roy, Khosrow Doroodian, 1994, "Exchange Rate Expectations and Functional Misspecification," *The Review of Economics and Statistics* 76 （2）: 393 – 398.

［176］ Brockmann, H. , Delhey, J. , Welzel, C. , et al. , 2009, "The China Puzzle: Falling Happiness in a Rising Economy," *Journal of Happiness Studies* 10 (4): 387 – 405.

［177］ Bruton, G. D. , Dess, G. G. , Janney J. J. , 2007, "Knowledge Management in Technology-Focused Firms in Emerging Economies: Caveats on Capabilities, Networks, and Real Options," *Asia Pacific Journal of Management* 24 (2): 115 – 130.

［178］ Bryan, M. F. , Venkatu, G. , 2001, "The Demographics of Inflation Opinion Surveys," *Economic Commentary, Federal Reserve Bank of Cleveland*, Issue Oct.

［179］ Camerer, C. F. , Loewenstein, G. , Rabin, M. , 2004, "Advances in Behavioral Economics Physica-Verlag HD".

［180］ Campbell, A. , Converse, P. E. , Rodgers, W. L. , 1976, "The Quality of American Life: Perceptions, Evaluations, and Satisfactions," *Russell Sage Foundation*.

［181］ Carlson, J. A. , Parkin, M. , 1975, "Inflation Expectations," *Economica* 42 (166): 123 – 138.

［182］ Carlton, D. W. , 1987, "The Rigidity of Prices," *American Economic Review* 76 (4): 637 – 658.

［183］ Cheng, Z. , King, S. P. , Smyth, R. , et al. , 2016, "Housing Property Rights and Subjective Wellbeing in Urban China," *European Journal of Political Economy* 45: 160 – 174.

［184］ Cheng, Z. , Smyth, R. , Wang, H. , 2013, *Housing and Subjective Wellbeing in Urban China*. Monash Univ. , Department of Economics.

［185］ Chen, M. , Patel, K. , 2002, "An Empirical Analysis of Determination of Housing Prices in the Taipei Area," *Taiwan Economic Review* 30: 563 – 595.

［186］ Chen, X. , Ghysels, E. , Wang, F. , 2011, "hybrid garch Models and Intra-Daily Return Periodicity," *Journal of Time Series Econometrics* 3 (1): 186 – 221.

［187］ Chen, Z. , Davey, G. , 2008, "Happiness and Subjective Wellbeing in Mainland China," *Journal of Happiness Studies* 9 (4): 589 – 600.

［188］ Clark, A. E., Oswald, A. J., 1996, "Satisfaction and Comparison Income," *Journal of Public Economics* 61 (3): 359 – 381.

［189］ Clark, A. E., Oswald, A. J., 1994, "Unhappiness and Unemployment," *The Economic Journal* 104 (424): 648 – 659.

［190］ Clark, C., 1940, *The Conditions of Economic Progress*. London: McMillan, pp. 940 – 941.

［191］ Clayton, J., 1997, "Are Housing Price Cycles Driven by Irrational Expectations?" *The Journal of Real Estate Finance and Economics* 14 (3): 341 – 363.

［192］ Clements, M. P., Galvão, A. B., 2008, "Macroeconomic Forecasting with Mixed-Frequency Data: Forecasting Output Growth in the United States," *Journal of Business & Economic Statistics* 26 (4): 546 – 554.

［193］ Clements, M. P., Galvão, A. B., 2009, "Forecasting US Output Growth Using Leading Indicators: An Appraisal Using MIDAS Models," *Journal of Applied Econometrics* 24 (7): 1187 – 1206.

［194］ Cologni, A., Manera, M., 2008, "Oil Prices, Inflation and Interest Rates in a Structural Cointegrated VAR Model for the G – 7 Countries," *Energy Economics* 30 (3): 856 – 888.

［195］ Costa, P. T., McCrae, R. R., Zonderman, A. B., 1987, "Environmental and Dispositional Influences on Well-Being: Longitudinal Follow-Up of an American National Sample," *British journal of Psychology* 78 (3): 299 – 306.

［196］ Cuñado, Juncal, and Fernando Pérez de Gracia, 2003, "Do Oil Price Shocks Matter? Evidence for Some European Countries," *Energy economics* 25. 2 (2003): 137 – 154.

［197］ Darrat, A. F., Zhong, M., 2002, "Permanent and Transitory Driving Forces in the Asian-Pacific Stock Markets," *Financial Review* 37 (1): 35 – 51.

［198］ Davis, J. A., 1984, "New Money, and Old Man/Lady and 'Two's Company': Subjective Welfare in the NORC General Social Surveys,

1972 – 1982," *Social Indicators Research* 15 (4): 319 – 350.

[199] Deaton, A., 2008, "Income, Health, and Well-Being around the World: Evidence from the Gallup World Poll," *Journal of Economic Perspectives* 22 (2): 53 – 72.

[200] Dedola, L., Lippi, F., 2005, "The Monetary Transmission Mechanism: Evidence from the Industries of Five OECD Countries," *European Economic Review* 49 (6): 1543 – 1569.

[201] Dees, Stephane, et al., 2007, "Exploring the International Linkages of the Euro Area: A Global VAR Analysis," *Journal of applied econometrics* 22 (1): 1 – 38.

[202] De Gregorio, J., 1992, "The Effects of Inflation on Economic Growth: Lessons from Latin America," *European Economic Review* 36 (2 – 3): 417 – 425.

[203] Delhey, J., Kohler, U., 2011, "Is Happiness Inequality Immune to Income Inequality? New Evidence through Instrument-Effect-Corrected Standard Deviations," *Social Science Research* 40 (3): 742 – 756.

[204] Demir, N., Solakoglu, M. N., Solakoglu, E. G., 2015, "A Test for a Functioning Market Economy: Seton's Eigenprices of Turkey," *Economic Systems Research* 27 (3): 362 – 373.

[205] Diener, E., Sandvik, E., Seidlitz, L., et al., 1993, "The Relationship between Income and Subjective Well-Being: Relative or Absolute?" *Social Indicators Research* 28 (3): 195 – 223.

[206] Dietzenbacher, E., 1990, "Seton's Eigenprices: Further Evidence," *Economic Systems Research* 2 (2): 103 – 124.

[207] Di Tella, R., MacCulloch, R. J., Oswald, A. J., 2001, "Preferences over Inflation and Unemployment: Evidence from Surveys of Happiness," *American Economic Review* 91 (1): 335 – 341.

[208] Di Tella, R., MacCulloch, R. J., Oswald, A. J., 2003, "The Macroeconomics of Happiness," *Review of Economics and Statistics* 85 (4): 809 – 827.

[209] Dodge, Raymond, 1931, "Conditions and Consequences of Human Vari-

ability," *Journal of Nervous & Mental Disease* 74 (2): 251.

[210] Dolan, P., Peasgood, T., White, M., 2008, "Do We Really Know What Makes Us Happy? A Review of the Economic Literature on the Factors Associated with Subjective Well-Being," *Journal of economic psychology* 29 (1): 94 – 122.

[211] Dorn, D., Fischer, J. A. V., Kirchgässner, G., et al., 2007, "Is It Culture or Democracy? The Impact of Democracy and Culture on Happiness," *Social Indicators Research* 82 (3): 505 – 526.

[212] Duzgun, R., 2010, "Generalized Regression Neural Networks for Inflation Forecasting," *International Research Journal of Finance and Economic*, 59 – 70.

[213] Easterlin, R. A., 1974, "Does Economic Growth Improve the Human Lot? Some Empirical Evidence," *Nations and Households in Economic Growth* 19: 89 – 125.

[214] Easterlin, R. A., Morgan, R., Switek, M., et al., 2012, "China's Life Satisfaction, 1990 – 2010," *Proceedings of the National Academy of Sciences* 109 (25): 9775 – 9780.

[215] Edwards, J. N., Klemmack, D. L., 2008, "Correlates of Life Satisfaction: A Re-Examination," *Journal of Gerontology* 28 (4), 1973, pp. 497 – 502.

[216] Ellis, C., Hare, C., 2008, "Sectoral Re-Composition, Inflation and Productivity Growth in the OECD," *Available at SSRN* 1476213.

[217] Elster, J, Loewenstein, G., 1992, "Utility from Memory and Anticipation," *Choice over Time*: 213 – 234.

[218] Fafchamps, M., Shilpi, F., 2008, "Subjective Welfare, Isolation, and Relative Consumption," *Journal of Development Economics* 86 (1): 43 – 60.

[219] Fernandez, R. M., Kulik, J. C., 1981, "A Multilevel Model of Life Satisfaction: Effects of Individual Characteristics and Neighborhood Composition," *American Sociological Review*, 840 – 850.

[220] Fernandez, R., Palazuelos, E., 2012, "European Union Economies

Facing 'Baumol's Disease' within the Service Sector," *JCMS*: *Journal of Common Market Studies* 50 (2): 231 – 249.

[221] Ferrer-I-Carbonell, A., 2005, "Income and Well-being: An Empirical Analysis of the Comparison Income Effect," *Journal of Public Economics* 89. 5 – 6: 997 – 1019.

[222] Forsberg L., Ghysels, E., 2000, "Why Do Absolute Returns Predict Volatility so Well?", *Journal of Financial Econometrics* 5 (1): 31 – 67.

[223] Frey, B. S., Stutzer, A., 2000, "Happiness, Economy and Institutions," *The Economic Journal* 110 (466): 918 – 938.

[224] Frey, B. S., Stutzer, A., 2002. "What Can Economists Learn from Happiness Research?", *Journal of Economic Literature* 40 (2): 402 – 435.

[225] Gao, W., Smyth, R., 2011, "What Keeps China's Migrant Workers Going? Expectations and Happiness among China's Floating Population," *Journal of the Asia Pacific Economy* 16 (2): 163 – 182.

[226] George, E. I., McCulloch, R. E., 1993, "Variable Selection Via Gibbs Sampling," *Journal of the American Statistical Association* 88 (423): 881 – 889.

[227] Ghysels, E., Santa-Clara, P., Valkanov, R., 2004, The MIDAS Touch: Mixed Data Sampling Regression Models.

[228] Ghysels, E., Santa-Clara, P, Valkanov, R., 2006, "Predicting Volatility: Getting the Most out of Return Data Sampled at Different Frequencies," *Journal of Econometrics* 131 (1 – 2): 59 – 95.

[229] Ghysels, E., Wright, J. H., 2009, "Forecasting Professional Forecasters," *Journal of Business & Economic Statistics* 27 (4): 504 – 516.

[230] Gorodnichenko, Y., Weber, M., 2016, "Are Sticky Prices Costly? Evidence from the Stock Market," *American Economic Review* 106 (1): 165 – 199.

[231] Graham, C., and A. Felton, 2006, "Inequality and Happiness: Insights from Latin America," *Journal of Economic Inequality* 4. 1: 107 – 122.

[232] Götz, T. B., Hecq, A., Urbain, J. P., 2014, "Forecasting Mixed-

frequency Time Series with ECM-MIDAS Models," *Journal of Forecasting* 33 (3): 198 – 213.

[233] Guérin, P., Marcellino, M., 2013, "Markov-switching MIDAS Models," *Journal of Business & Economic Statistics* 31 (1): 45 – 56.

[234] Hahn, E., 2003, "Pass-through of External Shocks to Euro Area Inflation," *European Central Bank Working Paper.*

[235] Hamilton, J. D., 2008, "Daliy Monetary Policy Shocks and the Delayed Response of New Home Sales," *Journal of Monetary Economics* 55 (7): 1171 – 1190.

[236] Hansen, B. E., Seo, B., 2002, "Testing for Two-regime Threshold Cointegration in Vector Error-correction Models," *Journal of Econometrics* 110 (2): 293 – 318.

[237] Hansen, B. E., 1999, "Threshold Effects in Non-Dynamic Panels: Estimation, Testing, and Inference," *Journal of Econometrics* 93 (2): 345 – 368.

[238] Hartwig, J., 2008, "Has Health Capital Formation Cured 'Baumol's Disease'? Panel Granger Causality Evidence for OECD Countries," *Ssrn Electronic Journal.*

[239] Hautsch, N., Yang, F., 2014, "Bayesian Stochastic Search for the Best Predictors: Nowcasting Gdp Growth," *School of Economics from University of East Anglia, Norwich* 56: 2 – 45.

[240] Hayo, B., Seifert, W., 2003, "Subjective Economic Well-being in Eastern Europe," *Journal of Economic Psychology* 24 (3): 329 – 348.

[241] Headey, B., Muffels, R., Wagner, G. G., 2013, "Choices Which Change Life Satisfaction: Similar Results for Australia, Britain and Germany," *Social Indicators Research* 112 (3): 725 – 748.

[242] Helliwell, J. F., 2003, "How's life? Combining Individual and National Variables to Explain Subjective Well-Being," *Economic Modelling* 20 (2): 331 – 360.

[243] Helliwell, J. F, Putnam, R. D., 2004, "The Social Context of Well-being," *Philosophical Transactions of the Royal Society of London. Series*

B: *Biological Sciences* 359 (1449): 1435 – 1446.

[244] Helson, H., 1947, "Adaptation-Level as Frame of Reference for Prediction of Psychophysical Data," *The American Journal of Psychology* 60 (1): 1 – 29.

[245] H. Hashem Pesaran, Yongcheol Shin, 1998, "Generalized Impulse Response Analysis in Linear Multivariate Models," *Economics Letters*.

[246] Hicks, J. R., 1974, *Crisis in Keynesian Economics*, San Mateo, CA: Blackwell.

[247] Hiebert, P., Vansteenkiste, I., Hiebert, P., 2007, A Gvar Analysis of the US Manufacturing Sector.

[248] Hori, M., Shimizutan, I. S., 2005, "Price Expectations and Consumption Under Deflation: Evidence from Japanese Household Survey Data," *International Economics and Economic Policy* 2 (2 – 3): 127 – 151.

[249] Howard, G, Karagedikli, Ö., 2012, "House Price Expectations of Households: A Preliminary Analysis of New Survey Data," *Reserve Bank of New Zealand*.

[250] Huang, N. E., Shen, Z., Long, S. R., et al., 1998, "The Empirical Mode Decomposition and the Hilbert Spectrum for Nonlinear and Non-Stationary Time Series Analysis," *Proceedings of The Royal Society of London Serie A-Mathematical Physical and Engineering Sciences* 454: 903 – 995.

[251] Huang, N. E., Wu, M. L., Qu, W., 2003, "Applications of Hilbert-Huang Transform to Non-stationary Financial Time Series Analysis," *Applied Stochastic Models in Business and Industry* 19 (3): 245 – 268.

[252] Hui, E., Lui, T. Y., 2002, "Rational Expectations and Market Fundamentals: Evidence from Hong Kong's Boom and Bust Cycles," *Journal of Property Investment & Finance* 20 (1): 9 – 22.

[253] Jianglin, L., 2010, "The Measurement of the Bubble of Urban Housing Market in China," *Economic Research Journal* (6): 28 – 41.

[254] Juncal, Cuado, et al., 2003, "Do Oil Price Shocks Matter? Evidence

for Some European Countries," *Energy Economics* 25 (2): 137 – 154.

[255] Kaldor, N., 1995, "Alternative Theories of Distribution," *The Review of Economic Studies* 23 (2): 83 – 100.

[256] Kaplan, E. L., Meier, P., 1958., "Nonparametric Estimation from Incomplete Observations," *Journal of the American Statistical Association* 53 (282): 457 – 481.

[257] Klenow, P. J., Kryvtsov, O., 2008, "State-dependent or Time-dependent Pricing: Does it Matter for Recent US Inflation?" *The Quarterly Journal of Economics* 123 (3): 863 – 904.

[258] Knight, J., Gunatilaka, R., 2010, "Great Expectations? The Subjective Well-being of Rural-urban Migrants in China," *World development* 38 (1): 113 – 124.

[259] Knight, J., Gunatilaka, R., 2011., "Does Economic Growth Raise Happiness in China?", *Oxford Development Studies* 39 (1): 1 – 24.

[260] Knight, J., Gunatilaka, R., 2012, "Income, Aspirations and the Hedonic Treadmill in a Poor Society," *Journal of Economic Behavior & Organization* 82 (1): 67 – 81.

[261] Knight, J., Gunatilaka, R., 2010, "The Rural-urban Divide in China: Income but not Happiness?", *The Journal of Development Studies* 46 (3): 506 – 534.

[262] Knight, J., Lina, S., Gunatilaka, R., 2009, "Subjective Well-Being and Its Determinants in Rural China," *China Economic Review* 20 (4): 635 – 649.

[263] Koenig, E. F., Dolmas, S., Piger, J., 2003, "The Use and Abuse of Real-Time Data in Economic Forecasting," *Review of Economics and Statistics* 85 (3): 618 – 628.

[264] Kotze, G. L., 2007, "Forecasting Inflation with High Frequency Asset Price Data," *Manuscript*, *University of Stellenbosch*, *South Africa*, Table.

[265] Kuzin, V., Marcellino, M., Schumacher, C., 2011, "MIDAS vs. Mixed-frequency VAR: Nowcasting GDP in the Euro Area," *International*

Journal of Forecasting 27 （2）: 529 – 542.

［266］ Kuzin, V., Marcellino, M., Schumacher, C., 2013, "Pooling Versus Model Selection for Nowcasting Gdp with Many Predictors: Empirical Evidence for Six Industrialized Countries," *Journal of Applied Econometrics* 28 （3）: 392 – 411.

［267］ Kuznets, S., 1973, "Modern Economic Growth: Findings and Reflections," *The American Economic Review* 63 （3）: 247 – 258.

［268］ Last, A. K., Wetze, L. H., 2011, "Baumol's Cost Disease, Efficiency, and Productivity in the Performing Arts: An Analysis of German Public Theaters," *Journal of Cultural Economics* 35 （3）: 185 – 201.

［269］ Lescaroux, F., Mignon, V., 2008, "On the Influence of Oil Prices on Economic Activity and Other Macroeconomic and Financial Variables," *OPEC Energy Review* 32 （4）: 343 – 380.

［270］ Lin, J., Zhou, S., Wei, W., 2012, "Prices of Urban Real Estate, Housing Property and Subjective Well-being," *Finance & Trade Economics* （5）: 114 – 120.

［271］ Lucas, R. E., 2007, "Adaptation and the Set-point Model of Subjective Well-being: Does Happiness Change after Major Life Events?", *Current Directions in Psychological Science* 16 （2）: 75 – 79.

［272］ Lucas, R. E. J., 2000, "Inflation and Welfare," *Econometrica* 68 （2）: 247 – 274.

［273］ Luhmann, M., Hofmann, W., Eid, M., et al., 2012, "Subjective Well-being and Adaptation to Life Events: A Meta-analysis," *Journal of personality and social psychology* 102 （3）: 592 – 615.

［274］ Luttmer, E. F. P., 2005, "Neighbors as Negatives: Relative Earnings and Well-being," *The Quarterly journal of economics* 120 （3）: 963 – 1002.

［275］ Manning, M., Ambrey, C. L., Fleming, C. M., 2016, "A Longitudinal Study of Indigenous Well-being in Australia," *Journal of Happiness Studies* 17 （6）: 2503 – 2525.

［276］ Marcellino, M., Schumacher, C., 2012, "Factor MIDAS for Nowcasting and Forecasting with Ragged-e. dge Data: A Model Comparison for German GDP," *Oxford Bulletin of Economics and Statistics* 72 (4): 518 – 550.

[277] Maroto-Sánchez, A., Cuadrado-Roura, J. R., 2009, "Is Growth of Services an Obstacle to Productivity Growth? A Comparative Analysis," *Structural Change and Economic Dynamics* 20 (4): 254 – 265.

[278] Martin, J. Bailey., 1956, "Welfare Costs of Inflationary Finance," *Journal of Political Economy* 2.

[279] Matheson, T. D., 2008, "Phillips Curve Forecasting in a Small Open Economy," *Economics Letters* 98 (2): 161 – 166.

[280] McAdam, P., McNelis, P., 2005, "Forecasting inflation with thick models and Neural Networks," *Economic Modelling* 22 (5): 848 – 867.

[281] Mentzakis, E., Moro, M., 2009, "The Poor, the Rich and the Happy: Exploring the Link Between Income and Subjective Well-Being," *The Journal of Socio-Economics* 38 (1): 147 – 158.

[282] Millar, M., Thomas, R., 2009, "Discretionary Activity and Happiness: The Role of Materialism," *Journal of Research in Personality* 43 (4): 699 – 702.

[283] Miller, J. I., 2013, "Mixed-Frequency Cointegrating Regressions with Parsimonious Distributed Lag Structures," *Journal of Financial Econometrics* 12 (3): 584 – 614.

[284] Minot, N,, Goletti, F., 2000, "Rice Market Liberalization and Poverty in Viet Nam," *Research Report of the International Food Policy Research Institute.*

[285] Mishkin, F. S., 2007, "Housing and the Monetary Transmission Mechanis," *NBER Working Papers* 11 (Supplement s1): 359 – 413.

[286] Mishra, V., Nielsen, I., Smyth, R., 2014, "How Does Relative Income and Variations in Short-Run Wellbeing Affect Wellbeing in the Long Run? Empirical Evidence from China's Korean Minority," *Social Indicators Research* 115 (1): 67 – 91.

[287] Mitchell, T. J., Beauchamp, J. J., 1988, "Bayesian Variable Selec-

tion in Linear Regression," *Journal of the American Statistical Association* 83 （404）: 1023 – 1032.

[288] Monk-Turner, E. , Turner, C. G. , 2012, "Subjective Wellbeing in a Southwestern Province in China," *Journal of Happiness Studies* 13 （2）: 357 – 369.

[289] Monteforte, L. , Moretti, G. , 2013, "Real-Time Forecasts of Inflation: The Role of Financial Variables," *Journal of Forecasting* 32 （1）: 51 – 61.

[290] Moshiri, S. , Cameron, N. E. , 2005, "Neural Network," *Economics Letter* 86 （8）: 373 – 378.

[291] Near, J. P. , Rice, R. W. , Hunt, R. G. , 1978, "Work and Extra-Work Correlates of Life and Job Satisfaction," *Academy of Management Journal* 21 （2）: 248 – 264.

[292] Nelson, Charles, R. , 1972, "The Prediction Performance of the FRB-MIT-PENN Model of the US Economy," *The American Economic Review* 62. 5: 902 – 917.

[293] Nordhaus, W. D. , 2008, "Baumol's Diseases: A Macroeconomic Perspective," *The BE Journal of Macroeconomics* 8 （1）: 1382 – 1382.

[294] Odd Aalen, 1978, "Nonparametric Inference for a Family of Counting Processes," *The Annals of Statistics*.

[295] Okun, M. A. , Stock, W. A. , Haring, M. J. , et al. , 1984, "Health and Subjective Well-Being: A Meta-Analyis," *The International Journal of Aging and Human Development* 19 （2）: 111 – 132.

[296] Oswald, A. J. , Powdthavee, N. , 2008, "Does Happiness Adapt? A Longitudinal Study of Disability with Implications for Economists and Judges," *Journal of public economics* 92 （5 – 6）: 1061 – 1077.

[297] Paul A. Samuelson, 1964, "Theoretical Notes on Trade Problems. " *The Review of Economics and Statistics* 46 （2）: 145 – 154.

[298] Paul Streeten, 1962, "Price and Productivity," *KYKLOS* 15 （4）.

[299] Pesaran, M. H. , Zaffaroni, P. , 2004, "Model Averaging and Value-at-Risk Based Evaluation of Large Multi Asset Volatility Models for Risk

Management," *IEPR Working Papers.*

[300] Pfajfar, D., Santoro, E., 2008, "Asymmetries in Inflation Expecta-
tion Formation across Demographic Groups," *Cambridge Working Papers
in Economics.*

[301] Powers, D. A., Yoshioka, H., Yun, M. S., 2011, "Mvdcmp: Mult-
ivariate Decomposition for Nonlinear Response Models," *The Stata Jour-
nal* 11 (4): 556 – 576.

[302] Ramakrishnan, U., Vamvakidi, S. A., 2002, "IMF Working Paper:
Forecasting Inflation in Indonesia," *Working Paper* 6 (23): 145 – 179.

[303] Ribon, S, Suhoy, T., 2011, "Forecasting Short Run Inflation Using
Mixed Frequency Data," *Working Paper, Bank of Israel.*

[304] Rodriguez, A., Puggioni, G., 2010, "Mixed Frequency Models: Bayes-
ian Approaches to Estimation and Prediction," *International Journal of
Forecasting* 26 (2): 293 – 311.

[305] Sandra Eickmeier, Tim Ng., 2014, "How Do US Credit Supply Shocks
Propagate Internationally? A GVAR Approach," *European Economic Re-
view.*

[306] Schorfheide, F., Song, D., 2015, "Real-Time Forecasting with a Mixed-
Frequency VAR," *Journal of Business & Economic Statistics* 33 (3): 366 –
380.

[307] Schultze, C. L., Fromm, G., 1959, *Recent Inflation in the United States,*
Washington: US Government Printing Office.

[308] Sekine, M. T., 2001, "Modeling and Forecasting Inflation in Japan,"
International Monetary Fund 52 (18): 325 – 396.

[309] Seton, F., 1981, "A Quasi-Competitive Price Basis for Intersystem Com-
parisons of Economic Structure and Performance," *Journal of Comparative
Economics* 5 (4): 367 – 391.

[310] Seton, F., 1993, "Price Models Based on Input-Output Analysis: East
and West," *Economic Systems Research* 5 (2): 101 – 112.

[311] Seton, F., 1992, *The Economics of Cost, Use, and Value: The Eval-
uation of Performance, Structure, and Prices across Time, Space and E-*

conomic System, New York, US: Oxford University Press, 1992.

[312] Smyth, R., Mishra, V., Qian, X., 2008, "The Environment and Well-being in Urban China," *Ecological economics* 68 (1 −2): 547 −555.

[313] Smyth, R., Nielsen, I., Zhai, Q., 2010, "Personal Well-being in Urban China," *Social Indicators Research* 95 (2): 231 −251.

[314] Smyth, R., Qian, X., 2008, "Inequality and Happiness in Urban China," *Economics Bulletin* 4 (23): 1 −10.

[315] Soofi, E. S., 1990, "Effects of Collinearity on Information about Regression Coefficients," *Journal of Econometrics* 43 (3): 255 −274.

[316] Stock, J. H., Watson, M. W., 1999, "Forecasting Inflation," *Journal of Monetary Economics* 44 (2): 293 −335.

[317] Stock, J. H., Watson, M. W., 2003, "How Did Leading Indicator Forecasts Perform During the 2001 Recession?" *FRB Richmond Economic Quarterly* 89 (3): 71 −90.

[318] Stock, J. H., Watson, M. W., 2007, "Why Has Us Inflation Become Harder to Forecast?", *Journal of Money Credit and Banking* 39 (1): 3 −33.

[319] Stutzer, A., 2004, "The Role of Income Aspirations in Individual Happiness," *Journal of Economic Behavior & Organization* 54 (1): 89 −109.

[320] Tait, M., Padgett, M. Y., Baldwin, T. T., 1989, "Job and Life Satisfaction: A Reevaluation of the Strength of the Relationship and Gender Effects as a Function of the Date of the Study," *Journal of applied psychology* 74 (3): 502 −507.

[321] Tanner, M. A., Wong, W. H., 1987, "The Calculation of Posterior Distributions by Data Augmentation," *Journal of the American Statistical Association* 82 (398): 528 −540.

[322] Tella, R. D., MacCulloch, R. J., Oswald, A. J., 2003, "The Macroeconomics of Happiness," *Review of Economics and Statistics* 85 (4): 809 −827.

[323] Thomas, R. L., 2010., "Mediating and Moderating Variables Between Discretionary Purchases and Happiness," *University of Nevada, Las Vegas*.

［324］ Tong, H., P. Xia, 2018, "Housing Property Rights, Price Expectations and Residents' Subjective Well-being (in Chinese with English Abstract)," *Journal of Qiqihar University* (3): 68 – 72.

［325］ Veenhoven, R., 1996, "Developments in Satisfaction-research," *Social Indicators Research* 37 (1): 1 – 46.

［326］ Vega-Croissier, J. L., Wynne, M A., 2003, "A First Assessment of Some Measures of Core Inflation for the Euro Area," *German Economic Review* 4.

［327］ Venetis, I. A., Paya, I., Peel, D. A., 2005, "Do Real Exchange Rates' Mean Revert' to productivity? ANonlinear Approach," *Centre of Planning and Economic Research*.

［328］ Verdinelli, I., Wasserman, L., 1991, "Bayesian Analysis of Outlier Problems Using the Gibbs Sampler," *Statistics and Computing* 1 (2): 105 – 117.

［329］ Wang, H., Cheng, Z., Smyth, R., 2014, "Happiness and Job Satisfaction in Urban China: A Comparative Study of Two Generations of Migrants and Urban Locals," *Urban Studies* 51 (10): 2160 – 2184.

［330］ Williams, R., 2006, "Generalized Ordered Logit/Partial Proportional Odds Models for Ordinal Dependent Variables," *The Stata Journal* 6 (1): 58 – 82.

［331］ Williams R., 2016, "Understanding and Interpreting Generalized Ordered Logit Models," *The Journal of Mathematical Sociology* 40 (1): 7 – 20.

［332］ Wu, Z., Huang, N. E., 2009, "Ensemble Empirical Mode Decomposition: ANoise-assisted Data Analysis Method," *Advances in Adaptive Data Analysis* 1 (1): 1 – 41.

［333］ Zadrozny, P., "Gaussian Likelihood of Continuous-time ARMAX Models When Data Are Stocks and Flows at Different Frequencies," *Econometric Theory* 4 (1): 108 – 124.

［334］ Zhang, C., Zhang, F., 2019, "Effects of Housing Wealth on Subjective Well-being in Urban China," *Journal of Housing and the Built Environment*, 1 – 21.

［335］Zhang, G. P. , 2003, "Time Series Forecasting Using a Hybrid ARIMA and Neural Network Model," *Neurocomputing* 50: 159 – 175.

［336］Zhang, M. , 2013, "Addressing Realty Price Rises," *Retrieved March* 1.

［337］Zhang, X. , Lai, K. K. , Wang, S. Y. , 2008, "A Nw Approach for Crude Oil Price Analysis Based on Empirical Mode Decomposition," *Energy Economics* 30 (3): 905 – 918.

［338］Zhang, X. , L. Li, C. , Chai, S. Ma , 2015, "Housing Increases Happiness: Investment Attribute or Residential Attribute? (in Chinese with English Abstract)," *Journal of Financial Research* (10): 17 – 31.

［339］Özmen, M. U. , Sevinç, O. , 2016, "Price Rigidity in Turkey: Evidence from Micro Data," *Emerging Markets Finance and Trade* 52 (4): 1029 – 1045.

后 记

通货膨胀是宏观经济学领域永恒的话题，也是各国政府宏观调控的难题。本人自博士研究生阶段一直致力于通货膨胀问题研究，本书则是在2014年立项的国家社科基金项目"资源要素价格改革背景下潜在通货膨胀风险与居民承受能力研究"结题报告基础上修改而成的，这也是本人自2010年出版专著《中国通货膨胀不确定性问题》后的第二本关于通货膨胀研究的著作。从2014年7月开始研究，到2022年底即将付梓，中间历经8年多，需要感谢的人太多了，他们对于本书的最终出版给予了各种帮助与支持。

感谢本书的各位合作者，他们是陈昌楠（合作第3章、第10章）、王海成（合作第4章）、黄先池（合作第2章）、廖晓（合作第5、7章）、吴森鹏（合作第8章）、吴远霖（合作第6章）、孙本瑶（合作第9章）。在我2016年负责学院行政工作之后，研究时间紧张，他们给了我很大的支持。大家精诚合作，共同努力，得以顺利完成课题研究任务，并获得鉴定良好等级，这里面有他们很大的贡献。

感谢著名经济学家李拉亚教授为本书作序，李老师自20世纪80年代起就开始研究通货膨胀问题，我的博士学位论文《中国通货膨胀不确定性问题研究》受到了他两本著作《通货膨胀机理与预期》《通货膨胀与不确定性》的不少启发，获益良多。2010年他到华侨大学担任特聘教授期间，多次鼓励我继续从事该领域研究。中间一段时间我因学科需要，从数量经济方向转到金融学方向，从事一段时间的金融计量学研究，直到申报2021年国家社科基金重点项目并获得立项，我又重新回到通货膨胀研究领域。李老师的指点与鼓励，是我坚持在该领域继续探索的重要原因。

感谢社会科学文献出版社的领导和老师们，特别是经管分社的高雁老师。我的第一本著作《中国通货膨胀不确定性研究》也是在高老师的帮助下出版的，和她认识已超过10年。本书出版因为我的拖延，经历了较多的困难，在她的帮助下，困难都一一化解，真诚感谢。也要感谢文稿编辑梁雁老师，她认真负责的态度给我留下了很深的印象，书中一些文字表述不妥以及数字错误、文献格式错误等，她都能一一指出，极大地提升了本书质量。

本书在写作过程中大量参考了国内外相关研究成果，由衷地感谢各位专家学者。由于本人学术水平、时间、精力有限，难免有遗漏标注或者理解错误的地方，敬请各位专家学者谅解。

最后要感谢我的父母、妻子和孩子。因我工作繁忙，家庭事务多数由他们承担，没有他们的帮助、支持，我可能一事无成。我的一双儿女，我一直陪伴很少，特别是爱女语涵，我错过她成长的某一段过程，心存愧疚。谨以此书献给我最亲爱的女儿。

苏梽芳

2022 年 9 月 13 日

图书在版编目(CIP)数据

中国通货膨胀风险研究：基于资源要素价格的视角 /
苏梽芳等著. -- 北京：社会科学文献出版社，2022.12
ISBN 978 - 7 - 5228 - 0306 - 7

Ⅰ.①中⋯　Ⅱ.①苏⋯　Ⅲ.①通货膨胀 – 风险管理 –
研究 – 中国　Ⅳ.①F822.5

中国版本图书馆 CIP 数据核字(2022)第 109760 号

中国通货膨胀风险研究
—— 基于资源要素价格的视角

著　　者 / 苏梽芳 等

出 版 人 / 王利民
责任编辑 / 高　雁
责任印制 / 王京美

出　　版 / 社会科学文献出版社·经济与管理分社 (010) 59367226
　　　　　　地址：北京市北三环中路甲 29 号院华龙大厦　邮编：100029
　　　　　　网址：www. ssap. com. cn
发　　行 / 社会科学文献出版社 (010) 59367028
印　　装 / 三河市尚艺印装有限公司

规　　格 / 开　本：787mm × 1092mm　1/16
　　　　　　印　张：17.25　字　数：282 千字
版　　次 / 2022 年 12 月第 1 版　2022 年 12 月第 1 次印刷
书　　号 / ISBN 978 - 7 - 5228 - 0306 - 7
定　　价 / 128.00 元

读者服务电话：4008918866